CHE
Guevara

PILAR HUERTAS

LIBSA

© 2015, Editorial LIBSA
C/ San Rafael, 4
28108 Alcobendas, Madrid
Tel. (34) 91 657 25 80
Fax (34) 91 657 25 83
e-mail: libsa@libsa.es
www.libsa.es

Colaboración en textos: Pilar Huertas
Edición: Equipo editorial Libsa
Diseño de cubierta: Equipo de diseño Libsa
Maquetación: Diseño y Control Gráfico
Ilustraciones: Pilar Huertas, Antonio Sánchez, archivo Libsa y José Ramón González

ISBN: 978-84-662-2868-8

Agradecimientos fotográficos: El editor quiere dar las gracias
por la colaboración prestada y las fotografías aportadas
a Migue Cané - Sitio Argentino del Che Guevara
(www.cheguevara.com.ar - http://www.cheguevara.com.ar)

CONTENIDO

CHE

INTRODUCCIÓN

«El hombre no es totalmente dueño de su destino. El hombre también es hijo de las circunstancias, de las dificultades, de la lucha... Los problemas lo van labrando como un torno labra un pedazo de material. El hombre no nace revolucionario, me atrevo a decir...»

Fidel Castro

Estas palabras de Fidel Castro sintetizan perfectamente la forja de un hombre, Ernesto Guevara de la Serna, argentino universal y cubano de adopción, que supo sentir a Latinoamérica como su Patria Grande y al que un firme compromiso personal con los pueblos oprimidos de la tierra lo convirtió en auténtico ciudadano del mundo.

Su arrolladora personalidad emerge en los convulsos años 60, cuando, tras la conflagración mundial que arrasó Europa entre 1939 y 1945, las potencias emergentes disputaban su hegemonía en un mundo que querían bipolar y en el que los países de América Latina, África y Asia pretendían sobreponerse al colonialismo –en unos casos– o al neocolonialismo –en otros–, que los mantenía, en algunos casos, sometidos. Desde el marco de la Revolución cubana, conducida hacia el triunfo por otro símbolo de esta época que aún permanece vivo, Fidel Castro, el Che se convertirá en el arquetipo del rebelde y del luchador antiimperialista guiado por unos principios e ideales que habían dado un sentido real a su existencia. La causa de la humanidad oprimida merecerá para el Che cualquier sacrificio, incluido el de la propia vida, por lo que sus afectos personales, intensos hasta lo insospechado, encontrarán una nueva dimensión vital que no va a interferir en el deber, la obligación y el compromiso con dicha causa. Pero la forja del hombre había comenzado en su Argentina natal, ya en la más tierna infancia de nuestro protagonista, cuando se le diagnosticó un asma crónica asociada a manifestaciones alérgicas que, probablemente, tuvieran carácter congénito. Las limitaciones que los médicos impusieron a la vida del niño serán puestas en entredicho tras constatarse que la enfermedad lo acompañará de por vida, de modo que, apoyado por su madre, Ernesto encontrará en el deporte una verdadera pasión que va a contribuir tanto a su fortalecimiento físico, como al desarrollo de un eficaz autocontrol –enormemente útil para afrontar las crisis asmáticas– y que, paralelamente, irán conformando una inquebrantable voluntad.

Algunos de quienes lo conocieron afirman que era temerario: jugaba al *rugby* y al fútbol, nadaba, fumaba y, cuando guerrillero, realizaba interminables y sofocantes marchas a través de selvas húmedas –Sierra Maestra, Congo, Bolivia–, plagadas de agentes alérgenos. Sus amigos de prácticas deportivas lo recuerdan con el inhalador siempre cerca; y también con el inhalador a mano, cuando podía disponer de él, lo recuerdan años después sus compañeros de la guerrilla... Otros, que así mismo lo trataron, aseguran que Ernesto era

En palabras de su amiga Tita Infante, Ernesto Guevara fue, quizá, el más auténtico ciudadano del mundo.

tremendamente duro consigo mismo y perseverante hasta el infinito...

Ávido lector desde su infancia, es posible que en su juventud, durante los días de reflexión que pasó al lado de su abuela paterna ayudándola en el trance de la muerte, tomara conciencia de sí mismo y decidiera cómo encarar la vida que él aún tenía por delante: convertirse en médico era la mejor forma que se le ocurrió entonces de ocuparse de los hombres, intentando aliviar sus padecimientos físicos. Para más adelante quedaba aquella otra preocupación que también había anidado entre sus pensamientos: la de cómo hacer frente a los males morales (la injusticia, la humillación, etc.) de los que eran víctimas propiciatorias miles de individuos, y hasta pueblos enteros, dentro del complejo entramado social humano. En este aspecto, el marxismo-leninismo y su experiencia viajera por Latinoamérica –sobre todo sus vivencias en la Guatemala democrática de Jacobo

Arbenz, finalmente derrotada por la fuerza de las armas para imponer, frente a los intereses del pueblo, los de la United Fruit Company–, le proporcionarán la clave. Un tiempo después, tras el desembarco en Cuba y en una decisión rápida que hubo de tomar durante un bombardeo de la aviación de Batista, eligió salvar una caja de municiones en vez de arrastrar consigo y preservar de la metralla su maletín de médico.

La influencia e irradiación del Che se deben básicamente a la Revolución cubana, a cuyo servicio se puso absolutamente convencido por Fidel de que era posible hacer arraigar unos principios y valores, individuales y sociales, al margen de aquellos que imperaban en torno a las oligarquías políticas, económicas y militares auspiciadas por los EE.UU. La aportación de Guevara a la Revolución, aparte de su fino instinto guerrillero que le llevó a ganar el grado de comandante, será toda una «filosofía» para la construcción del socialismo en la que el hombre –el «hombre nuevo»– se convierte en elemento sustantivo de la misma, capaz de asumir y velar por los nuevos valores y de ser estricto con su propia conciencia con el fin de ejercer como auténtico revolucionario durante todas las horas del día. «El camino es largo y lleno de dificultades –escribe–, [...] El individuo de nuestro país sabe que la época gloriosa que le toca vivir es de sacrificio; conoce el sacrificio. Los primeros lo conocieron en Sierra Maestra y dondequiera que se luchó; después lo hemos conocido en toda Cuba. Cuba es la vanguardia de América y debe hacer sacrificios porque ocupa el lugar de avanzada, porque indica a las masas de América Latina el camino de la libertad plena…».

En el terreno personal, Ernesto y Fidel mantuvieron una profunda amistad basada en la admiración y respeto mutuos.

Y, efectivamente, Cuba, al tiempo que intenta consolidar esa nueva sociedad por la que peleó, se convierte en epicentro de los movimientos revolucionarios que sacuden desde tiempo atrás América Latina, pero a tan sólo noventa millas de las costas de su gran enemigo declarado, los EE.UU., y en medio de una polémica ideológica desatada en el campo socialista entre la Unión Soviética y China, que dividió a toda la izquierda revolucionaria en un momento en el que existían condiciones objetivas para que el tipo de lucha armada que el Che fue a hacer a Bolivia, donde caería asesinado, pudiera coronarse con el éxito.

Y para este símbolo de rebeldía, lucha y valores solidarios, Ernesto Che Guevara, que fuera bandera del Mayo del 68 francés, que cuarenta años después de su desaparición continúa presente en el quehacer cotidiano del pueblo de Cuba y en las regiones del Tercer Mundo cuyos derechos defendió, y que es motivo central de carteles y camisetas en el mundo desarrollado, el fotógrafo cubano Alberto Korda nos proporcionó un verdadero icono en esa imagen tomada durante el homenaje multitudinario a las víctimas del vapor francés La Coubre. En ella el Che aparece con la mirada perdida en la lejanía, como reconcentrada en sus pensamientos –mirada que encierra una fuerza y dramatismo que atrapan a quien la contempla–, el pelo largo bajo la boina oscura en la que brilla la «estrella solitaria», y su rostro hermoso y eternamente joven…

«Otra vez siento bajo mis talones el costillar de Rocinante; vuelvo al camino con la adarga al brazo... Muchos me dirán aventurero, y lo soy; sólo que de un tipo diferente y de los que ponen el pellejo para demostrar sus verdades...».

CHE

UN GÉMINIS
QUE ES TAURO

De padres de noble ascendencia, nace en la ciudad de Rosario, provincia de Santa Fe, Ernesto Guevara de la Serna. Del yerbatal que su padre compra en la provincia fronteriza de Misiones, en el nordeste argentino, la familia se traslada en busca de los aires frescos y sanos de Alta Gracia, en el corazón del país, más favorables para el mal crónico que afectará de por vida al pequeño Ernestito: el asma.

No deja de resultar curioso que dos importantes personajes del siglo XX a los que el destino unirá tiempo después en una ambiciosa lucha (titánica, podríamos decir, si se tienen en cuenta los medios utilizados y los objetivos finales propuestos), cuenten con una característica común consistente en que los datos de sus partidas de nacimiento, por una u otra razón, han sido falseados. Estos personajes a los que nos estamos refiriendo son Fidel Castro Ruz y Ernesto Guevara de la Serna, el «Che».

Al primero, y con el objeto de que pudiera matricularse en el Colegio Belén de La Habana, su padre entregó cien pesos en el registro del juzgado de Cueto (provincia de Oriente) para que se adelantara en un año su natalicio, de modo que oficialmente Fidel Castro nació el 13 de agosto de 1926. No obstante esto, un año más o un año menos, nada alteraba que Fidel fuera un Leo en toda regla: energía y creatividad a raudales proporcionadas por su astro regente, el sol, y como él brillante y magnánimo, orgulloso, buen organizador y con dotes de mando.

Celia de la Serna contempla orgullosa y feliz a su primogénito, el pequeño Teté, que llegaría a convertirse en el mítico Che Guevara.

Pero en lo que al protagonista de esta biografía se refiere, y al decir de los astrólogos, algo estaba fallando. Oficialmente el Che había nacido el 14 de junio de 1928, por lo que su signo zodiacal era Géminis, elemento aéreo y dual caracterizado por una naturaleza flexible y una personalidad socialmente adaptable que en nada respondía a los distintivos del personaje, convertido treinta años después en auténtica leyenda viva a causa de una audacia y fuerza de voluntad verdaderamente míticas y de su profundo idealismo.

La periodista argentina Julia Constenla, que acabaría siendo amiga de la madre del Che, Celia de la Serna, a raíz de una primera entrevista que le hiciera a finales de la década de 1950 cuando su hijo comenzó a cobrar notoriedad en la

guerrilla cubana de Sierra Maestra, relata que un tiempo después se planteó realizar una biografía sobre Ernesto Che Guevara en la que pretendía «desacralizar» su figura, ya envuelta en un halo de gloria y misterio. Con este fin encargó a una astróloga amiga el horóscopo del argentino y, con él en las manos, se dirigió a la casa de Celia. Una vez que ambas concluyeron su lectura, y en vista del tipo más bien amable, extravertido y flexible que allí se describía, Julia le espetó con total sinceridad a la madre del Che: «Mirá, o la petisa que hizo este horóscopo es un fraude o tu hijo no es lo que parece».

Celia no pudo menos que romper a reír ante la desesperada disyuntiva planteada por la periodista a modo de conclusión, pero después de ese primer momento de hilaridad le contestó que, ciertamente, existía otra posible alternativa a tener en cuenta y que se la iba a contar, siempre y cuando se comprometiera a guardar el secreto: «Ernesto no nació el 14 de junio sino el 14 de mayo. Yo me casé embarazada. Mis tías viejas hubieran muerto de saberlo...».

El Che no era, pues géminis, sino tauro, un signo de «tierra» regido por el planeta Venus. De ahí su fuerza y perseverancia; de ahí su resistencia y tozudez, su apacibilidad y su cólera, y su inefable sensualidad... Gracias al horóscopo, Celia reveló aquel secreto en el que Ernesto aparece como sietemesino para salvar unas elementales apariencias (Ernesto Guevara Lynch y Celia de la Serna, padres del Che, se habían casado en el mes de noviembre de 1927, ella embarazada de tres meses, después de un tempestuoso noviazgo en el que no faltó la consabida fuga de enamorados que forzara a la familia de Celia a transigir con un matrimonio fruto del «amor a primera vista»).

Celia de la Serna de la Llosa era la menor de seis hermanos del matrimonio formado por Juan Martín de la Serna Ugalde y Edelmira de la Llosa. El padre de Celia, profesor universitario, diputado

Ojos de mirada profunda y barba rala son dos significativas características físicas del Comandante.

del Partido Radical –el diputado más joven, con 29 años– y embajador en Alemania, provenía de una familia de rancio abolengo y considerable fortuna que, sin embargo, debido a los episodios depresivos que sufría, se suicidó durante un viaje a Europa. Doña Edelmira, su esposa, moriría también un tiempo después, quedando Celia, huérfana, al cuidado de los hermanos mayores y de unas tías, señoras de estricta moral que inculcaron en la joven un profundo fervor religioso del que, no obstante, se iría deshaciendo a medida que su capacidad de raciocinio le permitió juzgar libremente el mundo que la rodeaba.

Con veinte años Celia se había convertido ya en una delgada y hermosa mujer de ojos marrones y oscura y rizada cabellera, inteligente e intrépida, amante de la naturaleza y que participa activamente en la vida cultural de la capital argentina. Pero, además, es una ferviente feminista capaz de cortar sus trenzas, fumar o conducir un automóvil, todo ello considerado, cuanto menos, «excéntrico» en la vida social de principios del siglo XX. Y en este sentido, Celia ansiaba una elemental autonomía para enfrentarse a la vida conforme a sus particulares concepciones, fruto de una personalidad dada a la reflexión que

le permitía un juicio propio acerca de cada asunto que surgiera en el día a día. Por eso, cuando Guevara Lynch aparece en su campo de acción, sabe que aquel joven que vive y apuesta por proyectos diferentes a los que comúnmente arrastran a los hijos de las clases media y alta argentina, es el hombre de su vida.

Ernesto Guevara Lynch contaba entonces 27 años. Alto y delgado, con unas gafas que le daban un aire entre intelectual y tímido era, sin embargo, un hombre extravertido, buen conversador, apuesto y un experto bailador de tangos. Sexto, de once hermanos, en su árbol genealógico también había antepasados nobles –tanto españoles como irlandeses–, si bien de las antiguas glorias y haciendas sólo quedaba el recuerdo, y en la actualidad constituían una familia acomodada que se desenvolvía con naturalidad entre la gente bien.

Ernesto había abandonado las carreras de ingeniería y arquitectura –primero quiso ser médico– obteniendo sólo un grado técnico, Maestro Mayor de Obra, y la herencia que obtuvo a la muerte de su padre la invirtió en el Astillero San Isidro, propiedad de un pariente cercano. Hombre con ideas propias, quería emprender una vida acorde con las

La injusticia contra el indígena americano, explotado y abandonado a su suerte, escuece a la sensibilidad del joven Guevara.

la familia de ella, que lo consideraba en realidad una «oveja negra».

El embarazo de Celia y la oposición de su familia al matrimonio –recordemos que Celia necesitaba el consentimiento familiar al no haber cumplido los veintiún años, momento en que se obtenía la mayoría de edad– llevará a ambos a tomar medidas perentorias que, efectivamente, acabarían en boda. Tras el matrimonio, Celia podrá también disponer de la herencia de sus padres, con la que adquirieron en la provincia nororiental de Misiones unos cientos de hectáreas de terreno en las zonas ribereñas del río Paraná, con la intención de cultivar yerba mate (Guevara Lynch siempre se mostrará

mismas, de modo que también al conocer a Celia no dudó en apostar por el proyecto de una existencia en común y enfrentarse a los inconvenientes que sus peculiaridades personales acarrearon ante

CUESTIONES PEQUEÑOBURGUESAS

El Che nunca dio importancia al hecho de pertenecer a la aristocracia argentina, salvo como recurso para hacer bromas. En 1964 una señora le escribió desde Casablanca preguntándole de qué parte de España procedían sus ascendientes –ella se apellidaba Guevara– por si acaso eran familia. Y el Che le contestó lo siguiente:

«Compañera: de verdad que no sé bien de qué parte de España es mi familia. Naturalmente, hace mucho que salieron de allí mis antepasados con una mano atrás y otra adelante (y si yo no las conservo así, es por lo incómodo de la posición). No creo que seamos parientes muy cercanos, pero si Vd. es capaz de temblar de indignación cada vez que se comete una injusticia en el mundo, somos compañeros, que es mucho más importante.»

tremendamente emprendedor y activo en los negocios, aunque un tanto errático en el desarrollo de los mismos).

«Decidimos vivir nuestra vida sin que nos importaran un comino las charlatanerías mundanas –escribirá más adelante Guevara Lynch evocando aquella época en el libro *Mi hijo el Che*–. Las incomodidades no existían para nosotros. Pasábamos por encima de los contratiempos cuando queríamos conseguir algo que nos interesaba. Los convencionalismos sociales abundaban en la familia de Celia, pero no consiguieron cambiar su carácter, y en corto tiempo los pocos que tenía se fueron al diablo. Yo, por mi parte, a pesar de que en mi familia también los había, jamás los tuve.»

Es posible que con este arranque de vida en común Ernesto Guevara Lynch pretendiera emular a sus antepasados cuando la sed de aventuras y de dinero les llevó hacia la cálida península de California, en plena «fiebre del oro», pero el caso es que el yerbatal que pretendía explotar en Misiones se le antojaba el negocio perfecto para hacerse con una fortuna y, además, localizado en una región selvática donde la naturaleza desbordaba esplendor, poco poblada y lejos de la familia.

Misiones, la más septentrional de las provincias argentinas, se asemeja a un brazo de territorio que se incrustara en terrenos internacionales hábilmente delimitado por las cuencas de dos grandes ríos: el Paraná, que por el oeste dibuja la frontera con Paraguay –su afluente, el Iguazú, marca por el norte el límite con Brasil–, y el Uruguay, que junto con el Pepirí-Guazú, tributario suyo por la margen derecha, fijan así mismo por el este la frontera argentino-brasileña.

En Misiones tiene su origen la denominada Mesopotamia argentina, región que se extiende en dirección sudeste hasta el delta que forma en su desembocadura el río Paraná, y que en esta provincia constituye una plataforma

Teté, como llamaban cariñosamente al niño, posa con gesto molesto por el exceso de luz junto a sus padres.

amesetada donde la erosión de los cauces fluviales ha diseñado un paisaje de lomas bajas. A veces la presencia de basaltos, más resistentes al roce del agua, provoca determinados desniveles, el más espectacular de los cuales es el que a unos 22 km de su confluencia con el río Paraná ha formado el Iguazú, con las famosas cataratas que llevan su nombre.

De clima subtropical, con precipitaciones abundantes y temperatura media de 21°C, las formaciones selváticas, densas y diversificadas en sus diferentes estratos, conviven con las zonas de uso agrícola, como las dedicadas al cultivo de la tradicional yerba mate, configurando un conjunto de singular hermosura y peculiaridad del que nuevamente Guevara Lynch escribirá: «Allí, en el misterioso Misiones todo es obsesionante: la selva impenetrable llena de enormes arboledas que ocultan el sol con lianas e

El Che era tremendamente exigente consigo mismo.

isipó (nombre genérico de una gran variedad de plantas trepadoras); el yaguareté (nombre guaraní del jaguar), el gato onza (tipo de felino), el puma, el yacaré (caimán), el anta (alce) y el oso hormiguero. Todo en Misiones atrae y atrapa».

La plantación que habían adquirido se encontraba en el municipio de Caraguatay, departamento de Montecarlo, en donde la pareja levantó una rústica casa de madera junto al río, con hermosas vistas a la isla de Caraguatay que en aquel tramo surgía majestuosa en medio de las aguas del Paraná.

A lo largo de su dilatada historia, Misiones ha reunido en su territorio gentes de todas las partes del mundo, y allí el joven matrimonio tenía por vecinos a un grupo de alemanes y a un inglés, maquinista de ferrocarril jubilado, que ahora pasaba gran parte de su tiempo dedicado a la pesca, su gran afición. Mientras el embarazo de Celia seguía su curso, aquellos primeros meses en Misiones, en los que fueron poniendo a punto su hogar e inspeccionaron los alrededores, constituyeron una prolongada luna de miel para la pareja. Sólo cuando iba cumpliendo el plazo para que se produjera el alumbramiento, los Guevara

abandonaron su recién hallado paraíso y
se desplazaron, río abajo, en dirección a
Rosario, la capital de la provincia de
Santa Fe y tercera ciudad en importancia
del país, cuyo puerto fluvial es uno de los
más importantes del río Paraná.

En pleno otoño del hemisferio austral,
cuando los árboles van desprendiéndose
de sus hojas barruntando ya los
rigores del invierno, llega al mundo en el
Hospital Municipal de la ciudad de
Rosario –llamado del Centenario–, en la
madrugada del 14 de mayo de 1928,
Ernesto Guevara de la Serna, el Che. El
15 de junio, un mes más tarde, será

La infancia del Che se desarrolla en Alta Gracia
(Córdoba), donde lo vemos a la derecha de la
fotografía y en la línea del centro, junto a sus
compañeros de juego y travesuras.

inscrito en el Registro civil de dicha
ciudad, figurando en la correspondiente
acta como fecha de su natalicio la de 14
de junio de 1928.

Celia y Ernesto se instalan con el
recién nacido en unos céntricos y lujosos
apartamentos de la ciudad de Rosario
mientras la joven madre se recupera tras
el parto, pero a los quince días el niño se
ve afectado por una grave pulmonía que

Ernesto Guevara padre siempre se mostró emprendedor en los negocios, aunque un tanto errático en el desarrollo de los mismos.

a punto estuvo de acabar con su vida y en la que muchos cifran el origen del asma crónica que lo afectará tiempo después.

Ocho días estuvieron los padres vigilando noche y día a su hijo en un continuo sinvivir por intentar sostenerlo, ya que los dictámenes médicos eran totalmente desalentadores y el pequeño apenas comía, devorado él mismo por la fiebre y los ataques de tos. Y entonces un día, pasada ya la crisis –recuerda Guevara Lynch– Ernestito se agarró al pecho de la madre tragando con desesperación, y éste le dijo a su mujer: «Vieja, el chico sale de ésta».

Al cabo de unos meses el matrimonio regresó con el retoño a su casa de Caraguatay, en Misiones, pues era tiempo ya de atender y poner en marcha la plantación y contratar un capataz y obreros que trabajasen en el yerbatal. Mientras el padre se dedica a estos

menesteres, Celia se ocupa del niño. Le enseñará a caminar cuando sus piernecitas han cobrado fuerza suficiente para sostenerlo y, entre tanto, le va mostrando los altos árboles que crecen en la selva y las delicadas orquídeas, las simpáticas iguanas, los tucanes de multicolores picos y demás profusión de plantas y animales que pueblan la región. La familia solía ir junta a dar largos paseos a caballo –el padre sentaba al pequeño Ernesto en la montura, delante de él– y a navegar en una lancha que Guevara Lynch había construido en el Astillero de San Isidro, aquél en el que había invertido su herencia.

En mayo de 1930, con apenas dos años, se produce el primer ataque de asma del niño, que se convertirá en crónica y que no le abandonaría hasta el fin de sus días. Se encontraban en Buenos Aires –en diciembre había nacido el segundo hijo del matrimonio, una niña a la que pusieron el nombre de la madre–, y a pesar de que ya estaba avanzado el otoño y corría un viento fresco, Celia se fue con Ernestito al club náutico de San

Isidro. Mientras ella nadaba un rato, actividad que constituía una de sus grandes pasiones y que le acarrearía más de un disgusto, pues a punto estuvo varias veces de ahogarse, el pequeño la esperaba en la orilla. Cuando su marido se pasó a recogerlos, el niño, en bañador y mojado, estaba tiritando de frío. Esa misma noche empezó a toser y, tras la consabida consulta médica con el especialista, quedó confirmado el mal crónico de Ernestito.

La vida familiar se verá completamente alterada a raíz de esta circunstancia y no sólo por los reproches que Guevara Lynch dedicará a su mujer, culpándola de la enfermedad del niño –enfermedad muy probablemente de carácter congénito, ya que Celia era alérgica y en ocasiones sufría accesos de asma–, sino también porque los padres no ahorrarán esfuerzos y medios para intentar luchar y aliviar en lo posible los síntomas más delicados de este grave padecimiento de su hijo. En este sentido, los médicos les recomendarán el traslado a un clima más seco, por lo que, evidentemente, deben olvidarse de regresar a su bucólico retiro de Caraguatay y alquilan un apartamento en Buenos Aires, muy cerca de donde vivían la madre de Guevara Lynch, Ana Isabel, y

su hija Beatriz, soltera, que se desvivían por el chiquillo y a las que Ernestito adoraba.

En 1932, también en el mes de mayo, nacería Roberto, el tercer vástago de los Guevara, y en vista de que los ataques de asma del primogénito se producían aleatoriamente, sin responder aparentemente a causas determinantes, decidieron, aconsejados por los médicos y

EL PADRE DEL CHE HABLA SOBRE SÍ MISMO

«Ahora, amigo, permítame decirle unas palabras sobre mí mismo. Estudié en la Facultad de Arquitectura de la Universidad Nacional de Buenos Aires, pero con intervalos, porque debía trabajar. De las antiguas haciendas de mi abuelo sólo me había quedado el recuerdo. Mi padre era uno de sus muchos hijos, y nosotros, como ya le dije, éramos once hermanos. Esto puede explicarle por qué no vivíamos de las rentas. Y muy bien, porque ninguno de nosotros se convirtió en parásito...»

Ernesto Guevara Lynch

por amigos de la pareja, probar si mejoraba la salud de su hijo en un clima más seco que el de Buenos Aires. El destino será la provincia de Córdoba, en el centro del país, de clima templado moderado y con un régimen de precipitaciones inferior al de la capital. La intervención periódica de los fríos vientos pamperos, provenientes de la Antártida, que atraviesan la región se encargan, precisamente, de llevarse la humedad; de ahí que muchos enfermos con afecciones pulmonares visitaran regularmente esta zona en busca de alivio para sus males.

Lo que en principio iba a ser una estancia de pocos meses se convirtió en una residencia de once años en Alta Gracia, localidad del departamento de Santa María, a 32 km en dirección sudoeste de Córdoba, la capital provincial. Localizada en un amplio valle que los indios comechingones llamaban Paravachasca, Alta Gracia se halla recostada en las sierras Chicas cordobesas, abriéndose por el este a las llanuras pampeanas.

Aunque en Alta Gracia no se iba a producir ningún milagro, sin embargo la evolución de la enfermedad fue perdiendo virulencia y Ernestito comenzó a mejorar considerablemente. De cualquier modo, el niño no acude a la escuela en prevención de algún ataque y es Celia, su madre, la que se encarga de enseñarle las primeras letras y más adelante el resto de la formación que precisa un niño de su edad, lo que dará origen a una relación madre-hijo muy intensa, llena de sinceridad y cariño, que los mantendrá siempre muy unidos, incluso a pesar de la distancia y las diferencias que con el paso del tiempo existirán entre ambos.

Resultan significativos, al respecto, los siguientes párrafos de una carta con la que el Che, preso en México poco antes de embarcar con Fidel hacia Cuba para iniciar la guerra revolucionaria, le responde a otra de Celia en la que, al parecer, la madre ha manifestado sus dudas y su preocupación con respecto a la aventura en la que piensa embarcarse junto con Castro:

«Lo que realmente me aterra es tu falta de comprensión de todo esto y tus consejos sobre la moderación, el egoísmo, etc., es decir, las cualidades más execrables que pueda tener un individuo. No sólo no soy moderado sino que trataré de no serlo nunca, y cuando reconozca en mí que la llama sagrada ha dejado lugar a una tímida lucecita votiva, lo menos que pudiera hacer es ponerme a vomitar sobre mi propia

LOS TRABAJADORES DEL YERBATAL

Ernesto Guevara Lynch recuerda cómo era la vida en la provincia de Misiones para los trabajadores del yerbatal, allá por 1927: «Los obreros de las plantaciones de yerba mate arrastraban una vida miserable, de presidiarios; el dueño de la plantación era señor de horca y cuchillo, podía apalearlos impunemente e inclusive matarlos.

Ni siquiera les pagaban en dinero, sino en vales, por los cuales en el almacén del dueño les daban productos de segunda calidad y cualquier minucia. Además, el dueño les vendía cualquier porquería tres veces más caro. Para colmo, los envenenaba con alcohol, del que en el almacén había reservas ilimitadas. Cualquier resistencia organizada de los obreros era aplastada bárbaramente por el dueño de la plantación y por la policía.

Empecé por abolir los vales y pagar a los obreros un salario en dinero. Hasta prohibí vender alcohol en la plantación. En seguida me gané enemigos entre los dueños de las plantaciones vecinas. Primero me tomaron por loco, pero cuando se convencieron de que estaba en mi sano juicio, dijeron que era comunista. En aquel tiempo yo era partidario de la Unión Cívica Radical. Se trata de un partido democrático, cuyo líder, Hipólito Yrigoyen, por entonces presidente de la nación, hizo muchas cosas útiles para el país: estaba por una política exterior independiente y respetaba la Constitución. Los dueños de las plantaciones me amenazaron con tomar represalias. Entonces en Misiones reinaba la más absoluta arbitrariedad. Los plantadores manejaban a las autoridades locales y la policía.»

El camino hacia el Granma
Entrevista al Padre del Che por I. Lavretsky
(seudónimo del historiador ruso
Yosif Grigulevich)

En la provincia nororiental de Misiones, los Guevara adquieren unos cientos de hectáreas a orillas del río Paraná para cultivar yerba mate.

mierda... Un profundo error tuyo es creer que de la moderación o "el moderado egoísmo" es de donde salen inventos mayúsculos u obras maestras de arte. Para toda obra grande se necesita pasión

Símbolo de la lucha antiimperialista, Guevara saborea uno de los símbolos estadounidenses por excelencia: la Coca-Cola.

Una simpática instantánea del comandante Guevara a pesar de su ceño fruncido.

y para la Revolución se necesita pasión y audacia en grandes dosis, cosas que tenemos como conjunto humano...

...Con todo, me parece que ese dolor, dolor de madre que entra en la vejez y que quiere a su hijo vivo, es lo respetable, lo que tengo obligación de atender y lo que además tengo ganas de atender, y me gustaría verte no sólo para consolarte, sino para consolarme de mis esporádicas e inconfesables añoranzas...»

Madre e hijo son, además, muy semejantes en muchos sentidos y comparten una naturaleza rebelde y obstinada, si bien, y a causa de la enfermedad, el niño va adquiriendo un gran autocontrol y desarrollando una increíble voluntad de superación que persistirá a lo largo de su vida como un rasgo más de su carácter. «Al sentir que venían los ataques, se quedaba quieto en la cama y comenzaba a aguantar el ahogo que se produce siempre en los asmáticos durante los accesos de tos», escribirá su padre.

Y a esas características también se va a referir su gran amigo y compañero

Fidel Castro al evocar la figura del Che, allá cuando se entrenaba en México como guerrillero en los prolegómenos de la Revolución cubana: «Ahora, una cualidad que lo retrata, una de las que yo más apreciaba, entre las muchas que apreciaba –le refiere al periodista y escritor Ignacio Ramonet (*Fidel Castro. Biografía a dos voces*. Pág. 164)–. El Che padecía de asma. Ahí estaba el Popocatépetl, un volcán que se halla en las inmediaciones de México, y él todos los fines de semana trataba de subir al Popocatépetl. Preparaba su equipo –es

Kennedy y Nikita Jruschev. A principios de la década de 1960 se temió que la «Crisis de los Misiles» desencadenara la Tercera Guerra Mundial.

alta la montaña, 5.482 metros, de nieves perpetuas–; iniciaba el ascenso, hacía un enorme esfuerzo y no llegaba a la cima. El asma obstaculizaba sus intentos. A la semana siguiente intentaba de nuevo subir el "Popo" –como le decía él– y no llegaba. Nunca llegaba arriba, y nunca llegó a la cima del Popocatépetl. Pero volvía a intentar de nuevo subir, y se habría pasado la vida intentando subir el

LA GUERRA CIVIL ESPAÑOLA

Tras la Guerra Civil Española muchos republicanos llegaron a Argentina. Ernestito fue amigo de los hijos de muchos exiliados, como los González Aguilar o Fernando Barral, cuyo padre había muerto en combate.

Cuando comenzó la Guerra Civil Española (1936-1939) el Che ya había cumplido ocho años, una edad en la que un niño muestra gran interés por temas de cierto impacto, como lo es el de la guerra, máxime teniendo en cuenta que sus padres, ideológicamente de izquierdas, no sólo hablaban y debatían con sus amigos acerca del desarrollo del conflicto, sino que, además, pertenecieron a un Comité de Ayuda a la República Española. Los niños, simplificando el asunto, concluyeron que en la guerra de España había unos «buenos», que resultaron ser los vencidos y que tuvieron que refugiarse en Argentina cuando la guerra acabó, y unos «malos», los fascistas vencedores.

El periodista, escritor y diplomático francés Pierre Kalfon, gran especialista en América Latina y autor de *Che. Ernesto Guevara, una leyenda de nuestro siglo*, realiza la siguiente puntualización sobre la incidencia del conflicto civil español en el Che y su familia:

«La Guerra Civil Española afectó aún más a los Guevara y su progenie. En primer lugar porque el cuñado de Celia, el poeta comunista y algo dandy Cayetano Córdova Iturburu, participó en ella valerosamente más de un año como enviado especial de *Crítica*, el único diario antifranquista de Buenos Aires; todos los demás eran partidarios de Franco. Luego porque su mujer, Carmen de la Serna, comunista como él, decidió, justificándose en la tos ferina de uno de sus hijos, ir con sus dos retoños a reunirse en Alta Gracia con su hermana menor Celia. Finalmente, porque numerosos hijos de republicanos españoles, exiliados en Córdoba y en su región, serán algunos de los mejores amigos de infancia y adolescencia del joven Ernesto.»

Popocatépetl. Hacía un esfuerzo heroico, aunque nunca alcanzara aquella cumbre. Usted ve el carácter. Da idea de la fortaleza espiritual, de su constancia, una de sus características».

Pero en determinado momento Celia decide que el niño no puede seguir encerrado en casa, privado del goce de una infancia normal, máxime teniendo en cuenta que no mejora de manera ostensible de su asma y que los propios médicos no acaban de ponerse de acuerdo en cuanto a la forma óptima de hacerle frente a la enfermedad.

La periodista Julia Constenla, autora, entre otras, de una interesante biografía sobre la madre del Che, refiere así aquel momento: «Ellos se van a vivir a Córdoba para tratar que el Che sobreviva porque el pronóstico era fatal. Por eso, en un principio, el chico vivía literalmente encerrado. Le tomaban la temperatura hasta diez veces por día, comía cosas horrorosas y saludables, no podía salir a jugar para que no se resfriara y tenía el tubo de oxígeno en su habitación. Pero un

día ella ve cómo él mira jugar a sus hermanos y decide terminar con esa situación. Por eso, tiene una discusión con su marido –peleaban con frecuencia– diciéndole que Ernesto va a vivir como los demás, porque así no es vida. Y Ernestito, que está escuchando, grita: "Ya entendí... y si me muero me morí", y sale corriendo. Desde ese día, el Che hizo una vida normal, aunque a veces lo traían en brazos sus amigos, porque el asma no lo

Roberto Guevara, hermano del Che, viajó a Bolivia a recoger los restos mortales tras su asesinato, pero no se los entregaron. Al cabo de los años aparecerían en una fosa común.

Celia de la Serna, feliz junto a su hijo Ernesto, con el que siempre mantuvo una relación muy especial.

dejaba caminar o le ponían el tubo de oxígeno cuando se ahogaba. Pero él vivió "vivo". No fue condenado a la agonía del asma. Y eso fue decisión de Celia» («Página/12» web. Entrevista a Julia Constela. Edición del jueves 3 de marzo de 2005).

Una vez que Celia hubo tomado la decisión, ya no podía hablarse más del asunto. A pesar de la opinión discordante del padre, que hacía tiempo que consideraba a su mujer «imprudente de nacimiento» –tal vez por eso él intentaba poner el contrapunto con su cautela y rechazo a la experimentación–, Ernestito se lanzó a la «vida» con todo lo que para un niño tenía de aventura, de aprendizaje y de competición en todos los diferentes ámbitos en que se desenvolvía. De pronto comenzó a ir al colegio, a corretear y a pelearse con los chicos del barrio –a veces incluso a base de pedradas–, a jugar al fútbol y a disfrutar de todo tipo de entretenimientos y actividades al aire libre, estas últimas estimuladas siempre por su madre, como nadar, montar a caballo o realizar largas caminatas por las sierras cordobesas.

El padre del Che lee ante la cámara uno de los famosos diarios en los que su hijo recogía pensamientos y vivencias.

A Guevara Lynch no le quedó sino establecer contacto con su hijo cuando el asma lo mantenía postrado en la cama; entonces jugaba con él al ajedrez –ambos sintieron auténtica pasión por dicho juego–, charlaba o le recomendaba los primeros libros que podía leer de entre los muchos que colmaban la biblioteca familiar (comienza con Verne, Stevenson, Salgari, Dumas... y luego su madre lo introduciría en otros géneros, como la ficción, la poesía, e incluso en el estudio

El Che, tras sus viajes por Latinoamérica, comprendió que la revolución era la única salida contra la indignidad y la miseria que agobiaban a muchos pueblos del mundo.

de la filosofía). El Che se convertirá en un lector voraz del que su hermano Roberto comenta las siguientes palabras al respecto: «Le he visto leer sistemáticamente toda la biblioteca que teníamos en casa. Había, entre otros, una Historia Contemporánea en veinticuatro tomos, la leyó; una biblioteca filosófica en cuarenta grandes fascículos baratos, la leyó también y puedo decirles que lo había comprendido todo. Estaba loco por la lectura».

Del carácter de su padre heredará lo que daban en llamar «el genio irlandés», que se traducía en una especie de ataques de rabia en los que terminaba perdiendo los estribos, y solía ocurrir que cuando los ataques tenían lugar entre los compañeros de juegos, normalmente por decisiones o acontecimientos que consideraba injustos y en los que no contaba para nada su opinión, utilizara los puños. Nunca le abandonaría este feroz «genio irlandés»,

ERNESTO GUEVARA LYNCH RECUERDA A CELIA

El padre del Che cuenta que su esposa Celia era una mujer independiente y feminista que no daba importancia alguna a los convencionalismos de la alta sociedad de entonces. Interesada por la política, fue una de las primeras mujeres del país que se atrevió a cortarse las trenzas, a conducir un automóvil y a firmar con su nombre los cheques bancarios.

«En aquellos años su conducta indignaba a los aristócratas; la consideraban extravagante, excéntrica. Pero lo que chocaba a los demás en ella, me gustaba a mí: su inteligencia, su carácter independiente y amor a la libertad.»

Ernesto Guevara pasará a ser «el Che» para los cubanos por la utilización de esa interjección con que los argentinos y otros sudamericanos piden la atención de alguien.

pero, evidentemente, con la edad aprendió a dominarlo y a encontrar una vía de escape más «civilizada» a través de la palabra, siempre contundente y mordaz, con la que a veces inflingía duros castigos morales.

Así como en la práctica del deporte se mostraba muy competitivo, con respecto a los estudios nunca pretendió sorprender a nadie obteniendo las mejores notas, y en este sentido podría decirse que a pesar de

su notable inteligencia fue más bien un estudiante normal que únicamente destacaba en aquellas materias que le gustaban, como Historia, Ciencias Naturales, geografía, geometría o lectura... Su conducta, en general, era buena, pero resultó ser sumamente travieso, siempre metido en todo tipo de enredos y maquinaciones con las que no sólo conseguía la admiración de sus compañeros, sino también el desconcierto de los adultos.

De cualquier forma los «Guevara - De la Serna» formaban una familia un tanto «excéntrica», como los definían en aquella comunidad provinciana debido al librepensamiento y a la transgresión de ciertos convencionalismos que los caracterizaba, si bien podían permitírselo no sólo por la posición social que ocupaban, sino porque, en contrapartida, eran sumamente generosos y nada altaneros. (Elba Rossi Oviedo, la maestra que dio clase a Ernestito, recuerda que fue Celia la que implantó el vaso de leche diario a los niños, pagado con su dinero, con el fin de que los más pobres tuvieran al menos asegurado ese alimento básico en la escuela, costumbre que en adelante hizo suya el colegio). En su casa entraba y salía todo tipo de gente y entre los amigos de sus hijos

Como buen argentino, Ernesto disfrutaba enormemente cuando podía saborear yerba mate; no en balde su propio padre fue propietario de una plantación.

abundaban los niños pertenecientes a las clases más bajas.

Los problemas económicos también constituyeron un mal endémico en la casa de los Guevara, entre otras cosas porque ninguno de los progenitores resultaron muy duchos en las artes de la buena administración hogareña. El propio Guevara Lynch manifiesta al respecto:

«Primero tuve una plantación de yerba mate en la lejana provincia argentina de Misiones, en la frontera con Paraguay. Después construí casas en Buenos Aires, en Córdoba y en otras ciudades de mi país. Fundé compañías de construcción y con frecuencia quebré. Y no acumulé fortuna. No sabía enriquecerme a expensas de los demás, por eso los demás se enriquecían a expensas mías. Pero no lo lamento. Porque en la vida lo principal no es el dinero, sino tener la conciencia limpia. Aunque mis asuntos financieros nunca fueron brillantes, mis cinco hijos cursaron estudios superiores y, como se dice, se abrieron camino en la vida» (*El camino hacia el Granma*. Entrevista al

Con el «trabajo voluntario» los líderes revolucionarios perseguían el doble objetivo de consolidar un espíritu solidario y contribuir al fortalecimiento de la economía.

Como estudiante, Ernesto siempre fue cumplidor y destacaría en aquellas asignaturas que eran más de su agrado, como Matemáticas y otras ciencias exactas, y Filosofía.

padre del Che por I. Lavretsky. Partido Comunista Colombiano).

Si la economía familiar siempre fue un motivo de frecuentes y agrias discusiones entre la pareja, con el tiempo se añadiría a éste el de las aventuras amorosas de Guevara Lynch, con lo que las peleas entre los cónyuges –los dos eran de genio vivo– llegaron a ser prácticamente del dominio público en una población relativamente pequeña como era Alta Gracia. Al parecer las riñas de sus padres

afectaban grandemente a Ernestito, que según cuenta un amigo suyo, Carlos Figueroa, huía literalmente de su casa en dirección al monte, de donde sólo regresaba cuando calculaba que ya las cosas estaban serenas.

Los acontecimientos nacionales e internacionales siempre tenían eco en la vida familiar, y acerca de ellos se vertían opiniones y se discutía con los amigos. Tal era así que cuando Bolivia y Paraguay se disputaron en una cruenta guerra (1932-1935) el control de la despoblada y árida región del Chaco boreal (Bolivia pretendía un acceso al río Paraguay que le permitiera una salida al Atlántico, introduciéndose en territorio que los paraguayos consideraban de su soberanía), Guevara Lynch la seguía con absoluto interés y defendía los intereses de Paraguay en el conflicto. Y cuenta que un buen día sorprendió a los niños jugando a la guerra divididos entre bolivianos y paraguayos.

Ciertamente Ernestito era aún demasiado pequeño para que la guerra del Chaco le hubiera podido influir de alguna manera, pero cuando en 1936 estalló el conflicto civil español, que ya contaba ocho años, el niño era perfectamente consciente de la tragedia humana que arrastraba consigo. A su casa de Alta Gracia llegaría su tía Carmen con sus dos hijos –Carmen era la hermana mayor de Celia–, acogida por los Guevara mientras su marido, el periodista y poeta argentino de filiación comunista Cayetano Córdoba Iturburu permanecía en España.

Cuando llegaba una carta suya todos se reunían para escuchar los avatares de la guerra. Después, cuando los primeros exiliados republicanos fueron llegando a Argentina, algunos se radicaron en Alta Gracia, contándose entre los amigos de Ernestito muchos hijos de expatriados españoles.

«La Guerra Civil Española tuvo gran repercusión en la Argentina –rememora Guevara Lynch nuevamente en la entrevista con I. Lavretsky–. Organizamos un Comité de Ayuda a la España Republicana, al que Celia y yo prestamos toda clase de cooperación. Todos mis hijos estaban de cuerpo y alma con los republicanos. Éramos vecinos y muy amigos del doctor Juan González Aguilar, viceprimer ministro de Negrín en el gobierno de la República Española. Cuando cayó la República, emigró a la Argentina y se radicó en Alta Gracia. Mis hijos tenían amistad con los de González, estudiaban en la misma escuela, y después en el mismo Colegio de Córdoba. Celia los llevaba en el coche junto con Teté (así llamaban cariñosamente a Ernestito de pequeño). Teté era amigo de Fernando Barral, un muchacho español de su edad, cuyo padre, republicano, había muerto luchando contra los fascistas. Recuerdo también al general Jurado, destacado republicano, que fue huésped de González durante algún tiempo. Jurado solía venir con frecuencia a nuestra casa y nos contaba las peripecias

Raúl Castro (a su derecha aparece Vilma Espín)
conoció a Guevara en el exilio mexicano a través
de Ñico López. Inmediatamente se
convertirían en buenos amigos.

Durante su juventud, el Che mostró un gran interés por las culturas precolombinas, cuyas ruinas sobreviven al olvido y se extienden por gran parte de Latinoamérica.

de la guerra civil, las atrocidades que cometían los franquistas y sus aliados italianos y alemanes. Todo eso ejerció naturalmente marcada influencia sobre Teté y sobre la formación de sus futuras concepciones políticas.»

Después de la Guerra Civil Española comenzaría la Segunda Guerra Mundial, en la que también Guevara Lynch se movilizaría para proporcionar apoyo

solidario a los aliados a través de «Acción Argentina», y acabada la contienda mundial será militante contra la infiltración nazi en el país.

Pero para entonces la familia se había afincado en la capital de la provincia cordobesa. En 1942 Ernesto hijo había comenzado el bachillerato en el colegio nacional Deán Funes, en Córdoba, porque en Alta Gracia sólo existían centros de estudios primarios. La distancia que separa ambas poblaciones suponía demasiado esfuerzo para el chico, y como, además, al año siguiente su hermana Celia comenzaba también la enseñanza secundaria, la familia se mudó.

EL ASMA: ESCUELA DE FORTALECIMIENTO FÍSICO Y MENTAL PARA GUEVARA

A poco que nos paremos a pensar un momento, casi instantáneamente tomamos consciencia de que la actividad primera y más básica que realiza el ser humano nada más nacer es la de respirar.

Actividad, por otra parte, a la que aparentemente no le atribuimos un gran esfuerzo —todos sabemos que consiste en un proceso involuntario y automático regulado por el autorreflejo pulmonar—, pero que para aquellas personas con problemas en el aparato respiratorio conlleva una importante dificultad.

El asma, por ejemplo, es uno de estos trastornos que se caracteriza, fundamentalmente, por la inflamación de la mucosa bronquial, lo que no sólo ocasiona una obstrucción más o menos severa a la entrada del aire en los pulmones, sino que, además, provoca que éstos sean enormemente sensibles e irritables ante diferentes sustancias inhaladas al respirar (polvo, olores fuertes, hongos que proliferan en ambientes húmedos, etc.), así como a otra serie de estímulos supuestamente ajenos a la enfermedad (esfuerzo físico, estrés, emociones, cambios bruscos de temperatura, etc.) que, en conjunto, se denominan «agentes desencadenantes».

Las variaciones que un paciente crónico de esta dolencia presenta a lo largo de la evolución de la misma y la anarquía con que las crisis asmáticas se desencadenan dan cuenta del conjunto de factores que confluyen en el asma bronquial, aunque, evidentemente, un agente concreto puede ser el responsable en un momento dado de determinada sintomatología con que se manifiesta el mal (violentos accesos de tos, sobre todo durante el descanso nocturno y de madrugada, o bien cuando se liberan emociones —risa, llanto—, o al realizar ejercicios físicos; respiración sibilante —con ruidos en forma de silbidos— que indican un resuello forzado; opresión torácica, etc.) y cuyo resultado último será una tremenda fatiga provocada por la inadecuada ventilación del organismo.

A los quince días de su nacimiento, Ernesto Guevara de la Serna se vio afectado por una grave pulmonía que a punto estuvo de acabar con su recién estrenada existencia y en la que muchos cifran el origen del asma crónica que lo afectará tiempo después de por vida (en mayo de 1930, con apenas dos años, se produce el primer ataque). Aún hoy día se desconocen exactamente las causas de este padecimiento, si bien se ha abandonado la idea del asma como un problema orgánico de

naturaleza exclusivamente pulmonar, para asociarlo a ciertas manifestaciones de una enfermedad alérgica que, en el caso de Ernesto Guevara, probablemente tengan carácter congénito debido a que Celia, su madre, era alérgica y en ocasiones sufría accesos asmáticos.

En cualquier caso, los problemas de salud del primogénito llevarán a los Guevara - De la Serna a no escatimar esfuerzos y medios para evitar, por un lado, que los desencadenantes potenciales de la enfermedad puedan activarse y, por otro, al intento de aliviar en lo posible los síntomas más delicados asociados a la misma, tanto con medidas preventivas como con medicación.

Una de las primeras decisiones de la pareja, aconsejados por médicos y amigos, consistió en probar si mejoraba la salud de su hijo en un clima más seco que el de Buenos Aires, por lo que el destino de la familia será la provincia de Córdoba, en el centro del país, de clima templado moderado y con un régimen de precipitaciones inferior al de la capital gracias a la intervención periódica de los fríos vientos pamperos, que atraviesan la región y se llevan la humedad. Tras instalarse en Alta Gracia, ciudad próxima a la capital y muy visitada por enfermos con afecciones pulmonares, las crisis

de Ernestito van perdiendo virulencia y la mejoría del niño se hace notar.

No obstante, en determinado momento, y en vista de que ni los propios médicos acababan de ponerse de acuerdo en cuanto a la forma óptima de hacerle frente al mal, la madre decide que el niño no puede seguir encerrado en casa, privado del goce de una infancia normal, por lo que Ernestito inicia diversas actividades al aire libre, asiste al colegio, juega al fútbol, camina por montes, irá a nadar y a montar a caballo, siempre contando con el apoyo de su madre. Incluso practicaba el *rugby*, un deporte que exige un gran esfuerzo físico y con respecto al cual su padre, Ernesto Guevara Lynch, recuerda: «Los médicos me habían dicho que el *rugby* era simplemente suicida, que no podría aguantarlo, y cuando se lo dije a Ernestito me contestó: Me gusta el *rugby* y aunque reviente voy a seguir».

El fortalecimiento físico del niño y el eficaz autocontrol que desarrolla para que la enfermedad no lo supere, asfixiándolo con su soga invisible, van conformando así mismo una inquebrantable voluntad y las sólidas y férreas convicciones personales y morales que caracterizarán durante toda su vida al Che Guevara.

Algunos de los que lo conocieron dicen que era temerario, y en lo que a su asma se refiere, no parece que Ernesto Guevara pusiera mucho cuidado en evitar esos «desencadenantes potenciales» que hemos mencionado: jugaba al *rugby* y al fútbol, nadaba, fumaba («en los caminos del humo se puede remontar cualquier distancia, diría que se pueden creer los propios planes y soñar con la victoria sin que parezca un sueño») y realizaba, cuando guerrillero, interminables y sofocantes marchas a través de selvas húmedas —Sierra Maestra, Congo, Bolivia—, plagadas de agentes alérgenos. Sus amigos y camaradas de prácticas deportivas lo recuerdan con el inhalador siempre cerca, y también con el inhalador a mano lo recuerdan años después sus compañeros de la guerrilla...

Otros, que así mismo lo trataron, aseguran que Ernesto era perseverante hasta el infinito... Su convivencia con el asma desde una edad temprana, y con la experiencia de la angustia que dicho padecimiento conlleva, lo prepararon y fortalecieron para soportar las adversidades y sufrimientos de una vida siempre al límite, bien fuera convertido en un temible *tackle* del equipo de *rugby* durante su adolescencia, bien recorriendo miles de kilómetros a través de Sudamérica con sus amigos de juventud, o embarcado en el

Gran amante de la poesía y de la literatura, era un lector voraz que disfrutaba con cuantos libros caían en sus manos.

Granma, junto a Fidel, llevando el gran sueño de la dignidad de los pueblos en el corazón. Y también, ¡cómo no!, en sus momentos finales, allá en La Higuera (Bolivia), donde finalmente cae asesinado el que un día se denominara a sí mismo «soldado de América», comandante Che Guevara.

CHE

PASIÓN POR LA VIDA

Las ciudades de Córdoba y Buenos Aires serán testigos de la adolescencia y juventud del joven Guevara. Los estudios secundarios y universitarios, la pasión por la lectura y la práctica del deporte, el calor entrañable de los amigos, el afán de viajar, los afectos familiares o el descubrimiento del amor, formarán parte de estos años de aprendizaje y descubrimiento del mundo desde una perspectiva propia.

El español Jerónimo Luis de Cabrera, gobernador de Tucumán, había sido encomendado por el virrey del Perú, Francisco de Toledo, para que fundara una población en la zona comprendida entre las actuales ciudades de Salta y Santiago del Estero.

No obstante, descendería más al sur en la exploración de nuevas tierras y el 6 de julio de 1573 bautizará el nuevo asentamiento con el nombre de Córdoba de la Nueva Andalucía.

Pronto se convertirá en una importante metrópoli y, a principios del siglo XVII, ya contaba con Universidad gracias a los buenos oficios de los jesuitas, llegando a ser con el tiempo el centro cultural y universitario del virreinato del Río de la Plata, conservando de su glorioso pasado colonial uno de los patrimonios monumentales más valiosos del país entre iglesias, conventos –además de los jesuitas también se asentaron franciscanos y dominicos–, palacios y caserones de los siglos XVII al XIX. En la década de 1940 aún conservaba su olor a incienso y el aire docto que procedía de su prestigiosa Universidad e institutos.

El profesor e investigador mexicano Jorge G. Castañeda, autor de una biografía

EN CLASE DE ANATOMÍA

«Comenzaba el año 1947. En un anfiteatro de Anatomía, en la Facultad de Medicina, escuché varias veces una voz grave y cálida (la de Ernesto Guevara) que con su ironía se daba coraje a sí mismo y a los demás frente a un espectáculo que sacudía aún al más insensible de esos futuros galenos (la disección de un cadáver). Por el acento, era un comprovinciano; por su aspecto, un muchachito bello y desenvuelto... El fuego que debía consumir su existencia yacía aún latente bajo su corteza de leño tierno, pero ya chisporroteaba en su mirada. Una mezcla de timidez y altivez, quizá de audacia, encubría una inteligencia profunda y un insaciable deseo de comprender y, allá en el fondo, una infinita capacidad de amar...»

Evocación

Tita Infante

del Che Guevara *La vida en rojo. Una biografía del Che Guevara*, describe así la ciudad en la época en que se asentaron allí los Guevara: «Córdoba en los años cuarenta era todavía una ciudad homogénea, blanca y burocrática, inserta en una provincia agrícola aún próspera, y donde las innegables diferencias sociales se disimulaban gracias a la segregación geográfica. Pero la población ya se había disparado. Pasó de 250.000 habitantes, en 1930, a 386.000 en 1947: un crecimiento vertiginoso y desconocido para la ciudad. Los habitantes de menores ingresos, recién llegados del campo, dedicados a labores de servicios, se aglomeraban en las afueras. En algunos barrios, los tugurios de los pobres colindaban con la ciudad "bonita". La industrialización vendría después, con la llegada de la industria automotriz, a finales de la década de los 40».

En Córdoba, Guevara Lynch comenzó a ganar dinero trabajando en la construcción, en sociedad con un arquitecto, por lo que la economía de la familia mejoró notablemente. Aunque no ocurriría lo mismo con las relaciones del

matrimonio, que entraron en una fase de irrecuperable deterioro, si bien, fruto de uno de los momentos de sosiego y reconciliación que salpicaron su trato, nacerá en 1943 el último de los hijos de Ernesto y Celia, Juan Martín, con quien Ernesto se lleva 15 años.

Las condiciones de vida que hicieron famosos a los Guevara - De la Serna en Alta Gracia, que alguien definió como de «informalidad igualitaria», se reprodujeron nuevamente en Córdoba. En su casa siempre recalaba gente de lo más variopinta perteneciente a toda la gama de la escala social: desde la aristocracia más exquisita, hasta los habitantes de los barrios de chabolas que, provenientes del campo y a raíz de los cambios económicos registrados desde finales del siglo XIX, se congregaban alrededor de las grandes ciudades en busca de un futuro mejor, pasando por bohemios y artistas muertos de hambre que esperaban la oportunidad para el gran salto hacia la gloria.

Mientras tanto, el joven Ernesto, en plena adolescencia, amplía su vida social, observa y reflexiona en un deseo natural de

Ernesto con Celia, su madre. Ambos comparten una naturaleza rebelde y obstinada.

La familia disfruta del baño, excepto nuestro protagonista, seguramente aquejado por algún problema de salud.

comprender y explicarse el mundo que le rodea, comienza a preguntarse acerca de sí mismo y a poner en tela de juicio los «viejos» modelos ofrecidos, para afianzarse en ellos a través del correspondiente análisis intelectual o, en caso contrario, desecharlos definitivamente y adoptar los suyos propios.

Sus estudios en el colegio Deán Funes fueron más que decentes, destacando, como siempre, en aquellas asignaturas que eran más de su agrado: «Era fuerte en Matemáticas y en otras ciencias exactas –asegura su padre–. Inclusive creíamos que, con el tiempo, se haría ingeniero, pero, como usted sabe, eligió la Medicina. Quizá se debiera a su propio estado o a una enfermedad incurable de la abuela, la madre de Celia, a la que quería muchísimo, y quien le correspondía con el mismo cariño». En el último curso, en concreto, obtendría la calificación de sobresaliente en Filosofía, asignatura que logró captar su interés hasta el punto de que inició la confección de su propio «diccionario filosófico», en una larga serie de cuadernos manuscritos donde iba anotando por orden alfabético breves

biografías de los pensadores más importantes y citas relacionadas con aquellos temas que para él tenían un interés especial, como la justicia, la razón, la moral, Dios, etc., y en los que puede observarse su propia evolución intelectual –durante diez años mantuvo estas anotaciones filosóficas–.

También seguía leyendo todo lo que caía en sus manos con verdadera voracidad, y así lo recuerda Alberto Granado, su gran amigo con el que emprendería el famoso recorrido en motocicleta con el objetivo de conocer la «América mayúscula» y que entonces entrenaba el equipo de *rugby* en el que Ernesto quería jugar. Mientras los chicos esperaban que otro grupo acabara los entrenamientos, Ernesto se sentaba en el suelo, apoyado contra un poste, y se concentraba en la lectura del libro de turno: Freud, Zola, Sartre, Faulkner,

Con el encargado de negocios de Cuba en el aeropuerto internacional de Río de Janeiro (Brasil).

Dumas, etc., o bien un libro de poesía –le gustaba especialmente la poesía y él mismo sería también poeta–, con autores como Verlaine o Baudelaire; Lorca, Machado y Alberti (con ellos había tomado contacto a través de sus amigos republicanos españoles exiliados), o Neruda, su poeta favorito.

Alberto Granado, por entonces estudiante universitario de primer año en la Facultad de Farmacia y Bioquímica de la Universidad de Córdoba, estaba sorprendido por aquel muchacho flaco al que el asma a veces dejaba imposibilitado para el menor movimiento pero al que, sin embargo, los compañeros apodaban Fúser, una síntesis de «Furibundo Serna» por la forma en que se entregaba al juego y, sobre todo, debido a su tremendo *tackle* (se entiende por *tackle* –placaje– cualquier tipo de agarre que en el rugby le está permitido realizar con los brazos a un defensor

sobre el atacante del equipo contrario, siempre que sea de los hombros hacia abajo, con el objeto de forzarlo a abandonar el balón). Alberto recuerda siempre el día en que su hermano Tomás, de quien originalmente era amigo Ernesto, se lo presentó para ver si podía jugar en el equipo que entrenaba, el «Estudiantes de Córdoba»:

«Ernesto tenía 14 años. Él quería jugar *rugby*, pero como sufría de asma de muy pequeño ningún entrenador lo quería aceptar. Jugar con asma era un riesgo grande. Entonces, mi hermano menor (Tomás), compañero de estudio suyo, me lo presentó sabiendo que yo creía mucho en el deporte como forma de mantener la salud. Lo trajo para ver si yo lo podía entrenar». Pero debió pasar una prueba necesaria porque de lo contrario había gente que venía, entrenaba, encontraba bonito el juego, pero cuando le daban cuatro *tackles* bien dados se arrepentían y no volvían más. ¡Lo peor es que se iban con la camiseta, los zapatos y todo! No podía ser. Por eso, la norma era que para ser jugador nuestro, debía saltar sobre un palo de escoba a una altura de un metro diez, y caer con el hombro, de golpe. Una jugada que puede pasar cuarenta veces en un partido. La mayoría, al segundo salto, se iban para no volver. La excepción fue Ernesto, que no se puso ni el *short*, se colocó la camiseta y se tiró una vez, y se tiró otra y otra... ¡Si no le digo basta, me hace un hueco en el patio! –Así nació el nuevo apodo para el Che, que de Pelao (mote debido a su pelo muy corto) pasó a Fúser. Claro. El tenía un *tackle* muy violento y, por lo demás, muy heterodoxo, no iba a la cintura, sino casi a la altura del hombro, y aplicaba una fuerza increíble para su peso» (entrevista a Alberto Granado por Antonio Valencia para «Revoluciones.org». Abril de 2005).

Tomás y Alberto Granado eran hijos de un inmigrante español, y entre sus amigos en Córdoba también se encontraban Paco, Juan y Pepe, los hijos de Juan González Agulilar, el republicano exiliado en Alta Gracia que, al igual que los Guevara, se habían trasladado a Córdoba. De su antigua pandilla de Alta Gracia, a donde volvía la familia en las vacaciones de verano,

En el marxismo encontraría Guevara una lúcida crítica de la sociedad sustentada en bases científicas y revolucionarias.

conservó la amistad con Carlos Figueroa y Calica Ferrer.

Y Calica Ferrer sería, precisamente, el responsable de la iniciación sexual de Ernesto con «la Negra» Cabrera, la criada que tenían en su casa, cuando rondaban los quince años. En aquella época de mojigatería y doble moral, los chicos de clase bien normalmente accedían a los secretos del sexo en los prostíbulos o a través de las sirvientas de las familias, casi todas indias o mestizas provenientes de las regiones más pobres, «a las que conquistaban con sus ventajas sociales o económicas», como asegura

Jon Lee Anderson en una de las últimas biografías escritas sobre el Che (*Che Guevara. Una vida revolucionaria*. Ed. Anagrama. 2006). Más adelante describe

así el momento: «Rodolfo Ruarte (uno de los amigos del grupo) estuvo presente en la ceremonia de iniciación de Ernestito, y con otros jóvenes los espiaron a él y a la

ERNESTO GUEVARA LYNCH RECUERDA LAS LECTURAS DEL CHE

«¿Qué leía? ¿Qué quiere que le diga? De todo. Tanto yo como Celia sentíamos pasión por los libros, teníamos una biblioteca de varios miles de volúmenes, el adorno principal de nuestra casa y nuestro principal tesoro. Había libros clásicos, desde españoles hasta rusos, y de historia, filosofía, psicología, arte. Había obras de Marx, Engels, Lenin. También de Kropotkin y de Bakunin. De los escritores argentinos, José Hernández, Sarmiento y otros. Algunos libros eran en francés, lengua que Celia conocía y que enseñaba a Teté.

Claro que el Che, como cada uno de nosotros, tenía sus autores predilectos. En la infancia fueron Emilio Salgari, Julio Verne, Alejandro Dumas, Víctor Hugo, Jack London. Después se apasionó por Cervantes, Anatole France. Leía a Tolstói, Dostoievski, Gorki. No dudé que leyó todas las novelas sociales latinoamericanas en boga por aquellos años. Eran las del peruano Ciro Alegría, del ecuatoriano Jorge Icaza y del colombiano José Eustasio Rivera, en las que se describía la dura vida de los indios y el trabajo de esclavos que hacían los obreros en las haciendas y en las plantaciones.

Che sintió afición por la poesía desde la infancia. Se enfrascaba en la lectura de Baudelaire, Verlaine, García Lorca, Antonio Machado; le gustaban los versos de Pablo Neruda. Sabía de memoria muchísimas poesías, y él mismo las escribía... Pero claro que mi hijo no se consideraba poeta. En cierta ocasión, dijo de sí que era un revolucionario que no había llegado nunca a ser poeta...»

El camino hacia el Granma
Entrevista al Padre del Che por I. Lavretsky

Con su primera hija, Hildita, a la que llamaba
«Pequeña Mao» por sus rasgos achinados.

Negra a través del ojo de la cerradura. Lo vieron sacar su inhalador para el asma y observaron que si bien se desempeñaba a la perfección sobre el cuerpo sumiso de la criada, cada tanto se interrumpía para inhalar. La escena les provocó un ataque de risa incontrolable y fue una fuente de bromas durante varios años. Pero eso no afectó a Ernesto, quien siguió visitando regularmente a la Negra».

También es el momento de los primeros amores, y en esta faceta Ernesto tiene la ventaja de que además de ser un chico guapo –sus profundos ojos oscuros son lo que más recuerdan las mujeres que lo conocieron–, poseía una notable personalidad, a la vez tierna y provocadora, que lo hacía enormemente atractivo. «En plena adolescencia, Ernestito y yo fuimos un poco más que amigos –evoca años más tarde su prima Carmen Córdova Iturburu– (...) porque como suele suceder entre primos y primas, tuvimos nuestro idilio. ¡Ernesto era tan buen mozo!».

Su absoluta falta de interés por cuestiones candentes para los jóvenes, como la moda o los ritmos de actualidad,

El ser humano siempre despertó el interés de Guevara. ¡Y qué mejor forma de ocuparse de los hombres que convertirse en médico!

y un manifiesto desdén por los formalismos sociales, daban buena cuenta de un espíritu rebelde que se había empezado a gestar durante sus primeros años y que con el paso del tiempo se iba acentuando definitivamente. Esta actitud, que se traducía en un «chocante» aspecto personal y en una afición descarada por escandalizar a quienes le rodeaban, lo

La Guerra de Guerrillas, *escrito por el Che y publicado en 1960, se lo dedica a Camilo Cienfuegos, entonces ya desaparecido, a quien considera un revolucionario sin tacha y un amigo fraterno.*

bailarín (*El camino hacia el Granma.* Entrevista al padre del Che por I. Lavretsky. Partido Comunista Colombiano).

convirtieron en un elemento singular entre la juventud cordobesa. El «Loco Guevara» y el «Chancho» fueron otros de los apodos que tuvo Ernesto Guevara –el último haciendo referencia concreta a sus alardes sobre la falta de aseo– quien, sin embargo, nunca dejaría de ser el auténtico referente del grupo y el amor de las jovencitas de clase bien, a las que les resultaba entrañable aquella especie de galán provocador capaz, ya entonces, de ironizar incluso sobre sí mismo.

Su padre da fe de que no entendía absolutamente nada de música y de que carecía de oído musical: «Era incapaz de percibir la diferencia entre un tango y un vals. No sabía bailar, cosa nada común en un argentino. Sabrá que cada uno de nosotros se considera gran bailarín, aunque no lo sea...». Guevara Lynch, precisamente, siempre tuvo fama de buen

También lo constata su amigo Alberto Granado durante el viaje que realizaron juntos por Sudamérica: «... lo único que había aprendido era el tango, que es lo que se puede bailar sin tener oído. El día de su cumpleaños, en el que hizo un discurso fantástico que para mí demuestra que ese chico no era un loco, que tenía algo, él bailaba con una indiecita, una enfermera del leprosorio del Amazonas.

En una de esas tocan *Delicado,* un *baión* (ritmo dulzón y sensual que tuvo su momento de apogeo en los años cuarenta y cincuenta) que estaba muy de moda y que, de paso, le gustaba mucho a la novia que Ernesto había dejado en Córdoba (se refiere a *Chichina* Ferreira, de la que hablaremos más adelante). Cuando le di la patadita para que se acordara, encaró no más con pasos de tango. Era el único que contrastaba. Yo no podía parar de reír y recién cuando se dio cuenta se enojó conmigo» (entrevista a Alberto Granado. Página/12, Buenos Aires, 3 de julio de 1994).

Incluso el propio Che, siendo Ministro de Industria y al ser solicitada su opinión sobre ciertos discos nuevos, respondió: «De música no me está permitido dar ni siquiera una tímida opinión, porque mi ignorancia alcanza a -273°». Y he aquí otro de los rasgos propios de su forma de ser, que le permitía con la mayor naturalidad confesar sus limitaciones o errores, y que se basaba en una virtud que él parecía tener enraizada en sus genes: la sinceridad. «Nunca temía reconocer sus defectos –asegura rotundamente su padre–. Solía burlarse de los defectos ajenos, pero tampoco se apiadaba de sí mismo. Se hacía autocrítica, yo diría que era despiadado para consigo mismo. Algunos creían ver en ello originalidad, excentricismo, pose. Pero la causa era más seria y profunda, y consistía en su extrema sinceridad, en su repulsión a la falsedad, los convencionalismos, la moral pequeñoburguesa. Y la sinceridad siempre sorprende y deja pasmados a los pequeñoburgueses. El pequeñoburgués sostiene que quien no se parece a él está loco o es astuto, un simulador o un mistificador».

Ernesto Guevara junto a su segunda esposa, Aleida March.

Pero, en sentido contrario, Ernesto era capaz de una tremenda dureza verbal hacia los demás cuando se ponían en evidencia a causa de errores achacables a una elemental falta de rigor o producto de la irresponsabilidad. Alberto Granado recuerda que su hermano Tomás, amigo y compañero de estudios de Ernesto, le contó que cuando cursaban cuarto año de bachillerato, en cierta ocasión el profesor de literatura, hablando de García Lorca, recitó de forma inexacta uno de sus poemas y que entonces el Che, medio enfurecido, le espetó: «¡Para qué vamos a hablar si Vd. no se sabe ni los versos!». «Era duro, muy duro –recapitula Alberto

Granado–. Consigo mismo más que con nadie. Se daba cuenta si se le había ido la mano, pero por eso no dejaba de ser duro».

En 1946 Ernesto Guevara acabó el bachillerato y comenzó a trabajar para ayudarse en los estudios, pues la situación económica de la familia de nuevo era precaria debido a la quiebra de la empresa constructora de Guevara Lynch. Esta circunstancia desencadenó una nueva crisis en las relaciones entre sus padres, que desembocaría no sólo en la decisión de separar definitivamente sus vidas sino, también, de regresar definitivamente a Buenos Aires, aunque en principio ambos cónyuges y el resto de sus hijos se instalaron en casa de la abuela paterna, Ana Isabel Lynch, quien a la sazón

Una tierna instantánea en la que Ernestito abre su mano al ave que sujeta.

contaba con 96 años. Ernesto, mientras tanto, se encontraba con su amigo Tomás Granado trabajando como supervisores de los materiales empleados por las empresas adjudicatarias en la construcción de carreteras, una vez realizado y superado el correspondiente curso de formación que les habilitaba para la tarea en el que fueron admitidos gracias a la intervención de Guevara Lynch. Los dos amigos viajaban por las distintas provincias en que eran requeridos sus servicios cuando de pronto, cierto día, Ernesto recibió un telegrama de su padre en el que lo avisaba de que la abuela Ana Isabel había sufrido un infarto y que su estado era realmente muy grave.

Inmediatamente renunció a su empleo y acudió junto al lecho de su abuela, por la que sentía un profundísimo afecto, y no se separó de ella durante los algo más de quince días que duró la agonía. Su muerte, y el resto de circunstancias que rodeaban a su familia, le sumieron en una especie de «indecible» tristeza de la que únicamente le sacó la firme decisión de estudiar medicina en el curso que próximamente iba a dar comienzo –iniciaba ya sus estudios universitarios–, abandonando finalmente el proyecto consensuado con su amigo Tomás de estudiar ingeniería.

LA SINCERIDAD,
CUALIDAD ENRAIZADA EN EL CHE

Aleida Guevara March, una de las hijas del Che habidas de su segundo matrimonio, destaca este rasgo de la personalidad de su padre a través de las palabras de Fidel Castro.

También Fidel entendía la sinceridad como una virtud: «Decir la verdad es el primer deber de todo revolucionario…».

Cuenta Aleida que habiendo recibido el encargo de escribir el prólogo del libro *Pasajes de la guerra revolucionaria: Congo,* diario inédito escrito por su padre en África, le pidió a Fidel información relativa a aquella época, y específicamente detalles acerca de alguna de las muchas discusiones que se decía existieron entre los dos. «Entonces él me contó –explica Aleida– que cuando ellos caen presos en México, Fidel le dice a todos los compañeros que nadie puede hablar de su filiación política. ¡Nadie!

"Bueno –dice Fidel a Aleida–: ¿Qué crees que hizo tu papá? No solamente dijo que era marxista... además discutió con el esbirro (el policía) que lo tenía preso sobre la personalidad de Stalin... A ver... ¿qué hago con tu papá? Claro, nos dan la libertad a todos y el único que se queda preso es tu papá... Dime: ¿qué hago? En ese momento quería discutir, pero cuando lo vi y me dijo que no podía mentir... ¿sabes qué? Lo entendí. Porque tu papá era así. No podía mentir ni siquiera en esos momentos. Y lo entendí. No hubo una

discusión. Yo iba molesto porque no se había cumplido una orientación y él estaba pagando las consecuencias. Pero cuando hablé con él, y le miré a los ojos, y me dijo con esa simple expresión: 'No puedo mentir' ya la cosa fue tranquila... ¿Qué le vamos a hacer? Él es así...''».

Y Fidel aún le hablaba del Che en presente.

Rebelión
Entrevista a Aleida Guevara March
23 de junio de 2003

«Compatriotas –decía Fidel en Santiago de Cuba celebrando el triunfo de la Revolución–, la tiranía ha sido derrocada (…). No nos engañemos creyendo que en adelante todo será fácil; quizás en adelante todo sea más difícil…»

Nunca llegó a explicar con claridad el motivo de cambio tan radical y categórico. Sin duda alguna los días de reflexión al lado de su abuela y ese primer contacto real con la muerte debieron de ser factores esenciales a la hora de decidir cómo encarar la vida propia que tenía por delante, y es muy posible que sólo entonces hubiera tomado plena consciencia de sí mismo y del gran interés que en él siempre despertó el ser humano: en primer lugar, como individuo, pero también como ser social en que se desarrolla. ¡Y qué mejor forma de ocuparse de los hombres que convertirse en médico y tratar de encontrar solución a sus padecimientos físicos! –él conocía por experiencia propia la intensa lucha que era preciso mantener para que la enfermedad no terminara venciendo esa primera e instintiva resistencia–. Para más adelante quedaba aquella otra preocupación que también había anidado entre sus pensamientos: la de cómo hacer frente a los males morales (la injusticia, la humillación, etc.) de los que eran víctimas propiciatorias miles de individuos, y hasta pueblos enteros, dentro del complejo entramado social humano.

El día en que durante un bombardeo en Sierra Maestra (Cuba) eligió salvar una caja de municiones en vez de su maletín médico, quedó definitivamente clara su verdadera vocación «humanista» –en cuanto que actitud vital basada en una concepción integradora de los valores del hombre–; una vocación que encontrará únicamente en la lucha revolucionaria el modo de hacer hincapié en la dignidad de la persona como firme sustrato sobre el que se pueda construir una vida realmente humana para todos los pueblos de la tierra.

Esta verdadera vocación se irá gestando durante los años siguientes, como podemos constatar en este apunte de su diario que surge a raíz del encuentro que tienen Alberto Granado y él con una pareja de jóvenes mineros chilenos durante el viaje por Latinoamérica que en 1952 realizaron juntos: «... Allí nos hicimos amigos de un matrimonio de obreros chilenos que eran comunistas. A la luz de una vela con que nos alumbrábamos para cebar el mate y comer un pedazo de pan y queso, las facciones contraídas del obrero ponían una nota misteriosa y trágica. En su idioma sencillo y expresivo contaba de sus tres meses de cárcel, de su mujer hambrienta, que lo seguía con ejemplar lealtad, de sus hijos, dejados en la casa de un piadoso vecino, de su infructuoso peregrinar en busca de trabajo, de los compañeros misteriosamente desaparecidos, de los que se cuenta que fueron fondeados en el mar. El matrimonio aterido en la noche del desierto, acurrucado uno contra el otro,

El afán viajero de Guevara era producto de la curiosidad y del ansia por conocer la realidad cotidiana de los hombres.

era una viva representación del proletariado de cualquier parte del mundo... No tenían ni una mísera manta con qué taparse, de modo que les dimos una de las nuestras. Fue esa una de las veces que he pasado más frío, pero también en la que me sentí un poco más hermanado con esta para mí extraña especie humana».

Los años siguientes son, pues, años de formación e intensas vivencias que le llevan a una frenética actividad en su intento de compaginar una y otras –estudio, lecturas, trabajo, amores, afectos familiares, deporte y viajes– que llevan a sus conocidos de entonces a coincidir en la opinión de que «el joven Guevara parecía andar siempre con prisa».

Una vez que se vio libre del cumplimiento del servicio militar –finalmente sus «pulmones de mierda

habían hecho algo útil para variar», según comentaría con sus amigos–, buscó, en primer lugar, la forma de ganarse la vida sin tener que recurrir a la ayuda paterna, ya que prefería que el dinero del que pudiera disponer la familia se dedicara a los hijos menores. A partir de entonces desempeñaría todo tipo de trabajos, aunque el más interesante y duradero de todos fue el conseguido en el laboratorio del Dr. Pisani, especialista en alergias a cuya clínica había acudido como paciente de su «fiel» dolencia crónica.

El doctor Salvador Pisani ofreció a aquel despierto y vital estudiante de medicina un puesto de ayudante de investigación, mientras que la madre y la hermana del doctor le proporcionaron una especie de segundo hogar en su espaciosa casa, donde le preparaban los platos especiales establecidos en su dieta para el asma y en el que contaba con una cama y con todo su afecto cuando le sobrevenía algún ataque.

Precisamente la rama que iba a resultarle más interesante a lo largo de su carrera sería la investigación clínica, y ahí el Dr. Pisani contará con el mérito de haber logrado el entusiasmo de su pupilo con respecto al trabajo de laboratorio. Del mismo modo, y cuando hubo de elegir la correspondiente especialidad en la carrera, la alergología será la opción tomada.

RASGOS DE CARÁCTER

El afán de superación propia del Che y su férrea voluntad se traducían, a su vez, en una cierta exigencia de responsabilidad hacia los demás y en una tremenda dureza verbal cuando alguien se ponía en evidencia a causa de sus errores o abandonaba un objetivo sin haber siquiera luchado. Alberto Granado, amigo del Che, recuerda que su hermano Tomás, que era compañero de curso de Ernesto, le contó que en cierta ocasión, cuando cursaban cuarto año de bachillerato en el colegio Deán Funes, el profesor de literatura recitó de forma inexacta algún verso de García Lorca y entonces el Che, ofendido, le espetó: «Para qué vamos a hablar, si usted no se sabe ni los versos».

«Era duro, muy duro –manifiesta Granado–. Consigo mismo más que con nadie. Se daba cuenta si se le había ido la mano, pero por eso no dejaba de ser duro.»

Las asignaturas de su carrera, evidentemente, constituían otra parte más de su programación diaria, pero su estudio estaría compartido con otras materias, como la filosofía –con un interés específico por la filosofía social–, que le llevarán a completar sus cuadernos-diccionarios filosóficos. Entre sus lecturas están presentes obras de Mussolini, Stalin, Lenin y, claro está, Karl Marx, el personaje cuyo pensamiento conseguiría cautivarlo. El gran interés que siente por los orígenes y la ideología socialistas no le acerca, sin embargo, al activismo político, probablemente porque primero necesitaba desentrañar en todos sus contenidos la teoría política, para después poder encontrar las respuestas a los interrogantes que la realidad cotidiana deslizaba en su cabeza. Observaba y escuchaba, se informaba y en ocasiones discutía, pero aún necesitaba tiempo para llegar al compromiso militante. Todavía en 1952, en la visita que realiza a la mina de Chiquicamata (Chile), en donde se escuchaban ya las voces que precedían a la batalla sobre la nacionalización del cobre chileno y en donde el comunismo había calado limpiamente entre los sufridos y paupérrimos mineros, realizó la siguiente anotación en su diario de viaje: «Dejando de lado el peligro que puede ser o no para la vida sana de una colectividad

El poeta José Lezama Lima escribió acerca del Che que de él se esperaban «... todas las saetas de la posibilidad, y ahora se esperan todos los prodigios de la ensoñación».

"el gusano comunista" que había hecho eclosión en él –se refiere a uno de los mineros que conoció–, no era nada más que un natural anhelo de algo mejor, una protesta contra el hambre inveterada traducida en el amor a esa doctrina extraña cuya esencia no podría nunca comprender, pero cuya traducción: "pan para el pobre", eran palabras que estaban a su alcance, más aún, que llenaban su existencia».

Guevara y Castro tratan algún asunto controvertido.

Ricardo Campos, un compañero de estudios perteneciente a las juventudes comunistas que intentó –sin éxito– aproximarlo al partido, lo define entonces como un joven con unas convicciones muy claras que no dudaba en manifestarse ante determinados hechos, e incluso socialmente comprometido, pero cuyos enfoques se realizaban exclusivamente desde una perspectiva ética:

«Era un hombre muy riguroso consigo mismo, de ideas claras en cosas muy esenciales (...). Y tenía un sentido de la justicia, de la injusticia, de la posibilidad de reparar la injusticia...». En definitiva, alguien a quien quizás podíamos definir como «comunista utópico», es decir, capaz de una censura ética e individual acerca de los agravios y desigualdades que prevalecen en el mundo, pero sin la base científica e histórica que sustenten su formulación teórica, precisamente la que estaba interesado en captar a través de sus lecturas.

De cualquier forma, en aquel tiempo del Partido Comunista argentino, a pesar de ser todavía una organización política legal, estaba inmerso en discusiones doctrinarias que no llevaban a ninguna parte ni resolvían la necesidad de presentar una alternativa de oposición al gobierno de Juan Domingo Perón, cuyo objetivo de reconducir el movimiento obrero acercándolo al Estado había constituido todo un éxito. Con un programa basado en la «justicia social, la independencia económica y la soberanía política», Perón consiguió formar un auténtico bloque político-social integrado por los miembros más nacionalistas del ejército y por la inmensa mayoría de la clase obrera del país, muchos de cuyos componentes provenían de distintos sectores del sindicalismo (incluido el sindicalismo revolucionario), quienes le proporcionarían una sólida base social que los comunistas, unidos a la desesperada con el Partido Conservador y los partidos tradicionales de centro y centroizquierda, no supieron quebrar.

«En 1950 –sintetiza Jon Lee Anderson en la obra citada–, la presidencia de Perón había dado lugar al movimiento nacional-populista llamado oficialmente peronismo. Con Perón como "conductor" máximo y su enjoyada esposa Evita como ángel vengador mesiánico, el movimiento poseía una filosofía social cuasi espiritual propia llamada "justicialismo" cuyo fin último era la "comunidad organizada" del hombre.»

Por su parte, Jorge G. Castañeda asegura que «la simpatía que el peronismo despertaba en el seno de la clase trabajadora y de considerables sectores del empresariado nacional debido, a su apoyo a las reivindicaciones populares, por un lado, y a su nacionalismo económico, por el otro, contribuyó a una polarización extrema de la opinión pública. Tanto las corrientes más nacionalistas, alentadas por la expropiación de las vías férreas, propiedad de empresas inglesas, como los "descamisados" de Evita Perón, organizados en la Confederación General del Trabajo y entusiasmados por la promulgación de reformas como la fijación de un salario mínimo e incrementos salariales reales de más del

50% entre 1945 y 1949, el sistema de pensiones, el sufragio femenino, el seguro social, la vivienda obrera, las vacaciones pagadas, apoyaban sinceramente al régimen».

Y, efectivamente, si en un lado estaban los «descamisados», en el otro se encontraban las clases media y alta, los intelectuales y la izquierda del país –anotemos que entre esta oposición se encontraba la familia de Ernesto–, «a los que la elección del militar engominado el 24 de febrero de 1946 evocaba recuerdos del ascenso de Hitler o Mussolini al poder», como nuevamente apunta Castañeda.

En este estado de cosas, no es de extrañar que Ernesto se concentrara en sus estudios y demás actividades evitando posicionarse políticamente como peronista o antiperonista. Él

El Che abandona el Congo con apenas cincuenta kilos de peso. El azote del asma y la disentería habían minado su salud.

conoce perfectamente los valores que defiende la izquierda, pero es muy posible que en aquella especie de mundo al revés reconociera en su fuero interno que a pesar de la indudable y descarada manipulación del poder ejercida por Perón, éste había encontrado una fórmula eficaz –que la izquierda no consiguió– de obviar la férrea oposición de los sectores más conservadores del país (oligarquía económica, clero católico y ciertas castas militares) para implantar una serie de reformas necesarias y largamente demandadas por aquellas multitudes «morochas» (literalmente, «de pelo negro» o «de piel morena», alude aquí al estrato más bajo del entremado social argentino) y

desfavorecidas que habitaban la vasta geografía nacional.

Quizá la lección más interesante y clara que la experiencia del peronismo en Argentina le procuró al dirigente revolucionario en ciernes fuera la referida a la importancia que un buen líder tiene en los movimientos de masas y la fuerza y firmeza que puede llegar a imprimirles. Por ello es muy posible que cuando años después se encontró en México con aquel cubano entusiasta y optimista por naturaleza, Fidel Castro, en pleno proceso de preparación de un nuevo y atrevido golpe contra la dictadura de Batista –el definitivo, aseguraba Fidel con plena convicción–, identificara instantáneamente sus extraordinarias cualidades de liderato y que, a pesar de su carácter reflexivo y escéptico, se dejara arrastrar de forma inmediata hacia la culminación de la empresa. «Las cosas imposibles –confesará el Che en una entrevista al periodista Jorge Ricardo Masetti– eran las que [Fidel] encaraba y resolvía... Compartí su optimismo. Había que hacer, que luchar, que concretar; que dejar de llorar y pelear».

El contacto con el pueblo resultaba algo natural para ambos dirigentes, que en ocasiones como ésta conducía a una franca hilaridad.

*En contadas ocasiones el Che aparecerá
en público sin su uniforme verde olivo.*

Entre las muchas actividades que formaban parte del día a día de Ernesto Guevara durante su época de estudiante, siempre existiría un hueco para la práctica del deporte y para dedicarse a los amigos, tal vez saboreando tranquilamente yerba mate. «Cultivaba la amistad con dedicación y esmero, nutriéndola de su hondo sentido humano –asegura su gran amiga Tita Infante [10]–. Para él la amistad imponía deberes sagrados y otorgaba iguales derechos. Practicaba unos y otros. Pedía con la misma naturalidad con que daba. Y esto en todos los órdenes de la vida».

La gran amistad que mantuvo siempre con Tita Infante se remonta, precisamente, a los años de la Universidad, ya que eran compañeros de estudios. Ambos solían reunirse a menudo para conversar sobre las dificultades de ciertas asignaturas de la carrera, sobre literatura –la poesía le gustaba a los dos– y, en general, sobre todo tipo de asuntos, incluidos los personales, que trataban con absoluta confianza. «No pertenecimos nunca a ningún grupo ni cultural ni político común, tampoco a un círculo único de amigos –explica Tita Infante–. Ambos, por distintas razones, éramos un tanto extranjeros a esa Facultad, él quizá porque sabía que no podría encontrar allí sino muy poco de lo que buscaba. Nuestro contacto fue, pues, siempre individual. En la Facultad, en los cafés, en mi casa, rara vez en la suya... También en el Museo de Ciencias Naturales, donde nos encontrábamos los miércoles para «estudiar la filogenia del Sistema Nervioso»; nos dedicábamos por aquel entonces a los peces, y así alternábamos entre disecciones, preparaciones, parafina,

Al igual que Fidel, el Che era todo un «admirador» del tabaco cubano, como se aprecia en esta fotografía de archivo.

micrótomo, montaje de cortes, microscopio, etc., guiados a veces por un viejo profesor alemán. Pero siempre su conversación amena acortaba un poco esas horas que de otra manera se me hubieran hecho a veces demasiado largas. Nunca faltó a una cita y era puntual. Jamás olvidaba un llamado. ¡Qué extraña bohemia la suya!».

Es posible que Tita, dos años mayor que Ernesto, estuviera «platónicamente» enamorada de él –un tiempo después de la muerte del Che, Tita se suicidó–, pero por el tono de la abundante correspondencia que se conserva –el Che la trataba de Vd.–, nada parece indicar que entre ambos se hubiera sobrepasado el límite que a dicho tipo de amor le imponen la honestidad y el decoro.

Y es que, en lo que a cuestión de amores se refiere, el verdadero impacto que la voluntad antojadiza de Cupido dirigió certeramente al corazón del joven Guevara tenía la forma de una hermosa e inteligente cordobesa de 16 años, de nombre María del Carmen Ferreyra, a quien todos llamaban cariñosamente «Chichina». Fue en octubre de 1950 durante la boda de Carmen González, hija del republicano español amigo de los Guevara, cuando tuvo lugar el flechazo, si bien un extraño desasosiego se instaló traicioneramente en la anatomía de Ernesto, unas veces incidiendo en las proximidades del estómago, otras oprimiéndole el corazón y los pulmones, y casi siempre alcanzando sin remedio las recónditas regiones del pensamiento, en donde aún bullían caóticamente mil ideas a la espera del correspondiente orden vital.

No se trataba sólo de los síntomas con que la enfermedad del amor se manifiesta, sino de un vívido presentimiento acerca de lo imposible de aquel amor en el que confluían pulsiones contradictorias, y ya en la primera carta que envía a Chichina alude a esa discordancia que percibe en su amor a ella: «Para unos ojos verdes cuya paradójica luz me anuncia el peligro de adormecerme en ellos».

EL CHE Y EL DEPORTE

Desde el día en que Celia de la Serna decidió que no iba a privar a Ernestito del derecho al disfrute de la niñez, en vista de que su asma crónica no parecía responder a factores concretos sobre los que se pudiera ejercer cierto control, el niño se lanzó al descubrimiento del mundo con el desenfreno propio de un espíritu curioso e inquieto largamente sometido a la dura disciplina que le había sido impuesta con miras a evitar, o al menos distanciar en el tiempo, unos ataques que, sin embargo, se desencadenaban de forma totalmente anárquica. El saludable clima de Alta Gracia para las afecciones respiratorias y pulmonares, combinado con una alimentación apropiada y con el fortalecimiento físico del niño a través del deporte, podía resultar una fórmula perfectamente apropiada que, al entender de la madre y aún a pesar de la oposición del padre, merecía la pena verificar por el bien de Ernestito; de modo que esta decisión de Celia supuso el pistoletazo de salida para la práctica y desarrollo de otra de las grandes pasiones que no abandonarán nunca al Che: el deporte. Y sobre todos ellos, el *rugby*.

El Che practicó desde muy joven el ciclismo, y en una bicicleta con motor –una Micrón– completaría a finales de 1949 un recorrido por doce provincias argentinas, conjugando en esta aventura el gusto por el deporte y por los viajes, que más adelante le llevará a realizar sendos itinerarios por la mayor parte de Latinoamérica con sus amigos Alberto Granado y Carlos Ferreira.

Y en uno de estos viajes, el realizado con Alberto Granado, ambos jugarán algunos partidos de fútbol formando parte de diferentes equipos (con unos camineros, en el norte de Chile, gracias a cuyo triunfo frente a sus rivales obtuvieron casa, comida y transporte hasta Iquique y en el norte de Perú, en el leprosorio de San Pablo, sanos contra leprosos, en una búsqueda terapéutica para animar a estos

Ernesto, en 1949, en su bicicleta con motor.

enfermos, etc.). Ernesto solía jugar como portero, al ser un puesto que requería menor esfuerzo y así evitaba el uso del inhalador, o como defensa —en este caso el aparatito debía encontrarse cerca por si era necesario utilizarlo—. Dicen las malas lenguas que no tenía un juego muy elegante, pero sí enormemente práctico, y que era muy eficiente en la marcación hombre a hombre.

Se ejercitaba también en la natación, destacando en este deporte por su temeridad. Alberto Granado se quejaba de ella recordando sus peligrosos «clavados» (saltos), que desde cuatro o cinco metros realizaba en aguas bajas y en pozos estrechos de los ríos. Pero es que, además, en el referido viaje por Sudamérica, el día de su cumpleaños se cruzó a nado el Amazonas en su brazo más próximo a donde radicaba el leprosorio de San Pablo. En este caso concreto, al riesgo que suponía en sí mismo el propio cauce, con las corrientes y remolinos, se le sumaba el hecho de encontrarse éste poblado de pirañas y caimanes, y sólo con que le hubiera golpeado alguna rama de las muchas que arrastra el río, y sangrado —aunque fuera un poco—, es fácil imaginar cuál hubiera sido su final.

En 1948 representó a la Facultad de Medicina, siendo estudiante, en los Juegos Universitarios —y tenemos constancia de una marca de 2,80 metros en el salto con pértiga—, pero, como hemos señalado, el deporte con el que más disfrutaba el Che era con el *rugby*.

Desde los 14 años Ernesto se esforzó para hacer realidad su gran sueño de jugar en un equipo de *rugby*. Primero hubo de romper la resistencia paterna a permitirle una actividad que para Guevara Lynch era suicida debido al asma que padecía el chico, pero Ernesto le aseguró tajante: «Viejo, me gusta el *rugby* y aunque reviente voy a seguir practicándolo»; y después buscarse un hueco en un equipo: «Él quería jugar *rugby*, pero como sufría de asma desde muy pequeño ningún entrenador lo quería aceptar. Jugar con asma era un riesgo grande» —manifiesta al respecto su primer entrenador y amigo, Alberto Granado. Nada más recibir la primera oportunidad, aquel muchacho flaco, al que a veces el asma dejaba imposibilitado para el menor movimiento, demostró tal voluntad y entusiasmo que se ganó entre los compañeros el apodo de «Fúser», síntesis de «Furibundo Serna», por la forma en que se entregaba al juego y, sobre todo, debido a su tremendo *tackle*.

Hay discrepancia entre los diferentes biógrafos del Che acerca del puesto que ocupaba dentro del equipo, si bien siempre lo

sitúan dentro de la línea de «tres cuartos», o *backs*. Unos le adjudican el número 9, *Medio scrum*, —auténtico nexo entre atacantes y defensores cuya función no requiere velocidad, sino buen manejo de la pelota–, mientras que otros le asignan el número 12 (*Inside center* –o *Primer Centro*, dependiendo de la nomenclatura de este deporte en los diferentes países), que viene a ser una especie de conductor del patrón defensivo, con visión y habilidades para organizar la defensa y cerrar el *backline* –línea trasera– de los contrarios. Probablemente todos tengan razón, y haya jugado, según el día, en ambas posiciones.

Ernesto, sujetando el balón, cuando era jugador de rugby *en el Atalaya.*

Indudablemente, tanto el fútbol como el *rugby*, que son deportes colectivos, añaden a la exigencia de una pericia individual en el dominio de la técnica requerida para el puesto a desempeñar, otra labor de conjunto, entendimiento e interacción de cada uno de sus integrantes para conseguir un juego eficaz frente al equipo contrario, que el Che apreciaba de forma especial. La camaradería, el esfuerzo, la disciplina y la lucha por un objetivo común —conseguidas no sin tensiones personales previas que es preciso superar para la óptima coordinación del grupo— eran valores que Ernesto consideraba capitales en el desarrollo del hombre —no olvidemos que el ser humano es un ser social—, y que después

trasladará a los campamentos en que su «guerrilla» lleva a cabo la lucha revolucionaria.

Quizá el complemento de estas actividades lo constituya el ajedrez, como gran educador del raciocinio, y al que se acostumbró a jugar desde muy pequeño con sus amigos, sobre todo con los hijos del republicano español Juan González Aguilar, y también con su padre, especialmente cuando el asma le mantenía postrado en la cama. Guevara Lynch le atribuye un juego eminentemente ofensivo. La gran afición que actualmente existe en Cuba por esta disciplina, en la que además existen grandes maestros, se debe, sin ninguna duda, a la difusión que sobre la misma realizó el Che.

CHE

EL HORIZONTE SIEMPRE
QUEDA MÁS ALLÁ

Ernesto Guevara, estudiante de Medicina en la Universidad de Buenos Aires, conoce y siente las contradicciones del amor al tiempo que rinde un culto fiel a la amistad. Con su amigo Alberto Granado inicia en la «Poderosa II» un viaje por varios países de América del Sur, especie de ritual iniciático en busca de experiencias y conocimientos que clarifiquen sus personales vocaciones.

Si los Guevara y los De la Serna tenían antepasados de probada nobleza, a pesar de que desde el punto de vista económico ahora fueran una familia «venida a menos», los Ferreyra no sólo no se andaban a la zaga en lo que a la aristocracia se refiere, sino que, además, su capacidad financiera era de las más grandes que existían en la provincia de Córdoba. Cuando Ernesto y Chichina comenzaron su romance, los Ferreyra no se opusieron en absoluto a que su hija se relacionase con aquel joven de buena familia, excéntrico, inteligente, divertido, y cuya vertiente aventurera hacía evocar al padre de Chichina sus propios sueños y andanzas juveniles. De hecho, la familia entera esperaba con gusto los desplazamientos de Ernesto a Córdoba cuando sus estudios y demás ocupaciones se lo permitían.

No obstante, a partir de que el muchacho dio en pensar en el matrimonio, la oposición de los Ferreyra comenzó a tomar forma. Y creció a medida que el pretendiente, conocedor del disgusto que estos planes causaron y de la irritación que su presencia suscitaba en la casa, se dedicó a provocar a sus

Siempre en algún momento del día podía verse al joven Guevara ensimismado, recogido en su propia intimidad.

habitantes, mediante comentarios burlones o excesivamente francos que atentaban contra los más elementales convencionalismos, y a mortificarlos con el desaliño intencionado del que hacía gala a la hora de acudir a las cenas formales que realizaba la familia.

Aquel idilio se convirtió, pues, en un episodio romántico que si duró algo más

Ni siquiera durante su adolescencia prestó Ernesto una cierta atención a su aspecto físico.

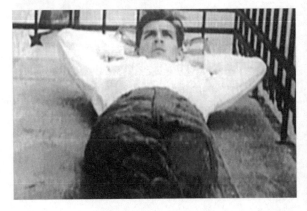

EL AFÁN VIAJERO DE ERNESTO GUEVARA DESDE LA PERSPECTIVA DE SU PADRE

«... En una ocasión, Teté (nombre que cariñosamente dieron a Ernesto desde pequeño) y Roberto desaparecieron de casa. Teté tenía once años, y Roberto ocho. Parecía que se los había tragado la tierra. Creímos que se habían extraviado en los bosques cercanos, los buscamos allí, y después avisamos la desaparición a las autoridades. Los encontraron, días más tarde, a ochocientos kilómetros de Córdoba, a donde habían llegado ocultándose en un camión. Pero todas las congojas que pasamos por las aventuras de Teté (Ernesto) en la adolescencia no fueron nada, en comparación con lo que nos esperaba. Se nos encogía el corazón cuando recibíamos sus cartas con la descripción de los leprosorios que "visitaban" Granado y él durante sus viajes por América del Sur. Una vez nos comunicó desde el Perú que se iba con Alberto en una balsa, regalada por los leprosos, Amazonas abajo, es decir, a lo más intrincado, donde el diablo perdió el poncho. Nos advertía que si al mes no llegaban noticias de él, se lo habrían tragado los cocodrilos o devorado los indios jíbaros, desecando la cabeza, vendiéndola a los turistas norteamericanos. Terminaba diciendo que entonces buscáramos su cabeza en las tiendas de regalos de Nueva York. Claro que conocíamos bien a nuestro hijo y sabíamos que ese era el "humor negro" que le caracterizaba, porque estaba seguro de sí y seguro de que todo saldría perfectamente...»

El camino hacia el Granma
Entrevista al Padre del Che por I. Lavretsky

de un año fue gracias a la distancia existente entre Buenos Aires y Córdoba. La lejanía era la responsable de nutrir a los enamorados con esas ensoñaciones que la ausencia del amado necesita forjar, aunque después se quebraran irremediablemente, como las pompas de jabón, ante el más trivial de los acontecimientos cotidianos que compartían juntos. Ambos conocían la firmeza de su sentimiento, pero también eran conscientes de la existencia de algo fundamental que los separaba: Ernesto debía renunciar a su búsqueda personal y a una determinada vocación social que el estatus de Chichina le negaba, a menos que gran parte de sus energías las dedicara a limar asperezas con su familia política.

Chichina, por su parte, se jugaba la seguridad y privilegios que su posición social le otorgaba, pero ¿a cambio de qué? Ese desconocimiento le producía auténtico terror, porque de Ernesto podía esperarse cualquier cosa...

El conflicto que ambos viven es palmario y Ernesto lo sintetiza perfectamente en una de las últimas cartas que dirige a Chichina antes de que ella dé por terminada la relación: «...uno fluctuando entre una admiración superficial y lazos más profundos que lo ligan a otros mundos, otro entre un cariño que cree ser profundo y una sed de aventuras, de conocimientos nuevos que invalida ese amor».

A Ernesto le llega el adiós definitivo de Chichina al poco tiempo de iniciar su viaje con Alberto Granado, cuando aún se encontraban en los Andes Patagónicos, a punto de adentrarse en Chile. En la ciudad de Bariloche, a orillas del lago Nahuel Huapi, recibe la carta que de forma imprevista lo exime –seguramente

de forma dolorosa, pero percibiendo también la grata sensación de la libertad– del compromiso de retorno que hiciera a su novia. Mientras contemplaba los trazos que Chichina había realizado en el papel y se detenía en el significado real de aquellos signos, un marinero relataba sus correrías por medio mundo a un grupo de viajeros: «De pronto me sorprendí a mí mismo –escribe en su diario– volando con el marinero hacia

El «leninismo» del Che afloraba en su análisis del imperialismo, en su reivindicación del derecho de autodeterminación de los pueblos, en la construcción de la organización política de vanguardia...

El comandante Che Guevara en Madrid –al fondo se ve el Arco de la Victoria–, durante una escala en la capital española.

horizonte y mira hacia el futuro que se extiende ante sus ojos. No va a regresar, aunque recite los versos completos de aquella hermosa lira:

> Voy a escapar... ¡Ya siento
> flotar mi gran raíz libre y desnuda!
> Pero no... Me arrepiento
> y tuerzo el ceño, ruda,
> amarga, amarga amarga, amarga y
> [muda...

Este periplo por distintos países latinoamericanos que finalmente le llevaría hasta Miami, en los EE.UU., tenía prevista una duración de un año entero y estaba planeado desde tiempo atrás con Alberto, aunque parecía haber quedado convertido en un tema recurrente con el que ambos amigos se consolaban en los momentos difíciles ante la perspectiva de la aventura, pero sin llegarse nunca a determinar la fecha definitiva. Por eso cuando Alberto le anunció el «ahora o nunca», con su vieja Norton de 500 centímetros cúbicos puesta a punto para la travesía, Ernesto consideró que sus estudios y sus conflictos amorosos bien podían soportar un paréntesis –sin duda

lejanos países, ajeno a lo que debía ser mi drama actual. Me invadió una profunda desazón: es que ni siquiera eso era capaz de sentir. Empecé a temer por mí mismo e inicié una carta llorona, pero no podía, era inútil insistir».

El título del epígrafe correspondiente a esta anotación del diario de viaje, es un verso de la poetisa uruguaya Sara de Ibáñez, que dice «Ya siento flotar mi gran raíz libre y desnuda...». Al día siguiente, ya en la tierra hermana chilena, desde lo alto de la cordillera contempla el beneficioso– que le permitiera, tras el regreso, encarar con más convicción su vida. Por su parte Granado, con los estudios universitarios de Bioquímica finalizados y 30 años cumplidos –Ernesto tenía 23–, aplazaba con este lapso el momento de «sentar la cabeza» para, previamente, obtener esa visión panorámica del mundo que también le demandaba su espíritu inquieto.

La gira se presenta, a todas luces, como un verdadero ritual iniciático, con todo lo que éste tiene de huida y de búsqueda de aquellos otros conocimientos y experiencias que proporciona la realidad externa y que, indefectiblemente, conducen al sujeto hacia la introspección, indagando en la propia consciencia para establecer su privativa misión en el mundo. «Un hombre en nueve meses de su vida –anotó Ernesto en su diario– puede pensar en muchas cosas que van de la más elevada especulación filosófica al rastrero anhelo de un plato de sopa, en total correlación con el estado de vacuidad de su estómago». Si al legendario Ulises, el héroe de los mil

En abril de 1953, Ernesto aprobó la última asignatura de la carrera que le separaba de la licenciatura en Medicina.

ardides y la fina inteligencia condenado por Poseidón a vagar por los mares antes de poder regresar a su patria, el castigo del dios le supuso la posibilidad de adquirir el divino don de la sabiduría, y si también Don Quijote, en su deambular por los polvorientos caminos, fue soltando el lastre de su desvarío para obtener, al cabo, la merced de la cordura, Fúser y Mial (el abuelo de Granado solía llamalo «Mi Alberto»; de ahí surgió «Mial» para Granado), al igual que el divino Odiseo o el manchego universal, inician a finales de diciembre de 1951 su particular peregrinaje en pos de la luz que clarifique sus personales vocaciones y que Ernesto resume en su diario como «un trozo de dos vidas tomadas en un momento en que cursaron juntas un determinado trecho, con identidad de aspiraciones y conjunción de ensueños». A bordo de «La Poderosa II» –nombre

con el que Granado bautizó su Norton del 39 en recuerdo de la primera bicicleta que le regalaron (la Poderosa I)–, ponen rumbo a Miramar, la hermosa población de la provincia de Buenos Aires donde Chichina pasaba sus vacaciones de verano, para que Ernesto se despidiera de ella. Después, la carretera, estrechándose en el horizonte hasta convertirse en un punto, marcará la ruta a la vieja Norton, que resopla perezosa por los achaques propios de sus muchos años y de sus desgastadas piezas.

Cruzando el país de este a oeste, desde el Atlántico hacia el Pacífico para entrar en Chile a través de la cordillera andina, a primeros de febrero llegan a la punta norte del lago Nahuel Huapi, cuya belleza y

Alberto Granado, uno de los mejores amigos de adolescencia de Ernesto y con el que mantuvo la relación hasta su muerte.

espectacularidad comparten las provincias argentinas de Neuquén y Río Negro, y duermen a su orilla. Granado habrá de desplazarse hasta la cercana villa de Angostura para arreglar una de las cubiertas de la moto antes de dirigirse hacia San Carlos de Bariloche, su siguiente destino en la ribera meridional del lago. Enclavada en plenos Andes patagónicos, cuyas cumbres la enmarcan por el oeste, Bariloche presume, además, de las aguas cristalinas de sus ríos y de sus frondosos bosques.

Alojados en la Gendarmería Nacional, a la espera de que la motonave *Modesta Victoria* les condujera al día siguiente hacia la frontera chilena, Ernesto recibirá la carta de Chichina, que relee una y otra vez sin dar crédito, hasta que el cansancio lo vence dejándolo sumido en un sueño profundo y reparador. «Un sol tibio alumbraba el nuevo día, el de la partida, la despedida del suelo argentino –escribe Pelao (otro apodo dado por Granado a Ernesto) en su diario al día siguiente, con total naturalidad–. Cargar la moto en la *Modesta Victoria* no fue tarea fácil, pero con paciencia se llevó a cabo...».

La *Modesta Victoria* constituye sin duda una genuina representación del

TRIBUNA

UN ESTUDIANTE ALGO ANÁRQUICO
Y ATAREADO, PERO CONSTANTE

*Tanto Guevara como Castro fueron grandes
deportistas. Ernesto se esfuerza aquí con el golf
bajo la atenta mirada de Fidel.*

«Como estudiante, no trabajaba mucho, pero sí bien. En el fondo de aquel muchacho siempre dispuesto a la "aventura", que "sentía a menudo bajo sus talones el costillar de Rocinante" para largarse a andar, había una profunda sed de saber. Pero no para almacenar tesoros en un espíritu alambicado, sino como la búsqueda incansable de la verdad, y con ella, de su Destino.

Todo en él era coherencia, y cada experiencia o conocimiento, de cualquier tipo, se incorporaban en la integración de su persona. Se recibió (se licenció) en menos de seis años, pese a sus viajes, al trabajo, al deporte (*rugby* y golf en aquella época) y a la gran parte de su vida que dedicaba a la lectura y al culto de la amistad. Sabía estudiar. Iba a la médula del problema y desde allí se extendía tanto cuanto sus planes se lo permitían. Podía detenerse y profundizar, y mucho, cuando el problema lo apasionaba: leprología, alergia, neurofisiología, psicología profunda... E igualmente podía preguntar por teléfono, la víspera del examen, la clasificación de los vegetales en A, B, y C, según el porcentaje de calorías o de proteínas que tuvieran... Saltaba prácticos y teóricos con igual facilidad que otros obstáculos. Pero cuando empeñaba su palabra había de cumplirla a cualquier precio; así, le vi hacer los prácticos de Nutrición después de aprobado el examen final.»

Evocación
Tita Infante

Nahuel Huapi. Construida en 1937 en Holanda, sus diferentes componentes fueron transportados en barco y después en tren hasta San Carlos de Bariloche, donde serían ensamblados. Propulsada por dos motores diesel de fabricación alemana, su porte elegante, a la vez que imponente, compone una estampa asociada indefectiblemente al lago. Desde Bariloche, la embarcación atraviesa el Nahuel Huapi hacia occidente y se

EL COBRE DE CHUQUICAMATA

Los indios *chucos* fueron los primeros en sacar utilidad al cobre que se propicia generosamente en el desierto de Atacama, pero será en 1879, tras la guerra del Pacífico, cuando miles de mineros acudan a la zona para comenzar las primeras extracciones masivas del mineral.

A principios del siglo XX, la Chile Exploration Company, propiedad de los hermanos Guggenheim, se hizo con los derechos de la primitiva sociedad, y a partir de ahí la explotación industrial del cobre chileno quedará en manos de las compañías estadounidenses.

adentra por uno de sus brazos, el de Blest, enmarcado por los cerros Capilla y Millaqueo. Llegados a Puerto Blest, y tras cuatro kilómetros de camino, nuevamente se enfrentan a una laguna de un verde sucio, según la describe Ernesto, denominada Laguna Frías. Muy cerca se encontraba la frontera chilena, traspasada la cual apareció ante sus ojos el lago de Todos los Santos, también conocido como Lago Esmeralda, «que ofrece, en contraste con los argentinos, unas aguas templadas que hacen agradable la tarea de tomar un baño, muy sentador, por otra parte, a nuestras interioridades personales», apunta Guevara.

La República de Chile se extiende longitudinalmente por América del Sur, mirando al Pacífico, en una franja estrecha y alargada que desde su parte septentrional a la meridional completa un recorrido de algo más de 4.000 km con una anchura media de unos 200. Entre la imponente cordillera de los Andes, que se eleva majestuosa por el este del país, y la cordillera de la Costa, al oeste, va decreciendo en dirección sur la denominada Depresión Intermedia, con alturas que no superan los 1.400 metros, en donde se sitúa el desierto de Atacama, uno de los más áridos del mundo. El centro del país concentra la mayor parte de la población y constituye una fértil zona agrícola limitada por las cuencas de los ríos Aconcagua y Biobío. Por último, en la región del Sur, cubierta por los hielos en la última glaciación y en donde los Andes pierden altura y se acercan al Pacífico, la erosión provocada por los glaciares ha dado paso a impresionantes fiordos –largos, estrechos y de gran profundidad–, en tanto que la cordillera de la Costa se fractura en innumerables islas y archipiélagos. También la cordillera andina acabará desmembrada en un sinfín de islas e islotes, hundida en el Cabo de Hornos, si bien reaparece después en la península Antártica.

Por la carretera, en dirección norte, van quedando atrás pequeños pueblos y ciudades asentados en un entorno natural en el que el agua y los grandes bosques son la nota predominante. En Valdivia, la capital de una de las cinco provincias que forman parte de la X Región chilena y que fue fundada en febrero de 1552 por el español Pedro de Valdivia, el periódico local dedicó su atención a estos dos miembros de la «rancia aristocracia vagueril», al decir de Ernesto. En la reseña se mencionaba, junto con sus propósitos viajeros, el aditamento de una investigación sobre la lepra –de ahí el interés de los viajeros en visitar

No obstante sus múltiples labores al frente de la guerrilla y los hechos de armas que protagonizó, el que le elevará al Olimpo de los héroes entre los cubanos será la toma de Santa Clara.

diferentes leprosorios–, amén de toda clase de opiniones sobre diferentes temas –sociales, económicos, sanitarios, etc.– que de seguro vertieron ambos amigos ante los ingenuos periodistas, como si de renombrados expertos se tratara, a tenor del contenido de la mencionada reseña.

Este inesperado «salto a la fama» les consiguió alguna que otra invitación a comer, siempre bien recibida por parte de la joven pareja que gozaba de un excelente apetito, y contribuyó a que también *El Austral de Temuco,* en la región de la Araucaria, les reservase unas líneas en su edición del día 19 de febrero de 1952, si bien aquí ya aparecen calificados como «dos expertos argentinos en leprología» que recorren Sudamérica en una motocicleta. En la crónica se alude a un interés específico en visitar el leprosorio situado en Rapa Nui, más conocida como

A veces era preciso robarle horas al sueño para disfrutar del placer de la lectura o para cumplir con la obligación de estudiar y aprender.

Isla de Pascua, el mayor de los territorios insulares chilenos que, precisamente, en el idioma de sus primitivos habitantes significa «isla grande».

Las averías de «La Poderosa» se sucedían sin interrupción, y ya desde los Ángeles, población cercana a Santiago de Chile, partieron hacia la capital en un camión con la moto definitivamente malherida en el remolque. Allí sería abandonada con la tristeza propia que produce la pérdida de algo entrañable y querido, pero también con cierto alivio, pues siempre estaban temerosos de que la máquina fallase en momentos o

Ernesto, rodeado de su familia durante un descanso en los quehaceres de gobierno. Junto con sus hijos vemos a Aleida, de pie detrás de él, y a Celia de la Serna, sentada.

circunstancias difíciles. Más tarde Alberto Granado manifestará lo provechosa que desde el punto de vista personal resultó para el viaje esta fatalidad, ya que les permitió entablar otro tipo de relación más profunda con las gentes y arribar a lugares que con la motocicleta como medio de transporte habrían quedado descartados del itinerario.

En Santiago de Chile no recalaron mucho, pues tenían prisa por llegar a Valparaíso movidos no tanto por el interés en visitar el leprosorio allí existente como por gozar de las hermosas y sensuales mujeres que habitaban aquel paradisíaco lugar perdido en el Pacífico –según les habían asegurado unos médicos chilenos con los que entablaron amistad en el Lago Esmeralda–, para las cuales tener un novio blanco suponía un verdadero honor.

«¡La Isla de Pascua! –anota Ernesto en sus apuntes–. La imaginación detiene su vuelo ascendente que va dando vueltas en torno a ella [...]. Ese lugar maravilloso donde el clima es ideal, las mujeres ideales, la comida ideal, el trabajo ideal (en su beatífica inexistencia). Qué importa quedarse un año allí, qué importan estudios, sueldos, familia, etc. –y añade con su proverbial picardía–. Desde un escaparate una enorme langosta de mar nos guiña un ojo, y desde las cuatro lechugas que le sirven de lecho nos dice con todo su cuerpo: "Soy de la Isla de Pascua: allí donde está el clima ideal, las mujeres ideales...".»

Valparaíso, a 120 km al noroeste de Santiago, es una magnífica bahía natural en el océano Pacífico rodeada de cerros. Sobre ellos se empinan, desafiando las leyes de la gravedad, una gran parte de las casas que dan cobijo a sus habitantes. Desde allí se divisa el mar, fundiéndose en el horizonte con el cielo, y el bullir constante de su puerto, uno de los más importantes de la zona en el que, indefectiblemente, recalan los buques que doblan el Cabo de Hornos.

El conductor del camión que los había transportado hasta Valparaíso los dejó en la parte alta de la ciudad, a la entrada, «y nosotros, con paso cansino, arrastrábamos nuestros bultos calle abajo seguidos por la mirada divertida e indiferente de los transeúntes –escribe Ernesto–. El puerto mostraba a lo lejos su tentador brillo de barco mientras el mar, negro y cordial, nos llamaba a gritos con su olor gris que

Eliseo Diego, poeta cubano, definió a Guevara como «el fuego, la luz, el aire, la libertad americana soplando donde quiere, donde nunca jamás se lo imaginan».

dilataba nuestras fosas nasales. Compramos pan –el mismo que tan caro nos parecía en ese momento y encontraríamos tan barato al llegar más lejos aún–, y seguimos calle abajo. Alberto mostraba su cansancio y yo, sin mostrarlo, lo tenía tan positivamente instalado como el suyo, de modo que al llegar a una playa para camiones y automóviles asaltamos al encargado con nuestras caras de tragedia, contando con el florido lenguaje de los padecimientos soportados en la ruda caminata desde Santiago. El viejo nos cedió un lugar para dormir, sobre unas tablas, en comunidad con algunos parásitos de esos cuyo nombre acaba en Hominis, pero bajo techo; atacamos al sueño con resolución. Sin embargo, nuestra llegada había impresionado el oído de un compatriota instalado en la fonda adjunta, que se apresuró a llamarnos para conocernos. Conocer en Chile significa convidar y ninguno de los dos estaba en condiciones de rechazar el maná. Nuestro paisano demostraba estar profundamente compenetrado con el espíritu de la tierra hermana y consecuentemente, tenía una curda de órdago. Hacía tanto tiempo que no comía pescado, y el vino estaba tan rico, y el hombre era tan obsequioso; bueno, comimos bien y nos invitó a su casa para el día siguiente».

EL PRIMER VIAJE POR SUDAMÉRICA

Una mañana de octubre, saboreando mate dulce bajo la parra de la casa de Alberto Granado, mientras se lamentaban de «la perra vida» y ponían a punto la vieja Norton 500 del 39 que Alberto había bautizado como «La Poderosa II», surgió la decisión de partir.

La idea era recorrer el continente americano hasta llegar a los EE.UU., por lo que Ernesto se propuso aprobar el mayor número posible de asignaturas de su carrera antes de ponerse en ruta, en tanto que Granado, que ya se había licenciado como bioquímico, se encargaría de estudiar el itinerario.

La improvisación y la aventura guiarían a estos viajeros a través de miles de kilómetros, en cuyo recorrido irán entreviendo su destino.

Su compatriota no volvió a dar señales de vida, probablemente los vapores del alcohol acabaron hasta con la más leve noción de sus recientes compromisos, pero el dueño de la fonda donde habían sido invitados se convirtió en su protector, de manera que en los días que estuvieron allí no pagaron ni un centavo. No obstante, y en señal de agradecimiento, mientras Alberto intentaba establecer los contactos necesarios para localizar transporte hacia la Isla de Pascua, Ernesto brindó sus conocimientos en ciernes y su experiencia en la enfermedad atendiendo a una vieja asmática que trabajaba en La Gioconda, el pomposo nombre que

LA AMISTAD

«La distancia no significaba ausencia para Ernesto; en cada viaje sus cartas, más o menos regulares, según los avatares del camino o su estado financiero, prolongaban el diálogo amistoso. Algunas veces, amante de la fotografía, traían su estampa registrada en las circunstancias más diversas: enfermo en un hospital del Sur, irreconocible por la delgadez; sentado en rueda entre indígenas de una tribu de la selva brasileña; gordo, tras unas semanas de reposo o, también, en una publicidad del Gráfico... Conservaba las cartas de los amigos y jamás dejaba alguna sin respuesta.»

Evocación
Tita Infante

ostentaba la pensión. De aquella visita a la anciana sirvienta queda la siguiente descripción en su diario:

«La pobre daba lástima; se respiraba en su pieza ese olor acre de sudor concentrado y patas sucias, mezclado al polvo de unos sillones, única paquetería de la casa. Sumaba a su estado asmático una regular descompensación cardíaca. En estos casos es cuando el médico consciente de su total inferioridad frente al medio, desea un cambio de cosas, algo que suprima la injusticia que supone el que la pobre vieja hubiera estado sirviendo hasta hacía un mes para ganarse el sustento, hipando y penando, pero manteniendo frente a la vida una actitud erecta. Es que la adaptación al medio hace que en las familias pobres el miembro de ellas incapacitado para ganarse el sustento se vea rodeado de una atmósfera de acritud apenas disimulada; en ese momento se deja de ser padre, madre o hermano para convertirse en un factor negativo en la lucha por la vida y como tal, objeto del rencor de la comunidad sana que le echará su enfermedad como si fuera un insulto personal a los que deben mantenerlo. Allí, en estos últimos momentos de gente cuyo horizonte más lejano fue siempre el día de mañana, es donde se capta la profunda tragedia que encierra la vida del proletariado de todo el mundo; hay en esos ojos moribundos un sumiso pedido de disculpas y también, muchas veces, un desesperado pedido de consuelo que se pierde en el vacío, como se perderá pronto su cuerpo en la magnitud del misterio que nos rodea. Hasta cuándo seguirá este orden de cosas basado en un absurdo sentido de casta es algo que no está en mí contestar, pero es hora de que los gobernantes dediquen menos tiempo a la propaganda de sus bondades como régimen y más dinero, muchísimo más dinero, a solventar obras de utilidad social. Mucho no puedo hacer por la enferma: simplemente le doy un régimen aproximado de comidas y le receto un diurético y unos polvos antiasmáticos. Me quedan unas pastillas de dramamina y se las regalo. Cuando salgo, me siguen las palabras zalameras de la vieja y las miradas indiferentes de los familiares.»

Jorge G. Castañeda, en su biografía sobre Guevara, hace hincapié en el hecho de que los apuntes que Ernesto toma en sus viajes o en aquellas otras circunstancias cuyos acontecimientos quiere preservar del polvo del olvido –costumbre que le seguirá hasta las vísperas de su muerte, en Bolivia–, son revisados después, recapitulando sobre

En julio de 1953, iniciaría con su amigo Calica Ferrer un segundo periplo por tierras de Latinoamérica cuyo objetivo final se encontraba en Venezuela. Pero los planes cambiaron radicalmente.

ellos hasta adquirir la forma definitiva de los diarios que conocemos: «Las anécdotas y reflexiones narradas por el Che –puntualiza– no constituyen, pues, ni apuntes intempestivos ni meros recuerdos más o menos ceñidos a la realidad. De allí su gran valor para el biógrafo, pero también el peligro que encierran. Como documentos son invaluables. Como fuentes, deben ser escudriñadas para detectar en ellas el trabajo del escritor: esmero estilístico de un autor fascinado por la escritura; reelaboración descriptiva de un gran narrador en ciernes; desplazamiento del énfasis en función de otros sucesos, de recuerdos recuperados en el camino, de secuencias y jerarquías recreadas a la luz del tiempo y la lejanía».

Es evidente que esto es así, pero difícilmente podría ser de otra manera teniendo en cuenta las condiciones que concurren no sólo en estos incómodos viajes de juventud, dominados por las estrecheces económicas, sino también en los inhóspitos parajes donde naturalmente se desenvuelve una guerrilla. Es lógico, pues, ese eficaz método de hilvanar apenas aquellos acontecimientos significativos que marcan una determinada jornada y a los que, sin ningún género de dudas, van unidos toda

una serie de recuerdos y sensaciones personales que afloran irremisiblemente toda vez que el episodio vuelve a la memoria. Y eso es, exactamente, lo que Ernesto hace después: rememorar cuando ya la historia tiene un final y cuando desde la perspectiva que da el tiempo es posible significar el meollo de la misma, tras comparar entre los distintos sucesos y situaciones que dentro del conjunto aumentan o relativizan su peso. Desde la tranquilidad del hogar, y siempre desde el subjetivismo propio de un diario, llegan la recapitulación y el sometimiento a las férreas leyes con que el idioma encorseta el pensamiento, necesarias para que los demás puedan captarlo, pero absolutamente trabajadas cuando, además, el autor se siente «fascinado por la escritura», como es el caso.

No obstante, el propio Ernesto se encarga de advertir al lector sobre el asunto cuando al introducir su relato –compendio cabal y subjetivo de hechos, evocaciones, sensibilidades y emociones–, asegura: «El personaje que escribió estas notas murió al pisar de nuevo tierra argentina: el que las ordena y pule, "yo",

En algún momento de su misión en Las Villas, Guevara conoce a una hermosa y joven guerrillera que operaba en la zona, Aleida March.

no soy yo; por lo menos no soy el mismo yo interior. Ese vagar sin rumbo por nuestra "Mayúscula América" me ha cambiado más de lo que creí [...]. Los dejo ahora conmigo mismo; el que fui...».

Con su amigo Alberto Granado, en la balsa «Mambo-Tango» que sus amigos del leprosorio de San Pablo les construyeron para navegar por el Amazonas continuando su viaje.

En cualquier caso, es en este sentido en el que interesa verdaderamente el testimonio del personaje. Cuando Ernesto narra las peripecias habidas a lo largo del viaje y las tretas con que ambos amigos intentan conseguir un techo bajo el que cobijarse para dormir, lo hace con la misma frescura con la que describe un paisaje que le ha impresionado de forma especial por su singular belleza, un acontecimiento envuelto en su desalentadora sordidez, o episodios como el de la anciana sirvienta en el que, además, se muestra tan conmovido como agraviado ante la injusticia con que el orden imperante castiga a la gran mayoría de los hombres que pueblan la tierra. Durante todo el viaje su mirada escrutadora le irá proporcionando datos enriquecedores que, en definitiva, le llevarán a trascender la fase puramente ética de su pensamiento, tornándose éste mucho más complejo y abstracto al rozar los linderos de lo político, la senda en la que desembocará convertido en el Che, llegando a adquirir la excelencia que sustenta a un verdadero dirigente.

Cuando Alberto regresó a La Gioconda informó a su compañero de aventuras de que habrían de esperar seis meses si querían encontrar pasaje en el primer barco que saliera en dirección a la isla de Pascua. Hicieron un nuevo intento en la Sociedad de Amigos de la Isla de Pascua por si ellos tenían conocimiento de algún navío especial que realizase la ruta, pero les confirmaron que ninguno lo haría en fechas próximas, por lo que hubieron de renunciar a las bellezas nativas que un destino cruel y ajeno a las mieles del amor les imponía. Sin embargo, de sus pesquisas por el puerto surgió la amistad con un marinero del buque *San Antonio,* próximo a partir con rumbo norte hacia otro importante puerto chileno en el Pacífico: Antofagasta.

En pleno Trópico de Cáncer, el área urbana de la ciudad de Antofagasta se encuentra asentada en las planicies litorales que se extienden entre el mar y la cercana cordillera de la Costa, pero en sus proximidades se extiende uno de los desiertos más áridos del mundo, el desierto de Atacama, en donde existen ricos depósitos de salitre.

Tras fracasar en su pretensión de viajar nuevamente como polizones en algún barco que los aproximara por vía marítima a la frontera de Perú, decidieron viajar a dedo por el interior, desplazándose ligeramente hacia el este con la intención de visitar Chuquicamata, una de las más importantes minas de cobre a cielo abierto que existen en el mundo, donde el mineral se sitúa, prácticamente, a flor de tierra.

LAS ELECCIONES DE 1952 EN CHILE

Cuando Ernesto Guevara y Alberto Granado recorrieron Chile en 1952, el país estaba en campaña electoral. El ganador sería Carlos Ibáñez del Campo, al decir de Guevara, «un militar retirado con tendencias dictatoriales y miras políticas parecidas a las de Perón que inspira al pueblo un entusiasmo de tipo caudillesco». A Pedro Enrique Alfonso lo describe como el «candidato del oficialismo y de la política ambigua», mientras que del derechista Arturo Matte Larraín afirma que cuenta con el apoyo de los sectores reaccionarios del país. Finalmente en estas elecciones se presenta también un joven Salvador Allende liderando el «Frente del Pueblo», que cuenta con el apoyo de los comunistas, entonces proscritos. Quedaría en último lugar con 51.984 sufragios, frente a los 432.920 obtenidos por Ibáñez.

En Chuquicamata Ernesto obtiene por vez primera, en esa especie de universo en miniatura que conforma la mina, una visión auténticamente política de la realidad que le rodea, y a ella le dedica todo un capítulo. Detalla sus impresiones con la minuciosidad de quien disecciona una entidad compleja, aludiendo a los distintos componentes del conjunto:

«Chuquicamata está constituida esencialmente por un cerro cuprífero cuya enorme masa está surcada por gradas de 20 metros de altura, de donde el mineral extraído es fácilmente transportado por ferrocarril. La peculiar conformación de la veta hace que toda la extracción se realice a cielo abierto, permitiendo con ello el aprovechamiento industrial del mineral que tiene una ley de 1% de cobre...», y continúa después relatando los procesos de extracción y obtención del cobre con los trazos precisos de quien se ha interesado en conocerlos. Pero también necesita transmitir la estética que allí imponen el polvo y la arena, e incluso las sensaciones que provoca el lugar: «Chuquicamata parece ser la escena de un drama moderno. No se puede decir que carezca de belleza, pero una belleza sin gracia, imponente y glacial es la que tiene. Cuando se acerca uno a las zonas de la mina, parece que todo el panorama se

Andrei Gromyko, ministro de Asuntos Exteriores de la URSS durante la «Crisis de los Misiles». En este cargo representó a su país entre 1957 y 1985.

concentra para dar una sensación de asfixia en la llanura. Llega un momento, tras de 200 kilómetros recorridos, en que el leve matiz verde con que el pueblito de Calama interrumpe la monotonía gris, es recibido con el alborozo que merece su verdadera condición de oasis en el desierto. ¡Y qué desierto!, calificado por su observatorio climatológico de Moctezuma, cerca de "Chuqui", como el más seco del mundo. Sin una mata que pueda crecer en sus tierras salitrosas, los cerros, indefensos frente al ataque del los vientos y las aguas, muestran sus grises

Vista de Sierra Maestra.

critica a estos extranjeros que los explotan mientras cargan con las riquezas del país: «Gringos imbéciles, pierden miles de pesos diarios en una huelga, por negarse a dar unos centavos más a un pobre obrero. Cuando suba mi general Ibáñez esto se va a acabar». Finalmente, rendirá el más sentido homenaje a los sufridos mineros cuando enfatiza acerca de «esos pobres héroes ignorados de esta batalla que mueren miserablemente en las mil trampas con que la naturaleza defiende sus tesoros, sin otro ideal que el de alcanzar el pan de cada día».

lomos prematuramente avejentados en la lucha contra los elementos, con arrugas de ancianos que no coinciden con su edad geológica...».

Ernesto también estudia a los amos, representados en aquellos «rubios y eficaces administradores impertinentes que nos decían en su media lengua: "Esto no es una ciudad turística, les daré una guía que les muestre las instalaciones en media hora y después harán el favor de no molestarnos más, porque tenemos mucho trabajo"». Vuelve a ser consciente de la urgencia que tiene Latinoamérica de «sacudirse el incómodo amigo yanqui», cada vez más difícil de conseguir, pues sigue invirtiendo ingentes cantidades de dólares en sus territorios que pretende seguir rentabilizando del modo sangrante con que lo hace. Por eso sabe escuchar el desprecio en la voz del encargado cuando

La síntesis de la experiencia que le ofrece la visita a la mina de Chiquicamata se encuentra en este breve párrafo, donde al final del mismo despunta la hipótesis de un mañana diferente: «Eficacia fría y rencor impotente van mancomunados en la gran mina, unidos a pesar del odio por la necesidad común de vivir y especular de unos y de otros; veremos si algún día, algún minero tome un pico con placer y vaya a envenenar sus pulmones con consciente alegría. Dicen que allá, de donde viene la llamarada roja[5] que deslumbra hoy al mundo, es así, eso dicen. Yo no sé».

EL PRIMER VIAJE POR SUDAMÉRICA:
EL GIGANTE ANDINO Y LAS TIERRAS DEL INCA

A lo largo de cerca de 8.000 km de recorrido en dirección norte-sur, la cordillera de los Andes vertebra la América del Sur. Desde sus ramificaciones septentrionales, casi rozando las transparentes y cálidas aguas del Caribe, va bordeando el Pacífico hasta hundirse finalmente en el océano, allá en el Cabo de Hornos, para reaparecer de nuevo en la Antártida, tras haber atravesado Ecuador, Colombia, Venezuela, Perú, Chile y Argentina.

Si en el Oligoceno (período terciario, hace unos 30 millones de años) ya se encontraban perfilados los principales rasgos del sistema andino, durante el Mioceno (aproximadamente 20 millones de años atrás) tendría lugar el mayor solevantamiento de la cordillera, sobre todo en la parte norte, debido al deslizamiento de la placa de Nazca debajo de la placa Sudamericana, con la consiguiente elevación de esta última. Es por este motivo que todavía en la actualidad el sistema andino sigue en evolución, con crecimientos y desgastes propiciados por este proceso de subducción tectónica al que nos hemos referido, una de cuyas características es la enorme tensión que ocasiona en la corteza terrestre y cuya energía se libera en forma de terremotos o erupciones volcánicas. Precisamente esta zona configura el denominado «cinturón de fuego del Pacífico».

El «habano» será uno de los pocos placeres que se permita el Che, cuya austeridad es proverbial.

Los Andes, auténtico gigante de piedra, presentan una morfología en la que conviven elevadas cordilleras a las que las fuerzas telúricas desgajaron de su eje longitudinal central, profundos valles trazados en paralelo a las montañas que los enmarcan, y extensos altiplanos –denominación que reciben estas características mesetas situadas a gran altitud–, como el que en la zona central del sistema comparten Bolivia, Perú, Chile y Argentina a una altura media de unos 3.650 metros sobre el nivel del mar y con una superficie superior a los 100.000 kilómetros cuadrados. Encajonado entre las altas estructuras rocosas que conforman la Cordillera Real (o rama Oriental de la cordillera de los Andes) y la Occidental, el Altiplano no es sino un inmenso depósito

sedimentario producto de la erosión de la cordillera y de los movimientos sísmicos que sacuden la región (también la erosión será la responsable de ir depositando sedimentos hacia el este de los Andes, en una zona que hace millones de años estaba ocupada por el mar y que hoy día constituye la llanura amazónica).

El altiplano andino es también una cuenca endorreica, es decir, sus aguas no tienen salida al mar, por lo que van infiltrándose en la tierra, o se evaporan, o bien se concentran en terrenos impermeables formando grandes lagos, como el Titicaca, auténtico espejo de aguas transparentes y ligeramente saladas por el que transcurre la invisible línea que marca la frontera entre Bolivia y Perú.

El lago Titicaca es el más alto del mundo (a unos 3.800 metros sobre el nivel del mar) y el segundo más grande de Sudamérica (después del Maracaibo, en Venezuela), con una superficie aproximada de 8.562 kilómetros cuadrados (mide 204 km de largo y 65 km de ancho). En su irregular fisonomía marcada por las características del terreno se dibujan bahías, golfos, penínsulas y estrechos, albergando así mismo en su interior numerosas islas, como la Isla del Sol, en donde la leyenda sitúa el nacimiento de los primeros incas, hijos del sol,

y desde donde después se lanzarían a la conquista de un esplendoroso imperio con capital en Cuzco.

De sus pasadas glorias el Altiplano conserva los restos ciclópeos de sus construcciones, pues el oro y la plata que sacaban de las entrañas de los montes y que ofrendaban a sus orgullosos dioses, serían ofrecidas después por los conquistadores españoles a sus monarcas del viejo continente.

Emesto Guevara asegura en su diario que existen dos o tres Cuzcos, «o mejor dicho, dos o tres formas de evocación en él: cuando Mama Ocllo [1] dejó caer el clavo de oro en la tierra y este se enterró en ella totalmente, los primeros incas supieron que allí estaba el lugar elegido por Viracocha (señor del cielo y la tierra) para domicilio permanente de sus hijos preferidos que dejaban el nomadismo para llegar como conquistadores a su tierra prometida. Con las narices dilatadas en ambición de horizontes, vieron crecer el imperio formidable mientras la vista atravesaba la afable barrera de las montañas circunvecinas. Y el nómada converso

---

[1] Hermana consorte del Inca Manco Capac, con quien salió de las aguas del Lago Titicaca para fundar un imperio, según el madato de su padre el Sol.

al expandirse en Tahuantinsuyo, fue fortificando el centro de los territorios conquistados, el ombligo del mundo, Cuzco. Y así surgió, por imperio de las necesidades defensivas, la imponente Sacsahuamán que domina la ciudad desde las alturas, protegiendo los palacios y templos de los enemigos del imperio. Ese es el Cuzco cuyo recuerdo emerge plañidero desde la fortaleza destrozada por la estupidez del conquistador analfabeto, desde los templos violados y destruidos, los palacios saqueados, la raza embrutecida; es el que invita a ser guerrero y defender, macana en mano, la libertad y la vida del inca.

Pero hay un Cuzco que se ve desde lo alto, desplazando la derruida fortaleza: el de los techos de tejas coloradas cuya suave uniformidad es rota por la cúpula de una Iglesia barroca, y que en descenso nos muestra sólo sus calles estrechas con la vestimenta típica de sus habitantes y su color de cuadro localista; es el que invita a ser turista desganado, a pasar superficialmente sobre él y solazarse en la belleza de un invernal cielo plomizo.

Pero también hay un Cuzco vibrante que enseña en sus monumentos el valor formidable de los guerreros que conquistaron la región, el que se expresa en los museos y bibliotecas, en los decorados de las iglesias y en las facciones claras de los jefes blancos que aún hoy muestran el orgullo de la conquista; es el que invita a ceñir el acero y montado en caballo de lomo amplio y poderoso galope hundir la carne en defensa de la grey desnuda cuya muralla humana se debilita y desaparece bajo los cuatro cascos de la bestia. Cada uno de ellos se puede admirar por separado, y a cada uno le dedicamos parte de nuestra estadía».

CHE

TIEMPOS DE BÚSQUEDA Y AMISTAD

De la zona salitrera del Norte Grande chileno, entran en Perú por Tacna en dirección al lago Titicaca. Después, por la cordillera andina, visitarán las ruinas incaicas de Machu Pichu y la ciudad colonial de Cuzco. Tras pasar un tiempo en el leprosorio de Huambo, llegan a Lima, en donde entran en contacto con el doctor Hugo Pesce. En la región de la Amazonia se instalan en el leprosorio de San Pablo.

Próxima ya la frontera peruana, Ernesto Guevara y Alberto Granado llegan a Iquique, importante puerto, junto con Antofagasta, de la región del Norte Grande chileno –hoy capital de la región de Tarapacá–. Zona salitrera por excelencia, desde allí realizarán un recorrido por diversas «oficinas» del cantón del Toco –«Rica Aventura» y «Prosperidad»–, en donde, hacia 1870, se habían ido concentrando cientos de trabajadores llegados desde el sur y de los países vecinos atraídos por las grandes expectativas que el mundo industrial moderno prometía, si bien la realidad con que se encontraron sería muy diferente.

La historia de la industria del salitre chilena se remonta al siglo XIX y a la revolución industrial, cuando importantes capitales ingleses y estadounidenses, principalmente, pero también alemanes, chilenos o peruanos, confluyeron en esta área del desierto de Atacama para proceder a la extracción y procesamiento industrial del salitre, especie de oro blanco que aflora en sus áridas tierras y que es imprescindible en innumerables procesos industriales, como por ejemplo, en la fabricación del vidrio o de la pólvora, o en los abonos con que se enriquecieron los campos de medio mundo, el famoso «nitrato de Chile».

ENTRENADORES EN LETICIA

En Leticia, la ciudad fronteriza colombiana a la que llegaron Guevara y Granado procedentes del leprosorio de San Pablo, se alojaron en las dependencias de la policía, en donde además les daban de comer. No obstante, se enfrentaban a un verdadero problema a la hora de comprar el pasaje para el avión que cada quince días salía rumbo a Bogotá, la capital del país, que era la meta de su siguiente destino.

Pero la fama del fútbol argentino salvó a los amigos, ya que, después de una elemental demostración de su dominio de la pelota, los contrataron como entrenadores del equipo local –como al parecer eran bastante malos acabaron jugando ellos también en el equipo–. Finalmente se clasificaría segundo en el campeonato relámpago organizado, tras llevarse a cabo un desempate con el equipo campeón resuelto mediante tandas de penaltis.

Entre finales del siglo XIX y principios del XX, fueron surgiendo diferentes «oficinas salitreras», al tiempo que se realizaba el tendido de cientos y cientos de kilómetros de ferrocarril que unían estos centros de producción con los puertos de embarque que así mismo se fundaron: Tocopilla, Mejillones, Pisagua, Antofagasta, Caleta Coloso y Taltal, además del de Iquique.

Tal y como estaban concebidas, las «oficinas salitreras» eran enclaves prácticamente autosuficientes que concentraban no sólo las instalaciones en donde se elaboraba el salitre, sino también el centro de administración, las viviendas de jefes y empleados, las pulperías –o centros de venta–, iglesias, tabernas, prostíbulos, etc. Allí la vida de los obreros –la clase obrera de Chile surgirá en estos parajes realmente inhóspitos– era inmensamente dura. A la explotación a la que eran sometidos los trabajadores se unían las rigurosas condiciones que impone el desierto, de las que no se libraban ni siquiera cobijándose en sus miserables cubículos:

apenas cuatro paredes a base de planchas de calamina sujetas con armazones de madera, sin luz ni ventilación aparte de la puerta de acceso, los cuales se convertían en un auténtico horno durante el día –el calor se concentraba inclemente en el metal– y en donde intentaban descansar, entumecidos por el frío, al llegar la noche...

El 24 de marzo los amigos entrarán en Perú por Tacna, ciudad situada en un apacible valle entre la costa y la cordillera andina, en donde también pueden apreciarse zonas desérticas. Después pondrían rumbo nordeste subiendo la cordillera por la provincia de Tarata en dirección al lago Titicaca, auténtico espejo de aguas transparentes y ligeramente saladas por el que transcurre la invisible línea que marca la frontera entre Perú y Bolivia. A unos 3.800 metros sobre el nivel del mar, el Titicaca es el lago más alto del mundo y el segundo más grande de Sudamérica, con sus 204 km de largo y unos 65 km de ancho que dibujan una irregular fisonomía en donde no faltan bahías, golfos, penínsulas y estrechos. En una de las islas que alberga, la Isla del

Ernesto Guevara había buscado incansablemente una razón que lo aferrase al mundo, encontrándola en la causa de los pueblos oprimidos.

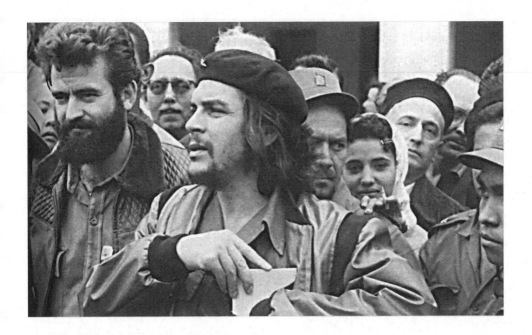

Si la guerrilla, en apenas dos años de lucha, se había convertido en un auténtico ejército regular fue porque contó con el apoyo del pueblo y del conjunto de fuerzas políticas opositoras a Batista.

Sol, sitúa la leyenda el nacimiento de los primeros incas y bajo sus aguas ligeramente saladas y bien protegidos por la profundidad se dice que aún se encuentran sumergidos los increíbles tesoros de oro y plata que este pueblo ofrendaba a sus orgullosos dioses y de cuyas pasadas glorias el Altiplano conserva los restos ciclópeos de sus construcciones.

En el recorrido que inician por la región de la Sierra peruana, donde los Andes presentan imponentes macizos, profundas quebradas, vastos altiplanos y templados valles a lo largo de las tres cadenas en que se divide el gigante

El doctor Hugo Pesce y su esposa. Guevara le guardaría permanente gratitud por el tiempo que le dedicó y por haberle hecho partícipe de sus convicciones más personales.

pétreo, Ernesto intentará asimilar el tremendo impacto que le supone la contemplación de esos restos del antiguo esplendor indígena, presentes en Machu Pichu o Cuzco, con la realidad actual de estos pueblos sobre cuyas espaldas pesan cuatro siglos de dominación, marginados de la sociedad blanca y comidos por los piojos y la miseria.

Viajando en camiones por las rutas de la cordillera, los indios ocupaban el mismo lugar que la carga, en tanto que a los «doctores argentinos», aun sin dinero,

se les reservaba el calor de la cabina. Ernesto describe en uno de estos recorridos, de madrugada, cuando el motor del camión que los llevaba se paró debido a los problemas con que el carburador se ve aquejado a grandes alturas, la estampa de los indios, descalzos, recorriendo a pie entre la nieve los últimos kilómetros que faltaban para llegar: «Era algo impresionante ver cómo las callosas plantas de los indios hollaban el suelo sin darle la menor importancia al hecho mientras nosotros sentíamos todos los dedos yertos por causa del intenso frío, a pesar de las botas y medias de lana. Con el paso cansino y parejo, trotaban como las llamas de un desfiladero, de uno en fondo».

Un maestro de sangre indígena con el que intimaron en la «caseta» del camión que realizaba el trayecto hasta Ilave y que les amenizó el itinerario contando numerosas anécdotas y desgranando tiernos recuerdos, caía, sin embargo, en profundo abatimiento «al referirse al estado actual del nativo idiotizado por la civilización» que no sólo sufría el desprecio del hombre blanco, sino que

EL PRESIDENTE DEL
BANCO NACIONAL DE CUBA

La Habana, 30 de noviembre de 1959
"Año de la Liberación"

Dr. Enrique Camejo Argudín,
Embajador Delegado para Asuntos
Económicos,
Ministerio de Estado,
La Habana.

Estimado amigo:

Me refiero a su atenta carta de 27 del corriente acompañándome copia del contrato original firmado por el Embajador de Cuba en Tokio, a nombre de nuestro Gobierno, con los cuatro técnicos arroceros solicitados por el INRA.

Con respecto a las noticias solicitadas por el Embajador, le diré que le habíamos dado las condiciones para la contratación de los ocho arroceros y dos arboricultores, en la que se especificaba que por el momento vendrían ellos en avión con pasaje pagado y en un futuro tendrían derecho a traer a cuatro familiares.

Saludos afectuosos.

Cmdte. Ernesto Guevara

EG/rl

Uno de los documentos firmados por el Che, en el año del triunfo revolucionario, como presidente del Banco Nacional de Cuba.

En este lavadero fue expuesto a la curiosidad pública y a la prensa el cadáver del Che.

también era víctima de los mestizos, «sus compañeros impuros», que al decir de aquel hombre descargaban sobre el indio sus propios padecimientos de una «existencia entre dos aguas». Recoge también Ernesto las conclusiones a las que el buen hombre había llegado, sobre «la necesidad de crear escuelas que orienten al individuo dentro de la sociedad de la que forma parte y lo transforme en un ser útil, de la necesidad de cambiar todo el sistema actual de enseñanza que, en las pocas oportunidades en que educa completamente a un individuo (y que lo educa según el criterio de hombre blanco), lo devuelve lleno de vergüenza y rencores; inútil para servir a sus semejantes indios y con desventaja para luchar en una sociedad blanca que le es hostil y que no quiere recibirlo en su seno».

El contrapunto a esta realidad vital, marcada por la desesperanza, lo ponen, como ya hemos indicado, lugares que dan cuenta de aquella cultura sometida, como Machu Pichu, el bastión inca de los Andes descubierto en 1911 por el explorador estadounidense Hiran Bingham,

que estremecerá a Ernesto hasta lo más hondo, o Cuzco, la sin par ciudad colonial, el «ombligo» del mundo y capital del imperio inca a la que Pizarro dará continuidad bajo el nuevo dominio español. Machu Pichu constituye la esencia y expresión de la civilización indígena más poderosa de América enmarcada en un paisaje que «extasía al soñador que vaga porque sí entre sus ruinas», mientras que Cuzco será pura evocación hasta en el «impalpable polvo de otras eras que se sedimenta entre sus calles...».

Desde Cuzco, y en dirección a los Andes Centrales, llegan a Abancay, capital del departamento de Apurímac, que se sitúa a los pies del nevado Ampay. Allí se alojan en el hospital de la ciudad, en el que dan sendas conferencias sobre el asma y la lepra en pago por el alojamiento y la comida. Y como si al disertar sobre el mal crónico que con mayor o menor encono siempre le acompaña hubiera conjurado a los agentes desencadenantes de la enfermedad, Ernesto sufre un fuerte ataque asmático que requirió los cuidados de Alberto y que una vez superado permitirá a los viajeros iniciar el camino hacia el leprosorio de Huambo, al que llegaron, no sin ciertas dificultades, para encontrarse con una miserable colonia de chozas en la que un grupo de sufridos médicos trabajaban con una evidente limitación de medios dentro del programa nacional de tratamiento contra la lepra que dirigía el doctor Hugo Pesce, al que decidieron visitar cuando llegasen a Lima.

Pero los ataques de asma de Ernesto se hicieron más virulentos con la llegada de las lluvias, por lo que no tuvieron más remedio que partir en busca de un hospital en que el enfermo pudiera ser tratado convenientemente. Después, atravesando

la cordillera andina de este a oeste en ruta hacia el Pacífico, el 1 de mayo de 1952 llegan a Lima, la capital de Perú y antigua ciudad de los Virreyes, «sin un centavo, sin mayores perspectivas de conseguirlo a corto plazo, pero contentos», según registraría Guevara en sus notas.

Tras haber contemplado Cuzco, Lima les pareció una ciudad más moderna que ya había enterrado su pasado colonial al trazo de amplias avenidas y barrios residenciales. Si bien se podía decir que en conjunto resultaba agradable y bonita, para los argentinos no justificaba en absoluto la fama de «preciosa» que la precedía, o al menos no para su gusto. Y Ernesto escribe al respecto: «La parte de Lima que tiene valor anecdótico está en el centro de la ciudad y rodea a su magnífica catedral, tan diferente a esa mole pesada del Cuzco, donde los conquistadores plasmaron el sentido toscamente monumental de su propia grandeza. Aquí el arte se ha estilizado, casi diría afeminado, algo; sus torres son altas, esbeltas, casi las más esbeltas de las catedrales de la colonia; la

La risa franca y el sentido del humor caracterizaban al comandante Guevara tanto como su fama de hombre estricto –consigo mismo más que con los demás.

EL DOCTOR HUGO PESCE

A juzgar por la dedicatoria que el Che Guevara dirigió al doctor Hugo Pesce al enviarle un ejemplar de su primer libro, *La guerra de guerrillas*, años después de que entablara contacto con él en Lima durante su primer viaje por Sudamérica, es de suponer la importante influencia que este eminente científico, profesor, literato, filósofo, conferenciante –y perteneciente al Partido Comunista fundado por José Carlos Mariátegui en 1928– ejerció sobre él, probablemente porque, además, se producía en unos momentos de búsqueda personal para el joven Guevara: «Al doctor Hugo Pesce, que provocara, sin saberlo quizás, un gran cambio en mi actitud frente a la vida, la sociedad, con el entusiasmo aventurero de siempre, pero encaminado a fines más armoniosos con las necesidades de América».

Aunque el doctor Pesce estudió medicina en Italia (Universidad de Génova), regresó a Perú para ejercer como médico rural. Y es a través de su experiencia cotidiana con el hombre andino, sabiendo de sus dolencias,

El Dr. Pesce sentía pasión por todas las artes integradoras de los valores humanos que lo convertían en un agudo y fino conversador.

recorriendo los tortuosos senderos por los que transcurre su vida, como entra en contacto con la realidad médico-social peruana proporcionándole, por un lado, la base necesaria para los planteamientos doctrinarios y científicos con los que afrontará después los problemas de salud pública y, por otro, una posición ideológica, producto del análisis de dicha realidad, que le llevará a postular la renovación social.

Cuando Ernesto y Alberto lo conocieron era el responsable de la campaña antileprosa peruana, habiendo creado toda una metodología para afrontar esta terrible enfermedad bíblica, o Mal de Hansen. El doctor Pesce dedicó parte de su tiempo a estos jóvenes argentinos, que supieron ver en él al hombre de principios que dedicaba su vida y su talento a intentar aliviar el dolor humano en su doble vertiente, física y moral.

El Che en Argelia. A su izquierda, Houari Boumedienne, Jefe del Ejército, que en 1965 tomaría el poder tras derrocar al presidente Ben Bella.

donde fuimos frecuentemente a rememorar la impresión de Machu Pichu: el museo arqueológico, creación de un sabio de pura estirpe indígena, Don Julio Tello, que encierra en su interior colecciones de un valor extraordinario. Culturas enteras están sintetizadas».

suntuosidad ha dejado el trabajo maravilloso de las tallas cuzqueñas para tomar el camino del oro; sus naves son claras, en contraste con aquellas hostiles cuevas de la ciudad incaica; sus cuadros también son claros, casi jocundos y de escuelas posteriores a la de los mestizos herméticos que pintaron los santos con furia encadenada y oscura. Todas las iglesias muestran la gama completa del churrigueresco en sus fachadas y altares que destilan oro. Esa grandeza monetaria hizo a sus marqueses resistir hasta el último momento la liberación de los ejércitos americanos; Lima es la representante completa de un Perú que no ha salido del estado feudal de la colonia; todavía espera la sangre de una verdadera revolución emancipadora. Pero hay un rincón de la ciudad señorial que era para nosotros el más querido y a

Nuevamente Ernesto se detiene en los restos de la cultura material que ilustra el pasado de los pueblos para seguir el hilo de la historia y entender y captar su realidad actual. Y en este sentido, sin duda alguna, el doctor Hugo Pesce iluminó a ambos jóvenes, además de en aquellos otros temas científicos sobre los que también tuvieron conversación.

Este ilustre médico, profesor e intelectual peruano de ascendencia italiana acogió a los «mochileros» argentinos en el Hospital de Guía, desde donde desarrollaba sus funciones al frente del programa nacional de lucha antileprosa, y centro en el que también había organizado el Laboratorio Central de Lepra y una completísima biblioteca especializada.

La base de la campaña contra esta terrible enfermedad bíblica, o Mal de Hansen, que inició en Perú el Dr. Pesce radicaba, fundamentalmente, en el aislamiento obligatorio de los enfermos contagiosos y en la detección precoz del mal mediante el examen médico preventivo de la población. En el sanatorio de Guía atendía a los pacientes infectocontagiosos. También, para proceder al aislamiento de estos enfermos, había fundado el sanatorio de Huambo, de donde acababan de llegar los dos amigos, y acondicionado el viejo asilo de San Pablo, en la Amazonia peruana, a donde Guevara y Granado pensaban dirigirse en la siguiente etapa del viaje.

Pero el doctor Pesce, para el que la opinión coincidente de cuantos lo trataron se resume en la frase «una bellísima persona», no era sólo una eminencia en el campo científico. Concurría en él una desbordante pasión por la filosofía, la literatura, la política y, en general, por todas las artes integradoras de los valores del hombre, que lo convertían en un agudo y fino conversador. A este placer

dedicaba todos los días un tiempo, como si de una de las actividades básicas de la vida se tratara, por lo que no es de extrañar que estas inquietudes compartidas por Ernesto llevaran a ambos a largas e interesantes pláticas que se prolongaban hasta la madrugada.

A mediados de los años veinte, al poco tiempo de regresar de Italia, en donde Pesce había cursado su carrera graduándose como médico cirujano, conoció y entabló una profunda amistad con José Carlos Mariátegui, periodista, pensador y político peruano que en 1928 instaura en el país andino el Partido Comunista, en cuyas filas ingresó Pesce.

Probablemente, y ante las primeras impresiones manifestadas por Ernesto

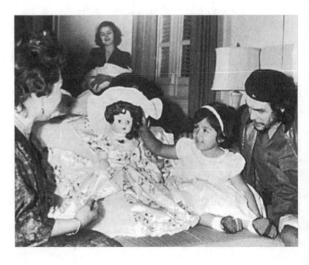

En La Habana, el Che contempla la emoción de su hija Hildita con la muñeca. A la izquierda, Hilda Gadea, de quien se había divorciado para casarse con Aleida.

Flor María Iglesias trabajaba en el leprosorio de San Pablo cuando Alberto y Ernesto estuvieron allí. Recuerda su simpatía y la «suciedad» que habían acumulado en el camino.

acerca de lo que había visto a lo largo del recorrido iniciado por Sudamérica y de la conmoción que la realidad social había suscitado en su ánimo, máxime después de haber contemplado los restos del esplendor indígena precolonial, el doctor Pesce le hablará del análisis que en su día realizara Mariátegui (*Siete ensayos de interpretación de la realidad peruana*) del problema del «indio», pero visto a través de la crítica socialista, que aparta de su origen toda la falsa serie de mecanismos administrativos, jurídicos, eclesiásticos, e incluso las manidas condiciones culturales y morales, para centrar la cuestión indígena en la economía y el régimen de propiedad de la tierra.

En tanto subsistiera el feudalismo en Latinoamérica, basado en los inmensos latifundios existentes (muchos del tamaño de Bélgica) sometidos al poder del «gamonal» o cacique, no sería posible llevar a la práctica ninguna ley u ordenanza de protección al indígena, aun habiendo sido promulgadas, porque contra esta autoridad real «sufragada por el ambiente y el hábito, es impotente la ley escrita». El cacique de hoy, lo mismo que el «encomendero» de la época colonial, dueño de la tierra que posibilita la supervivencia, tiene en sus manos la vida del indígena. Pero mientras que en el Virreinato español, voces como la de Bartolomé de las Casas se alzaron enérgicas contra los métodos brutales con que los colonizadores esclavizaban al indio, desde la instauración de la República en el Perú ninguna voz había clamado por la redención de la raza aborigen, a pesar de los postulados igualitarios sobre los que ésta se había asentado y de las medidas decretadas sobre reparto de tierras o la abolición del trabajo gratuito. Las reformas jurídicas de nada servían ante las aristocracias latifundistas, dueñas del poder real.

Tampoco será efectiva la prédica humanitaria, estéril en el simple discurso, frente a los métodos rigurosos que el imperialismo sigue manteniendo para con el sometido, ni tampoco el esfuerzo que hipotéticamente la República decidiera realizar en la educación de la población campesina. La propia mecánica que encierra la servidumbre del latifundio anularía cualquier labor pedagógica por elemental que ésta fuera, ya que la formación en el mundo actual no es «una mera cuestión de escuela y métodos didácticos». Por eso el cacique no sólo es contrario a la educación del indio –sabe que su propia subsistencia y el mantenimiento del actual orden de cosas se hallan en juego–, sino que fomenta su ignorancia cultivando su alcoholismo.

En palabras de Mariátegui, «en una raza de costumbre y de alma agrarias, como la raza indígena, este despojo ha constituido una causa de disolución material y moral. La tierra ha sido siempre toda la alegría del indio. El indio ha desposado la tierra. Siente que "la vida viene de la tierra" y vuelve a la tierra. Por ende, el indio puede ser indiferente a todo, menos a la posesión de la tierra que sus manos y su aliento labran y fecundan religiosamente. La feudalidad criolla se ha comportado, a este respecto, más ávida y más duramente que la feudalidad española. En general, en el encomendero español había frecuentemente algunos

hábitos nobles de señorío. El encomendero criollo tiene todos los defectos del plebeyo y ninguna de las virtudes del hidalgo. La servidumbre del indio, en suma, no ha disminuido bajo la República. Todas las revueltas, todas las tempestades del indio, han sido ahogadas en sangre. A las reivindicaciones desesperadas del indio les ha sido dada siempre una respuesta marcial...».

Pero si en cuanto a la explotación de la tierra el régimen feudal imperante ha colocado al indígena en grados extremos

Febrero de 1965, con el dirigente del Frente para la Liberación de Mozambique (FRELIMO), Eduardo Mondlane.

de miseria e ignorancia, no ocurre menos en la otra gran área de actividad económica, la minería, actualmente en manos casi en su totalidad de empresas norteamericanas. A través del neocolonialismo, los EE.UU. dan muestra del poder económico que ostentan, permitiéndose así marcar las directrices en las empresas mineras de Latinoamérica, donde se acude en busca de no solo un salario, sino de un claro ejemplo de mejora de vida.

Sería a través de su experiencia cotidiana con el hombre andino, sabiendo de sus dolencias, recorriendo los tortuosos senderos por los que transcurría su vida, como el doctor Pesce tomó contacto recién acabada la carrera de medicina con la realidad médico-social peruana, la cual le iba a proporcionar no sólo la base necesaria para los planteamientos doctrinarios y científicos con los que afrontó después los problemas de salud pública, sino, además, una posición ideológica, producto del análisis de dicha realidad, que le llevaría a postular esa renovación social que el Partido Comunista Peruano preconizaba.

De este intercambio de experiencias entre el científico e intelectual comunista y el joven estudiante de medicina que aún busca el enfoque adecuado para interpretar correctamente las rigurosas estampas que la realidad continental ofrece a su mirada ávida, quedaría, en el caso de Ernesto, la gratitud permanente hacia el hombre que le brindó su tiempo y le hizo partícipe de sus convicciones más personales. Así se desprende de la dedicatoria que le dirigió al enviarle un ejemplar de su primer libro, *La guerra de guerrillas,* que escribiera siendo ya el comandante Che Guevara: «Al doctor Hugo Pesce, que provocara, sin saberlo quizás, un gran cambio en mi actitud frente a la vida, la sociedad, con el entusiasmo aventurero de siempre, pero encaminado a fines más armoniosos con las necesidades de América». Pero también cuentan las crónicas que cuando Guevara fue nombrado ministro de Economía tras el triunfo de la Revolución cubana, el doctor Pesce manifestó en privado a su hijo, como si hablara consigo mismo y con evidente satisfacción: «La semilla ha prendido...».

Pero además de las ocasiones dedicadas a la disquisición filosófica, durante su estancia en Lima hubo también tiempo para el estudio, para entablar amistades con el personal del hospital –hay quien incluso le atribuye a Ernesto un tierno y breve romance con Zoraida

Boluarte, asistente social en el leprosorio que invitó varias veces a los viajeros a cenar a su casa–. También jugaron al fútbol, visitaron la ciudad y se divirtieron con los estudiantes que hacían sus prácticas en el centro hospitalario.

Entre tanto, los últimos síntomas de los recientes accesos de asma de Ernesto habían terminado por desaparecer –después, camino de la selva amazónica la enfermedad volvería a abatirlo con ataques prácticamente diarios–, de modo que se aproximaba la hora de iniciar la marcha hacia la colonia de San Pablo. El doctor Hugo Pesce les proporcionaría nuevas ropas con las que sustituir las viejas y ya remendadas prendas con que se cubrían, y con cien soles (moneda peruana) en el bolsillo, producto de la colecta que enfermos y personal del hospital realizaron para ellos, volvieron a atravesar la cordillera andina en autobús para embarcar por el río Ucayalí en dirección a Iquitos, ciudad portuaria cuyo crecimiento estuvo relacionado con la explotación del caucho.

La travesía por el Ucayalí, río que constituye una de las cabeceras del Amazonas y que tiene un recorrido próximo a los 2.000 km, duró siete días y durante la misma tuvo lugar el primero de

CUMPLEAÑOS EN LA LEPROSERÍA DE SAN PABLO

«El día sábado 14 de junio de 1952, yo, fulano, exiguo, cumplí 24 años, vísperas del trascendental cuarto de siglo, bodas de plata con la vida, que no me ha tratado tan mal, después de todo. Tempranito me fui al río a repetir suerte con los pescados, pero este deporte es como el juego: el que empieza ganando va perdiendo. Por la tarde jugamos un partido de fútbol en el que ocupé mi habitual plaza de arquero con mejor resultado que las veces anteriores. Por la noche, después de pasar por la casa del doctor Bresani que nos invitó con una rica y abundante comida, nos agasajaron en el comedor nuestro con el licor nacional, el pisco, del cual Alberto tiene precisa experiencia por sus efectos sobre el sistema nervioso central.»

Primer Viaje por Sudamérica
Ernesto Guevara

la larga serie de episodios asmáticos que lo afligirán durante el trayecto hasta San Pablo. Desde Iquitos, y ya por el Amazonas, continuarán viaje de dos días por el río, desembarcando el 8 de junio en el lugar de la selva próximo a las fronteras de Perú con Colombia y Brasil donde se encontraba radicado el leprosorio.

En carta fechada el 6 de julio de 1952 desde Bogotá, Ernesto resume a su madre los principales acontecimientos ocurridos desde que partieron de Iquitos: «La salida se produjo más o menos dentro del término establecido por mí, anduvimos dos noches con la cariñosa compañía de los mosquitos y llegamos a la madrugada a la leprosería de San Pablo, donde nos dieron alojamiento. El médico director, un gran tipo, simpatizó enseguida con nosotros y en general simpatizábamos con toda la colonia, salvo las monjas que preguntaban por qué no íbamos a misa. Resulta que las administradoras eran las tales monjas y al que no iba a misa le cortan la ración todo lo posible (nosotros

quedamos sin nada, pero los muchachos nos ayudaron y nos conseguían algo todos los días). Fuera de esta pequeña guerra fría la vida transcurría sumamente placentera».

Seiscientos pacientes eran atendidos en San Pablo, aisladas sus dependencias de las que ocupaba el personal sanitario, y durante los quince días que permanecieron en el establecimiento Ernesto fue reponiéndose de los agotadores episodios asmáticos mientras leía, acompañaba a los médicos en sus rondas de visita a los pacientes, jugaba al ajedrez, pescaba o jugaba al fútbol –sanos y leprosos en una interesante experiencia terapéutica para animar a los enfermos–. En los partidos también participaba Alberto, tremendamente hábil con la pelota y al que más adelante acabarían apodando «Pedernerita», por el famoso Adolfo Pedernera de la escuadra del River Plate en los años 40 (el diminutivo venía porque era más bajito que el admirado integrante de «La Máquina»). El resto del tiempo solía pasarlo Granado encerrado en el laboratorio. El territorio en el que se asienta la colonia sorprende a Ernesto por

Che en Argel con Ahmed Ben Bella, uno de los seis grandes líderes de la Organización para la Unidad Africana (OUA).

LA BALSA «MAMBO-TANGO»

En el leprosorio de San Pablo estuvieron encantados con estos dos representantes de la «rancia aristocracia vagueril», según definición del propio Ernesto.

Después de pasar doce días en la leprosería de San Pablo, en la Amazonia peruana, el 20 de junio parten río abajo rumbo a Colombia en la balsa «Mambo-Tango» que les construyeron los amigos que dejaban en el hospital. Así se lo cuenta a su madre en la carta fechada el 2 de julio desde Bogotá:

«Nos demoramos algo más del tiempo calculado pero por fin arrancamos para Colombia. La noche previa un grupo de enfermos se trasladó desde la parte enferma a la sana en una canoa grande, y que es la vía practicable y en el muelle nos dieron una serenata de despedida y dijeron algunos discursos muy emocionantes. Alberto, que ya pinta como sucesor de Perón, se mandó un discurso demagógico en forma tan eficaz, que convulsionó a los homenajeantes. En realidad fue este uno de los espectáculos más interesantes que vimos hasta ahora: un acordeonista no tenía dedos en la mano derecha y los reemplazaba por unos palitos que se ataba a la muñeca, el cantor era ciego y casi todos con figuras monstruosas provocadas por la forma nerviosa de la enfermedad, muy común en las zonas, a lo que se agregaban las luces de los faroles y linternas sobre el río. Un espectáculo de película truculenta. El lugar es precioso todo rodeado de selvas con tribus aborígenes apenas a una legua de camino, las que por supuesto visitamos, con abundante pesca y caza para morfar (comer) en cualquier punto y con una riqueza potencial incalculable, lo que provocó en nosotros todo un lindísimo sueño de atravesar la meseta del Matto Grosso por aguas partiendo del río Paraguay para llegar al Amazonas haciendo Medicina y todo lo demás; sueño que es como el de la casa propia... puede ser... el hecho es que nos sentíamos un poco más exploradores y nos largamos río abajo en una balsa que nos construyeron especialmente de lujo...»

Desde este hospital el Dr. Pesce desarrollaba sus funciones al frente del programa nacional de lucha antileprosa. En él había organizado el Laboratorio Central de Lepra y disponía de una completísima biblioteca especializada.

hubiera arañado haciéndolo sangrar resulta fácil imaginar cómo hubiera sido su breve final rodeado de estos pececillos sanguinarios.

la hermosura que ofrece a la vista, rodeado de increíbles selvas en las que no falta la caza, la pesca, ni las tribus aborígenes –«apenas a una legua de camino»–. Destaca en sus escritos, así mismo, la incalculable riqueza potencial de la que esta región está dotada.

El 14 de junio, día de su venticuatro cumpleaños, hubo una gran fiesta en el leprosorio, pero antes, y sintiéndose bastante recuperado físicamente, su espíritu temerario lo llevó a lanzarse a nado sobre el río Amazonas en una larga travesía de cerca de dos horas que mantuvo acongojado al personal del Centro ya que al peligro concreto que suponía el propio cauce, con sus corrientes y remolinos, se añadía el hecho, como relatará tiempo después Granado, de que en el río había caimanes y pirañas. Sólo con que alguna de las muchas ramas que arrastra el agua le

En la fiesta que se celebró al anochecer, bien regada con «pisco» –bebida típica peruana tipo aguardiente– el personal brindó por los viajeros argentinos, y en especial por el que celebraba el aniversario de su natalicio. Ernesto, algo «pisqueado» por la acción del alcohol, como recoge en la correspondiente anotación en su diario, contestó al simpático brindis del director de la Colonia con unas sentidas palabras en las que pone claramente de manifiesto esa especie de «pan-latinoamericanismo» que se le ha ido incrustando a lo lago del viaje:

«Bueno, es una obligación para mí agradecer con algo más que con un gesto convencional, el brindis que me ofrece el Dr. Bresani. En las precarias condiciones en que viajamos, sólo queda como recurso de la expresión afectiva la palabra, y es empleándola que quiero expresar mi agradecimiento, y el de mi compañero de viaje, a todo el personal de la colonia, que, casi sin conocernos, nos ha dado esta magnífica demostración de afecto que significa para nosotros la deferencia de festejar nuestro cumpleaños, como si fuera la fiesta íntima de alguno de ustedes. Pero hay algo más; dentro de pocos días dejaremos el territorio peruano, y por ello estas palabras toman la significación secundaria de una despedida, en la cual pongo todo mi empeño en expresar nuestro reconocimiento a todo el pueblo de este país que en forma ininterrumpida nos ha colmado de agasajos desde nuestra entrada por Tacna. Quiero recalcar algo más, un poco al margen del tema de este brindis: aunque lo exiguo de nuestras personalidades impide ser vocero de su causa, creemos, y después de este viaje más firmemente que antes, que la división de América en nacionalidades inciertas e ilusorias es completamente ficticia. Constituimos una sola raza mestiza que desde México hasta el estrecho de Magallanes presenta notables similitudes etnográficas. Por eso, tratando de quitarme toda carga de provincialismo exiguo, brindo por Perú y por América Unida.»

En las conmemoraciones del 26 de julio también se incorpora la figura del héroe de Santa Clara.

Cuando estuvo próximo el momento de la partida, el personal entendido en la materia decidió construir una balsa, bautizada con los musicales nombres de «Mambo-Tango», para que los viajeros, cuyo destino inmediato era Colombia, se deslizaran por las aguas del Amazonas río abajo hasta la ciudad fronteriza de Leticia, en la margen izquierda del río, y desde allí tomaran un vuelo con destino a la capital, Bogotá, que era donde pretendían llegar.

Si contemplan La Pampa y sus rincones
verán las sequedades del silencio,
el suelo sin milagro y oficinas vacías
como el último desierto.

Y si observan La Pampa y la imaginan
en tiempos de la Industria del salitre,
verán a la mujer y al fogón mustio,
al obrero sin cara, al niño triste.

También verán la choza mortecina,
la vela que alumbraba su carencia,
algunas calaminas por paredes,
y por lecho los sacos y la tierra.

(...)

El sol, el desierto grande
y la sal que los quemaba,
el frío en las soledades,
camanchaca [1] y noche larga.

El hambre de piedra seca
y quejidos que escuchaba,
la vida de muerte lenta
y la lágrima soltada.

«Cantata de Santa María
de Iquique» (fragmento)
Quilapayún

_____

[1] Niebla espesa y baja.

La noche previa a su marcha un grupo de enfermos se trasladó en canoa desde sus apartadas dependencias hasta la zona donde se asentaba el personal sanitario, y situados en el muelle ofrecieron a los viajeros una serenata de despedida. No obstante la simpatía y el afecto para con los visitantes demostrado por los leprosos con esta iniciativa, el espectáculo que ofrecían –y tomamos los adjetivos con los que la magistral pluma de Pedro Antonio de Alarcón describe la panorámica de la villa de Lapeza preparándose para resistir con sus toscas armas de fabricación casera la acometida de las tropas de Napoleón– debía resultar «tan risible como admirable, tan grotesco como imponente, tan ridículo como aterrador». Guevara lo define eufemísticamente como «el más interesante de cuantos habían visto hasta entonces», para más adelante añadir «de película truculenta».

El caso es que la tenue luz de los faroles y linternas con que la orquesta se alumbraba y cuyo reflejo titilante devolvía la superficie del agua, hacía parecer aún más monstruosas las figuras a las que, ya de por sí, la propia enfermedad maltrataba al privarlas en mayor o menor medida de los rasgos más humanos: «Un acordeonista no tenía dedos en la mano derecha y los reemplazaba por unos palitos que se ataba

El Dr. Roger Álvarez, que trabajaba así mismo en la lucha antileprosa, recuerda con afecto al personaje que más adelante se convertiría en un mito guerrillero.

a la muñeca, el cantor era ciego...», referirá a su madre en la carta que un tiempo después le envió desde Bogotá rememorando la escena...

«Uno de los enfermos pronunció el discurso de despedida y agradecimiento; de sus sencillas palabras emanaba una emoción profunda que se unía a la imponencia de la noche. Para esas almas simples, el solo hecho de acercarse a ellas, aunque no sea sino con un afán de curiosidad, merece el mayor de los agradecimientos. Con la penosa mueca con que quieren expresar el cariño que no pueden manifestar en forma de apretón de manos, aunque sea, ya que las leyes sanitarias se oponen terminantemente al contacto de una piel sana con otra enferma, se acabó la serenata y la despedida.» (del artículo de Guevara publicado en el suplemento *Panamá-América Dominical* el 22 de noviembre de 1953).

Después seguirían una serie de emocionantes discursos entre los que Ernesto destaca con el humor que lo caracteriza el pronunciado por su amigo

Granado, señalando en sus notas que Alberto «ya pinta como sucesor de Perón». A la mañana siguiente, bien provistos de ropa, fruta, anzuelos para pescar y dos pollos vivos, se impulsarán en la balsa hasta donde la fuerza de la corriente se hace notar para dejarse arrastrar mansamente por el agua en dirección al siguiente puerto del viaje.

Cual dos exploradores pendientes de los mil detalles que se ofrecen a su vista, al llegar la noche, agotados por la emoción que los embargaba, se instalaron lo más cómodamente que pudieron en sus actuales dominios bajo la protección del mosquitero a la espera del sueño reparador. Dulcemente mecidos por el agua, éste no tardaría en adueñarse de ellos, y la llegada del amanecer los sorprendería varados en la orilla.

En la mencionada carta a su madre, Ernesto le da cuenta de sus aventuras hasta llegar a Leticia: «Pasó felizmente todo el otro día y decidimos hacer guardia de una hora cada uno para evitar inconvenientes, ya que al atardecer la corriente nos llevó contra la orilla y unas ramas medio hundidas casi nos descuajan la balsa. Durante una de mis guardias me anoté un punto en contra ya que un pollo que llevábamos para el morfi (para la comida) cayó al agua y se lo llevó la corriente y yo, que antes en San Pablo había atravesado el río, me achiqué en gran forma para ir a buscarlo, mitad por los caimanes que se dejaban ver de vez en cuando y mitad porque nunca he podido vencer del todo el miedo que me da el agua de noche.

Seguro que si estabas vos le sacabas y Ana María creo que también, ya que no tienen esos complejos nochísticos que me dan a mí. En uno de los anzuelos había un

pez enorme que costó un triunfo sacar. Seguimos haciendo guardia hasta la mañana en que atracamos a la orilla para poder meternos los dos debajo del mosquitero, ya que los carapanás abundan un poquitillo. Después de dormir bien, Alberto, que prefiere la gallina al pescado, se encontró con que los dos anzuelos habían desaparecido durante la noche, lo que agravó su bronca y como había una casa cerca decidimos ir a averiguar cuánto faltaba para Leticia.

Cuando el dueño de casa nos contestó en legítimo portugués que Leticia estaba siete horas arriba y que eso era Brasil, nos trenzamos en una agria discusión para demostrar uno al otro que el que se había dormido en la guardia era el contendiente. No surgió la luz. Regalamos el pescado y un ananá como de cuatro kilos que nos habían regalado los enfermos y nos quedamos en la casa para esperar el día siguiente en que nos llevarían río arriba. El viaje de vuelta fue muy movido también, pero algo cansado porque tuvimos que remar siete horas bien contadas y no estábamos acostumbrados a tanto».

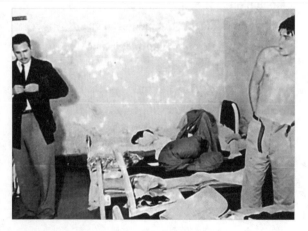

Junto con Fidel, en la cárcel de México, donde estuvieron presos un tiempo antes de zarpar en el Granma.

« LA AMÉRICA MAYÚSCULA »

Esta América de la que habla Guevara en sus diarios de viaje mientras realiza miles de kilómetros de recorrido por su vasta geografía y entabla contacto directo con sus gentes, es la heredera de los legados de Bolívar y Martí como unidad integradora de los diferentes pueblos que un día partieron el yugo del colonialismo español, para tener que enfrentarse al aún más riguroso neocolonialismo que el «vecino del norte» le impuso en base a una doctrina (la doctrina Monroe) que, al decir de Ernesto, «pisotea y asesina la voluntad y grandeza de nuestra raza mestiza».

Desde comienzos del siglo XIX, unos emergentes EE.UU. inician su política expansionista más allá de las viejas fronteras coloniales de las que surgió la Unión: la adquisición de Luisiana por quince millones de dólares pagados a Francia; la península de Florida, en el Atlántico, comprada a España por cinco millones de dólares; la anexión de Texas y, tras la guerra con México, la cesión por quince millones de dólares de los inmensos territorios que este país poseía al norte del Río Grande: Nuevo México, Arizona y la California Superior (o Alta California), ya en el Pacífico.

En la joven nación norteamericana se había ido forjando la idea de que estaba destinada a hacerse cargo de este rico continente frente a las viejas potencias coloniales europeas, noción que el escritor James Russell Lowell (1819-1891) cifrará en el célebre «destino manifiesto» de la raza inglesa y que más adelante encontrará la correspondiente formulación doctrinal por boca del presidente Monroe durante la alocución que dirigió al Congreso en diciembre de 1823, sintetizada en la famosa frase «América para los americanos», la cual más bien vendría a significar «América para los EE.UU.».

Posteriormente, en 1904, la enmienda, o corolario de Roosevelt, daría vía libre a la intervención militar de los EE.UU. en aquellas naciones latinoamericanas y caribeñas cuyas políticas nacionales atentaran o pusieran en peligro los intereses estadounidenses —o de sus empresas y ciudadanos— en dichos territorios, con lo que el expansionismo inicial deviene en un neocolonialismo implacable que se hará sentir en dicha área geográfica.

Esto permitió, según el Dr. Michaell Hogan (*La evolución en la Política Internacional de los Estados Unidos de Norteamérica*) «que los Estados Unidos crearan revueltas ficticias para derrocar al gobierno colombiano y así crear la República de Panamá y construir el canal en la "nueva" nación, adquiriendo los derechos

vitalicios del mismo, si bien cedidos a los 99 años. También llevó a que los Estados Unidos establecieran una base militar en la bahía de Guantánamo, Cuba, mientras entregaban La Habana a la mafia y el control de la isla al monopolio azucarero estadounidense; y todo esto a la vez que enviaban a los llamados U. S. Mariners a Nicaragua, El Salvador, República Dominicana y Honduras durante extensos períodos para garantizar la protección de las explotaciones de la United Fruit Company».

Pero ya en el primer cuarto del siglo XIX el libertador Bolívar sería consciente de que el «vecino del norte» no era nada de fiar, puesto que mientras se proclamaba neutral y negaba su ayuda a los patriotas sudamericanos en la guerra por la que pretendían liberar sus destinos de la secular tutela colonial hispana, hacían negocio vendiendo armas a los realistas españoles, y en exigencia de indemnizaciones cuando algún que otro cargamento destinado a los enemigos era interceptado por los soldados de la revolución. Los llamaba «regatones americanos» (negociantes, regateadores), llegando a decir que los EE.UU. parecían estar destinados por la providencia para plagar la América de miseria en nombre de la libertad. Precisamente esa América para la que Bolívar pretendía la máxima grandeza, «menos por su extensión y riquezas que por su libertad y su gloria».

Esta especie de anticipación premonitoria por parte de Simón Bolívar con respecto a los EE.UU. y ese mensaje y convicción de que «para nosotros la patria es América» tienen su continuidad en el ideólogo e independentista cubano José Martí, cuando denuncia y se prepara para hacer frente a las ansias anexionistas que sobre los pueblos americanos manifiesta «el Norte revuelto y brutal que los desprecia». «Viví en el monstruo, y le conozco las entrañas», escribió a su amigo Manuel Mercado poco antes de verter su sangre por la causa independentista cubana, y en esa misma carta alude a la necesidad «de impedir a tiempo, con la independencia de Cuba, que se extiendan por las Antillas los Estados Unidos y caigan, con esa fuerza suya, sobre nuestras tierras de América».

Algo más de cincuenta años después, Fidel Castro, y con él Ernesto Guevara, retomarían este pensamiento de Bolívar y Martí cuando desde Sierra Maestra iniciaron la lucha por una Cuba libre, sí, pero inserta en el contexto global de los pueblos libres de Latinoamérica, con los que habrán de colaborar en ese sentido tras el triunfo de la Revolución.

Pero antes, y a la experiencia conseguida por Ernesto en sus viajes sobre la realidad de esta América mestiza, se habrán de sumar sus

Guevara sabe que nunca será efectiva la prédica humanitaria, estéril en el simple discurso, frente a los métodos rigurosos que el imperialismo sigue manteniendo para el resto.

vivencias en Guatemala, cuando en junio de 1954 un golpe de estado propiciado por los EE.UU. acabó con uno de los pocos gobiernos democráticos de los que había podido gozar el país, el de Jacobo Arbenz, tras poner en marcha una reforma agraria en la que se expropiaban, entre otras, más de 150.000 hectáreas de tierra inutilizada propiedad de la multinacional estadounidense United Fruit Company (UFCO) y entregadas a miles de campesinos.

En un texto que sobre estos acontecimientos escribe en 1954 –"El dilema de Guatemala"– y que en 1978 publica su padre, Ernesto se pregunta: «¿Es ese el porvenir de Guatemala? ¿Para eso se ha luchado y se lucha? –y asegura:– La responsabilidad histórica de los hombres que realizan las esperanzas de Latinoamérica es

grande. Es hora de que se supriman los eufemismos. Es hora de que el garrote conteste al garrote, y si hay que morir, que sea como Sandino y no como Azaña».

Martí solía decir que «la mejor manera de decir es hacer». Bolívar había dicho: «Yo tendré la honra de ser soldado del gran ejército americano reunido en el suelo de los incas, y enviado allí por toda la América meridional». El domingo 26 de julio de 1953, en la estación de Retiro de Buenos Aires, Ernesto Guevara parte con Calica Ferrer en su segundo viaje por Latinoamérica vestido con ropa de faena del ejército que le había conseguido su hermano Roberto. De pronto alguien grita –se dice que su padre– una frase ciertamente premonitoria: «¡Aquí va un soldado de América!».

CHE

«AL HABLA EL DOCTOR GUEVARA DE LA SERNA»

Se separan Ernesto y Alberto Granado con el proyecto de reencontrarse posteriormente: mientras Guevara vuelve a Argentina para acabar los estudios, Granado se queda trabajando en Venezuela. Una vez terminada la carrera de Medicina, Guevara inicia un nuevo periplo latinoamericano, con Carlos «Calica» Ferrer, cuyo destino final será la cita con Alberto en Venezuela.

La estancia en Colombia no va a resultar muy afortunada para los amigos. La difícil situación que arrastraba el país desde el inicio del siglo XX, agitado por conflictos civiles, se hacía patente en sus calles, fuertemente controladas por la policía. Concretamente desde el asesinato en 1948 del líder del Partido Liberal, Jorge Eliécer Gaitán, que provocaron los desórdenes conocidos como «el Bogotazo», la lucha entre liberales y conservadores bañaba en sangre la nación.

«Este país es el que tiene más suprimidas las garantías individuales de todos los que hemos recorrido. La policía patrulla las calles con fusil al hombro y exige a cada rato el pasaporte, que no falta quien lo lea al revés, en un clima tenso que hace adivinar una revuelta dentro de poco tiempo. Los llanos están en franca revuelta y el ejército es impotente para reprimirla; los conservadores pelean entre ellos, no se ponen de acuerdo y el recuerdo del 9 de abril de 1948 pesa como plomo en todos los ánimos; resumiendo, un clima asfixiante...», escribe a su madre desde Bogotá anunciándole su inminente salida del país en dirección a Venezuela.

Los problemas surgidos con la policía, cuando Ernesto sacó el cuchillo que su hermano Roberto le había regalado al iniciar el viaje, con la intención de dibujar un mapa en la tierra, y que provocó su detención, aconsejaron poner tierra de por medio.

Camino de Caracas, y en un alto realizado por el autobús que los llevaba a la capital venezolana, ambos amigos recapacitaron sobre la situación en la que se encontraban, marcada fundamentalmente por esa penuria económica que había sido compañera inseparable desde el inicio de la aventura,

Desde el estudio de las obras de Marx, Guevara descubrirá sus novedosas aportaciones sobre la realidad y el desarrollo de la sociedad humana.

y sobre las perspectivas que se presentaban de cara a la continuidad del viaje. En vista de que las trazas no eran muy favorables decidieron sensatamente que, mientras Ernesto regresaba a Buenos Aires a terminar la carrera, Alberto le esperaría en Venezuela, pues con los informes sumamente favorables que les había proporcionado el doctor Pesce no tardaría en encontrar trabajo en cualquier hospital de Caracas o en algún leprosorio del país.

Ernesto se puso en contacto con un socio que su tío Marcelo, criador de caballos, tenía en Caracas, para ver si podía viajar a Buenos Aires en el avión donde su tío transportaba los animales con destino a Miami y que hacía escala en Venezuela para repostar. No hubo ningún problema, de modo que en algo más de una semana Ernesto despegaría rumbo a los EE.UU., en tanto que Alberto encontraba empleo en un leprosorio cerca de Caracas.

EN LA QUIACA, FRONTERA DE ARGENTINA CON BOLIVIA

«En torno a los cerros pelados una bruma gris da tono y tónica al paisaje. Frente nuestro un débil hilo de agua separa los territorios de Bolivia y Argentina. Sobre un puentecito minúsculo cruzado por las vías del ferrocarril las dos banderas se miran la cara, la boliviana nueva y de colores vivos, la otra vieja, sucia y desteñida, como si hubiera empezado a comprender la pobreza de su simbolismo.

Conversamos con algunos gendarmes y nos dicen que hay un cordobés de Alta Gracia, nuestro pueblo de la infancia, trabajando con ellos. Es Tiqui Vidora, uno de mis compañeros de juegos de la infancia. Extraño reencuentro en el rincón septentrional de la Argentina.

Fue el dolor de cabeza y el asma quienes intransigentes me obligaron a frenar. Por eso pasa tres días especialmente aburridos en el pueblito hasta que zarpamos rumbo a La Paz.»

Otra Vez
Ernesto Che Guevara

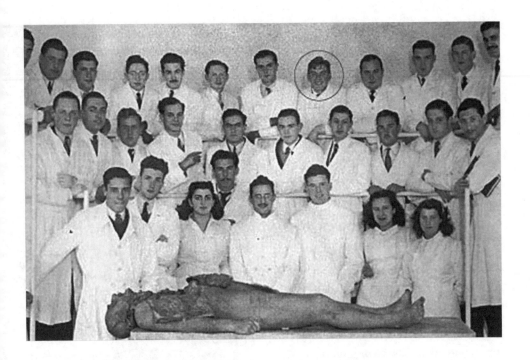

Ernesto Guevara (marcado con un círculo) es el único que aparece sonriente en esta instantánea de una clase de Anatomía, donde los estudiantes posan tras un cadáver.

Mientras llegaba el momento de la partida Ernesto se dedicó a recorrer la ciudad en solitario, ya que Alberto había comenzado a trabajar, abatido ante la inminente separación de ambos. «La ausencia de Alberto se siente extraordinariamente –escribe en su diario–. Parece como si mis flancos estuvieran desguarnecidos frente a cualquier hipotético ataque. A cada momento doy vueltas a la cabeza para deslizarle una observación cualquiera y recién entonces me doy cuenta de la ausencia.

Sí, realmente no hay mucho de que quejarse; atención esmerada, buena comida, abundante también, y la esperanza de volver pronto para reiniciar los estudios y obtener de una buena vez el título habilitante, y sin embargo, la idea de separarme en forma definitiva no me hace del todo feliz; es que son muchos meses que en las buenas y malas hemos marchado juntos y la costumbre de soñar cosas parecidas en situaciones similares nos ha unido aún más».

El 26 de julio Ernesto parte rumbo a Miami, si bien el retorno a Buenos Aires se demoró algo más de un mes debido a una avería detectada en el aparato que hubo que reparar. Ese mismo día Argentina entera vivía una auténtica conmoción ante el fallecimiento de Eva Duarte de Perón como consecuencia de un cáncer de útero que se le había detectado en enero de 1950.

A las nueve y media de la noche el locutor radiofónico Furnot leía a un pueblo expectante el comunicado de la Secretaría de Informaciones de la Presidencia en el que se anunciaba el óbito de la Jefa Espiritual de la Nación, título que le había sido otorgado en el mes de mayo de ese año, así como la instalación de la capilla ardiente en la sede del Ministerio de Trabajo y Previsión. Allí tendría lugar un velatorio multitudinario e ininterrumpido que se prolongó hasta el 9 de agosto. El día 10 se trasladó su cuerpo desde el Congreso Nacional, donde se le rindieron los

correspondientes honores, hasta la sede de la CGT, para que el doctor Pedro Ara realizara el largo proceso del embalsamamiento del cadáver. Durante el trayecto se dice que dos millones de personas presenciaron el paso de la comitiva, concentrados en los alrededores de las tres grandes avenidas que corren perpendiculares a la Plaza del Congreso –Rivadavia, Mayo e Hipólito Irigoyen– y en el Paseo de Colón.

Uno de los múltiples titulares con que la prensa hablaba de la guerrilla boliviana.

Los Andes, auténtica columna vertebral sudamericana, presenta imponentes macizos, profundas quebradas, vastos altiplanos y templados valles a lo largo de las tres cadenas en que se divide el gigante pétreo.

aplicación al estudio manifestado por el primogénito, viéndolo ya convertido en un señor doctor que atendía a sus pacientes en un hospital o, tal vez, dedicado a la investigación como alergista en la clínica del doctor Pisan pero, en cualquier caso, alejado de una vez por todas de los polvorientos caminos en los que, entendían, había dejado saciada su sed de aventuras.

Lo que no sabían los «viejos» era lo engañados que estaban realizando semejantes conjeturas. Si algo animaba a Ernesto en el esfuerzo realizado con los

El 31 de agosto aterriza por fin Ernesto en Buenos Aires, ansioso por reencontrarse con su familia y con el firme propósito de superar la docena de asignaturas que aproximadamente le faltaban para terminar la carrera.

Encerrado durante horas en el apartamento de su tía Beatriz, sus padres estaban encantados con ese fervor y

Cartel de bienvenida a Che Guevara, uno de los más populares comandantes del Ejército Rebelde.

libros era la recompensa de la nueva marcha, una vez conseguido el título de doctor.

Mientras iba aprobando asignaturas en las diferentes convocatorias –en el mes de diciembre superó nada menos que diez–, se encargaba también de pulir los apuntes realizados durante su viaje con Granado dando forma definitiva al texto del diario que hoy conocemos. Entre las cuatro paredes de su habitación rememora los amplios horizontes que abarca el continente americano, y sueña con aquellos otros que, así mismo, se extienden por el mundo a la contemplación de quienes necesitan posar en ellos su inquieta mirada.

Entonces era ya plenamente consciente –lo había intuido cuando se comprometió con Alberto en regresar a Venezuela tras finalizar los estudios– de que el tipo de vida cómoda, segura e inalterablemente tediosa que le esperaba en Buenos Aires era completamente ajeno a su condición.

Por eso cuando en el mes de abril de 1953 se examinó de la última asignatura, «Clínica Neurológica», franqueando ese postrer escollo en la obtención del título, llamó inmediatamente por teléfono a su padre, que al descolgar el aparato escuchó: «Al habla el *doctor* Ernesto Guevara de la Serna». Pero antes de que comenzaran a aturdirlo con proyectos de futuro –corta fue, por tanto, la gran alegría experimentada, asegura su padre– les participó a todos sus intenciones de iniciar un nuevo viaje, esta vez con su amigo de la infancia Carlos «Calica» Ferrer, con el que pensaba llegar a Venezuela y allí reunirse con Granado. Celia, su madre, comprendió entonces que el destino de Ernesto se encontraba lejos, muy lejos del país, y que esta vez lo perdía definitivamente...

Con Calica inició de inmediato los preparativos para el nuevo periplo latinoamericano, fundamentalmente buscando a quién «sablear» para obtener dinero y recorriendo los consulados de los países que formaban parte del itinerario previsto para conseguir los imprescindibles visados. Esta última parte de la operación era la más conflictiva porque, aun sin dinero, el viaje podían iniciarlo de cualquier forma, pero sin la autorización de entrada que abriese las fronteras era imposible.

Para su desgracia ambas cuestiones estaban íntimamente relacionadas entre sí, ya que la obtención del permiso dependía

ERNESTO GUEVARA: ARGENTINO, CUBANO, LATINOAMERICANO...

«Sus inclinaciones llevaron a Ernesto al extranjero, es cierto. Primero lo llevaron, sin embargo, a conocer el propio país, algo que no hace casi nadie, si exceptuamos a los que se ven obligados en busca de la subsistencia (un tucumano sin techo le pregunta, desde otra lógica: "¿Toda esa fuerza se gasta inútilmente usted?"). Y lo fundamental: no terminó en París, Londres o sus sucedáneos, a pesar de su persistente ansia de mundos y su sueño de ir a Europa tan poco antes de irse a la revolución.

El mundo que Ernesto asumió fue el latinoamericano. Todavía sin conciencia política lo gritan en la estación Retiro: "¡Aquí va un soldado de América!". Ernesto salió en busca de otra dimensión de su Argentina, de la Patria Grande. Lo que sucede es que no es igual la idea abstracta –incluso de los ideales más ciertos– que su realidad insólita, singular, agresiva, chocante, cautivadora; no es igual la idea abstracta que las vivencias del que alimenta ideas. "Me siento americano", escribe con convicción Ernesto Guevara. Conoce a Fidel y sus compañeros y se prepara a combatir en Cuba, pero lleva consigo la bandera argentina hasta la cumbre del Popocatépetl.

La Revolución cubana fue la que le dio su perfil y lo convirtió en el Che, a tal punto que

La relación surgida entre estas dos personalidades fuertes y complementarias es consecuencia del interés mutuo y de una franca amistad que se va consolidando en el tiempo.

lo hizo también cubano, pero fue su motivación latinoamericana la que lo llevó a ella.»

Prólogo de Fernando Martínez Heredia al libro *Che, el Argentino*, de autores varios. Buenos Aires, Mano en mano, 1997.

También incorporado al libro de ensayos del autor *El corrimiento hacia el rojo* (2001). Bogotá, Editorial Letras Cubanas, 2001. pp. 237-243.

Tomado de *Rebelión*
Cátedra Ernesto Che Guevara
14 de abril de 2004

«¿En qué patria puede tener un hombre más orgullo que en nuestras repúblicas dolorosas de América?», escribía en 1891 José Julián Martí, escritor, pensador y patriota cubano considerado como el «Apóstol de la Independencia».

manera terminante debido a un altercado producido entre los aspirantes a entrar en la «niña bonita» latinoamericana –de América y de Europa se recibían constantemente solicitudes para poder acceder a un país donde el petróleo generaba inmensas riquezas– y el cónsul venezolano en Buenos Aires, un mulato grandote y barrigón, según descripción de Calica, quien refiere así la entrevista («De Ernesto al Che», de Carlos Ferrer. Ed. Marea. Texto tomado de la web «Página/12». 27-11-2005):

«–Bueno, ustedes dirán, señores, qué necesitan –nos dijo después de los saludos de rigor.

–Queríamos solicitarle una visa para poder entrar en Venezuela. Mi amigo, que es médico, y yo, que ya estoy promediando la carrera de Medicina –mentí–, estamos a punto de emprender un viaje por Latinoamérica para conocer la lucha antileprosa –dije recitando casi de memoria el *speach* que habíamos preparado en la cocina de los Guevara el día anterior.

de una determinada y evaluable disponibilidad pecuniaria de los viajeros en ciernes, y la situación económica, insistimos, no era muy boyante. No obstante a través de la experiencia adquirida por Ernesto en su anterior circuito y con la ayuda de familiares y amigos, que siempre contaban con alguna que otra conexión en las distintas oficinas diplomáticas, fueron salvándose estos obstáculos en los consulados de Bolivia, Perú, Ecuador y Colombia.

En lo que respecta a Venezuela, precisamente el destino final de los viajeros, las cosas se complicaron de

–Y el destino final de nuestro viaje es Venezuela, donde yo tengo prácticamente asegurado un puesto de médico en el leprosorio de La Guaira –agregó Ernesto con seguridad.

–¿Tienen los pasajes de ida y vuelta a Venezuela? –nos preguntó el tipo.

–No, pasajes de vuelta no tenemos, porque no nos vamos a volver, nos vamos a quedar en Venezuela a trabajar –contestó Ernesto, mientras yo pensaba "y pasajes de ida, tampoco".

–Bueno, pero ustedes saben que para entrar en Venezuela se necesitan pasajes de ida y vuelta. Para darles la visa de turistas, ustedes tienen que garantizar que se van a ir después –insistió el cónsul como si no nos escuchara.

–¡Pero es que yo no me pienso ir, me voy a quedar trabajando en Venezuela! –se exaltó Ernesto mientras yo me achicaba en mi asiento y entendía perfectamente a sus compañeros de *rugby* que lo habían apodado Fúser, por "Furibundo Serna".

–Usted no puede hacer eso, usted se tiene que volver a la Argentina porque para ejercer la medicina en Venezuela

necesita revalidar su título –replicó el cónsul subiendo por lo menos dos tonos de voz.

–Pero, escúcheme, nosotros vamos a aportar a la ciencia en Venezuela...

–Usted no entra en Venezuela y se terminó acá la discusión –lo cortó en seco el cónsul.

–¡Yo sí voy a entrar en Venezuela y me voy a quedar...!

–¡... Sobre mi cadáver va a entrar! –exclamó el cónsul ya completamente rojo, o al menos todo lo rojo que se puede poner un mulato.

–No, sobre tu cadáver no –dijo Ernesto recuperando la calma–, voy a entrar, ¡pero pisándote la panza!

Previsiblemente, el tipo nos rajó de inmediato de ahí y, por supuesto, nos podíamos olvidar de la visa. Yo no podía

El Che en Santa Clara, con el pañuelo en que sujetaba su brazo herido, camina delante de una sonriente guerrillera, Aleida March, que se convertiría en su segunda esposa.

FÚTBOL EN MACHU PICHU

En la cordillera Central de los Andes peruanos, a unos 2.500 m.s.n.m. se encuentran las ruinas incaicas de Machu Pichu, conjunto declarado por la UNESCO Patrimonio de la Humanidad desde 1983.

En la plaza principal de este grandioso escenario Ernesto jugó un partido de fútbol entre un grupo de visitantes –su posición sería la de arquero (portero)– mientras Calica hubo de conformarse con mirar a los participantes debido al desmayo sufrido al poco de dar comienzo el encuentro. Ernesto le había prevenido sobre los riesgos del ejercicio físico a semejante altura, pero Calica quiso dejar el pabellón argentino muy alto y a fuerza de correr acabó en el suelo tras perder el sentido.

creer lo que acababa de vivir, mentalmente me iba despidiendo de todos mis sueños de vida regalada en el Caribe venezolano.

–¡Estás loco, cómo le vas a hablar así al tipo que nos tenía que conseguir la visa! –le reproché yo.

–Igual no nos la iba a dar. Calma, Calica, ya vamos a ver cómo hacemos más adelante. Una vez que estemos por allá, de alguna manera vamos a poder pasar la frontera.

Y así fue, de una manera u otra, siempre fuimos consiguiendo todo...»

El 7 de julio de 1953 se concentran en la estación bonaerense de Retiro, desde donde partía el tren con destino a la frontera boliviana, los familiares y amigos de Ernesto y Calica para despedir a los viajeros. La alegría que expresa el rostro de Ernesto contrasta con la desazón que domina a Celia de la Serna, que en un momento dado agarra el brazo de la novia de su hijo Roberto y le dice con una profunda angustia: «... lo pierdo para siempre, ya nunca más veré a mi hijo Ernesto...». Después, cuando ya casi arrancaba el tren, le dirá por lo bajo a Calica: «Cuídámelo mucho a Ernestito». Él asentirá, por puro compromiso, y seguirá recordando a pesar del tiempo transcurrido a esa madre enérgica y temperamental que ahora, ya sin contener las lágrimas, corre tras el vagón de segunda clase en que ambos se han instalado y les dice adiós con el pañuelo mientras mantiene la aceleración creciente del tren, apurando la contemplación del

Hilda Gadea y Ernesto de viaje de novios en México, por Chiapas y Yucatán visitando ruinas mayas. Hilda estaba embarazada de casi cuatro meses y muestra un aspecto cansado.

rostro amado de su hijo hasta que el andén se acaba...

Dejan Argentina en el pueblo fronterizo de La Quiaca, asentado en los imponentes paisajes desolados de la Puna que más semejan panorámicas lunares con su silenciosa y árida belleza. «El sol nos daba tímido en la espalda mientras caminábamos por las lomas peladas de la Quiaca –escribe en su diario–. Repasaba mentalmente los últimos acontecimientos. Esa partida tan llena de gente, con algunos lloros intermedios, la mirada extraña de la gente de segunda que veía una profusión de ropa buena, de tapados de pieles, etc., para despedir a los dos esnobs de apariencia extraña y cargados de bultos. El nombre del ladero ha cambiado, ahora Alberto se llama Calica; pero el viaje es el mismo: dos voluntades dispersas extendiéndose por América sin saber precisamente qué buscan ni cuál es el norte».

Un ataque de asma sufrido por Ernesto asustó seriamente a Calica, que casi había olvidado estos golpes bajos con que la

Ñico López, con quien el Che entabló una fraternal amistad en Guatemala, participó junto a Fidel en las acciones del 26 de julio de 1953 contra Batista. Él hablaría al Che de la fuerza del líder cubano.

enfermedad castigaba de vez en cuando a su compañero de viaje, y lo pondría en guardia a partir de entonces, máxime recordando la promesa realizada a Celia. Dicha eventualidad los obligó a permanecer tres días en La Quiaca, hasta que los efectos del ataque se mitigaron. De nuevo en el tren, esta vez en un departamento de primera, pusieron rumbo a La Paz. «...Camina el tren

Vista de Paraná en Entre Ríos, Argentina.

las mantas adicionales, un frío tenue se infiltra en los huesos.

A la mañana siguiente las botas están heladas y producen una sensación molesta con los pies. El agua de los lavatorios y hasta de las garrafas está congelada.

Con la cara sucia y despeinados vamos al vagón comedor con cierta desconfianza, pero las caras de nuestros compañeros de viaje nos dan tranquilidad...».

El 11 de julio llegan a la que es capital administrativa de Bolivia y sede del Gobierno de la nación desde el año 1898 –recordemos que la capital constitucional del país es Sucre–. La Paz se asienta en la cordillera Occidental de los Andes sobre las laderas de un valle situado a unos 3.640 m.s.n.m. y a los pies del impresionante nevado Illimani. Sus cuatro majestuosas cumbres que superan los 6.000 metros –la más alta alcanza los 6.462– muestran el contraste de sus nieves perpetuas contra el limpio azul del cielo, y es hacia allí donde, indefectiblemente, se dirigen en primer lugar las sorprendidas miradas del visitante. Después se posarán en sus

pachamentamente hacia el norte, entre cerros, quebradas y vías de una aridez total. El verde es un color prohibido –anota Ernesto en su diario–. El tren desmigaja un desgano sobre las áridas pampas donde el salitre comienza a hacer su aparición, pero llega la noche y todo se pierde en medio de un frío que va tomando paulatinamente todo. Tenemos camarote ahora, pero, a pesar de todo, de empinadas y bullangueras calles, donde la vista se recrea ante el colorido de las vestimentas indígenas, y cuyo recorrido ha de afrontarse con ese paso calmo y firme propio de sus habitantes para ayudar a las piernas y a los pulmones a cumplir su función.

Pero además de las bellezas naturales que el país exhibe por doquier, un acontecimiento ocurrido en abril de 1952 añade un interés especial a la estancia en Bolivia de los dos argentinos viajeros: la insurrección en la que milicias populares derrotaron a la Junta Militar sustentada por las oligarquías terratenientes y mineras que un año antes habían impedido la llegada al poder del MNR (Movimiento Nacional Revolucionario) de Víctor Paz Estenssoro, ganador en las elecciones celebradas.

El MNR había sido fundado en 1942, siete años después de finalizar la cruenta e inútil Guerra del Chaco que enfrentó a Bolivia y Paraguay por el control de un territorio árido e improductivo y en la que murieron unos 60.000 bolivianos (la población total del país sobrepasaba escasamente los tres millones). Tras la

misma se fue consolidando en el país un movimiento de carácter nacionalista en el que convivían clase media y sectores obreros y que con su ambicioso programa de reformas políticas, sociales y económicas –entre otras, una imprescindible reforma agraria y la nacionalización de las minas de estaño– ganó las elecciones de 1950.

En los escritos militares del Che puede verse la influencia de los textos de Mao Tse-Tung.

Los sucesos de abril de 1952 permitieron el regreso de Víctor Paz Estenssoro desde su exilio en Argentina y ahora se encontraba al frente del Gobierno con el propósito de hacer efectivas aquellas reformas. Ernesto y Calica llegan, pues, a un país que vive en plena efervescencia revolucionaria. En carta a su amiga Tita Infante Ernesto resume de la siguiente manera la situación y le

Jorge Eliécer Gaitán, dirigente liberal colombiano asesinado el 9 de abril de 1948. Los disturbios que se originaron por este hecho en Bogotá serán conocidos como «El Bogotazo».

explica las tendencias y protagonistas que integran el Movimiento: «Todavía ahora la lucha sigue y casi todas las noches hay heridos de bala de uno u otro bando, pero el Gobierno está apoyado por el pueblo armado, de modo que no hay posibilidades de que lo liquide un movimiento armado desde afuera y sólo puede sucumbir por sus luchas internas.

El MNR es un conglomerado en el que se notan tres tendencias más o menos netas: la derecha, que está representada por Siles Zuazo, el centro por Paz Estenssoro, más resbaladizo aunque probablemente tan derechista como el primero, y la izquierda por Lechín (Juan Lechín Oquendo, fundador también de la Central Obrera Boliviana, COB), que es la cabeza visible de un movimiento de reivindicación serio, pero que personalmente es un advenedizo, mujeriego y parrandero. Probablemente el poder quede en definitiva en manos del grupo de Lechín, que cuenta con la poderosa ayuda de los mineros armados, pero la resistencia de sus colegas de Gobierno puede ser seria, sobre todo ahora que el ejército se reorganiza» (Carta fechada en Lima en septiembre de 1953).

Si América entera es un continente de contrastes, en Bolivia tuvieron la

oportunidad de apreciar la realidad social del país moviéndose entre los distintos estratos que la configuran gracias a José Mª. Nogués, un joven al que conocieron durante el viaje, que los pondrá en contacto con la elite social y política paceña.

Hijo de Isaías Nogués, exiliado argentino oriundo de Tucumán (de donde había sido gobernador y fundador del Partido Blanco), él y su hermano Gobo les invitan a bares y restaurantes de moda, así como a los locales nocturnos en donde se reúnen personajes de vida disipada. También don Isaías, que casualmente conoce a las familias de ambos, los invita a cenar a su casa. De este «hidalgo

La guerrilla boliviana también estaba concebida como órgano de formación de combatientes de diferentes nacionalidades que luego pudieran actuar en sus países de origen.

tucumano» escribe Guevara que es «centro y dirección de la colonia argentina que ve en él a un dirigente y un amigo. Sus ideas políticas hace mucho que han envejecido en todo el mundo, pero él las mantiene independiente al huracán proletario que se ha desatado sobre nuestra belicosa esfera. Su mano amiga se tiende a cualquier argentino sin preguntar quién es y por qué viene, y su serenidad augusta arroja sobre nosotros, míseros mortales, su protección patriarcal, sempiterna».

El campesinado boliviano, sumamente suspicaz y uno de los más atrasados de Latinoamérica, no supuso ningún apoyo para la guerrilla.

Del otro lado de la escala social quedan los indígenas, campesinos y mineros, cuyas condiciones de vida conocerán en las excursiones que ambos amigos realizan. Como ya hiciera con Granado en Chile, también ahora visita con Calica otra mina, la mina de wolframio de Bolsa Negra. En cierta ocasión en que acuden al Ministerio de Asuntos Campesinos contemplan consternados cómo espolvorean con DDT a los indios de las distintas agrupaciones del Altiplano que esperaban ser recibidos en audiencia. Esto hará preguntarse a Ernesto sobre el futuro de una revolución en la que el poder fumiga a los campesinos «para despojarlos provisionalmente de las pulgas que los invaden, pero no resuelven el problema esencial de la proliferación de los insectos».

Ernesto y Calica, antes de abandonar La Paz, habrán dedicado largas horas a la conversación y a la discusión política, si bien partirán rumbo a Perú con un cierto escepticismo ante la «tibieza» o lentitud —o ambas cosas— con que los dirigentes suelen abordar la solución de los problemas que afectan a los más necesitados, todo ello al margen de otros méritos indudables que tiene en su haber la Revolución boliviana de 1952.

Por el lago Titicaca abandonan Bolivia y entran en Perú. Desde la localidad fronteriza de Puno ponen rumbo noroeste hasta Cuzco, a la que Calica define en carta enviada a su madre y al margen de cualquier otra evocación como «el lugar más sucio que te puedas imaginar».

Esta impresión de su amigo es explicada por Ernesto a Celia como «cuestión de temperamentos», comparándolo con Granado: «Alberto se tiraba en el pasto a casarse con princesas incaicas, a recuperar imperios. Calica putea contra la mugre y cada vez que pisa uno de los innumerables soretes (excrementos) que jalonan las calles, en vez de mirar al cielo y alguna catedral recortada en el espacio, se mira los zapatos sucios...».

En Perú tampoco podía faltar, antes de llegar a Lima en un agotador viaje de tres días en autobús, una nueva visita a Machu Pichu, que ambos disfrutaron gozando de la espectacularidad del lugar. Ya en Lima –al decir de Calica una gran ciudad limpia y moderna que goza de todas las comodidades–, se produce el reencuentro de Ernesto con los «viejos»

VISITA A BOLSA NEGRA

Durante su estancia en La Paz, Ernesto y Calica realizaron diversas excursiones por el país no sólo para contemplar sus bellezas naturales presentes por doquier, sino también para conocer las condiciones de vida de sus gentes, y especialmente las de los indígenas, que en América constituyen los desheredados de la tierra. Al igual que en su primer viaje Ernesto visitó con Granado la mina de cobre de Chuquicamata, en el duro desierto chileno; en Bolivia visita con Calica la mina de wolframio de Bolsa Negra, subiendo por las escarpadas pendientes andinas hasta los 5.000 metros para luego descender por un valle hasta donde se encuentra la mina.

El wolframio, del que Bolivia es uno de los principales abastecedores del mercado, es un metal escaso que se convirtió en mineral estratégico desde la Segunda Guerra Mundial y del que los EE.UU. mantiene permanentemente un *stok* al considerarlo como elemento de primera necesidad para la supervivencia.

«...Una gama enorme de tonos oscuros irisa el monte; el silencio de la mina quieta ataca hasta a los que como nosotros no conocen su idioma –anota Ernesto en su diario–. (...) Entramos en la atmósfera negra e inquietante de la mina. Anduvimos dos o tres horas por ella revisando topes, viendo las vetas perderse en lo hondo de la montaña. (...) Pero la mina no se sentía palpitar. Faltaba el empuje de los brazos que todos los días arrancan la carga de material a la tierra y que ahora estaban en La Paz defendiendo la Revolución por ser el 2 de agosto, día del indio y de la Reforma Agraria...»

El general José de San Martín, cuyas campañas militares permitieron la Independencia de Argentina, Chile y Perú.

sendos libros relacionados con el comunismo. Tras registrar la habitación que compartían, fueron detenidos e interrogados, si bien inmediatamente después fueron puestos en libertad.

Esta eventualidad aconsejaba no volver a ponerse en contacto con el doctor Pesce, evidentemente para evitarle problemas, ya que intuían que la policía continuaría vigilándolos, y comenzar a organizar la siguiente etapa prevista en el periplo latinoamericano: Ecuador.

Al poco tiempo de iniciar los preparativos volvieron a encontrarse con Ricardo Rojo (varias veces se cruzarían los caminos de Rojo y Guevara. Autor de una controvertida biografía sobre el Che, *Mi amigo el Che*, plagada de imprecisiones, amigos de la infancia de Ernesto sospechan incluso la pertenencia de Rojo a la CIA), un argentino que había huido del país acusado de terrorismo y perteneciente a la opositora y antiperonista Unión Cívica Radical, al que habían conocido en Bolivia a través de los Nogués y que se dirigía hacia Guayaquil, en Ecuador.

amigos del Hospital de Guía y con el doctor Pesce. No obstante, surgirían problemas con la policía del dictador Odría, que no quería sorpresas con unos viajeros argentinos provenientes de un país –Bolivia– en pleno proceso revolucionario, y a los que al traspasar la frontera les habían sido incautados

Acordaron encontrarse allí, aunque siguieron caminos distintos debido a que los aprietos pecuniarios, endémicos en

Calica y Ernesto, y los ataques de asma de Guevara marcaban un *tempo* determinado y absolutamente imprevisible a sus movimientos.

A finales de septiembre entraron en Ecuador y por vía fluvial pusieron rumbo al golfo de Guayaquil, llegando poco después a esta ciudad portuaria en donde los esperaban Rojo y sus amigos argentinos: Eduardo García «Gualo», Óscar Valdovinos «Valdo» y Andro Herrero, a quien familiarmente llamaban «Petiso» –el apodo con que Ernesto quería que lo nombraran era «Chancho», y así le decían todos–.

De su estancia en Guayaquil, la ciudad más grande y poblada de Ecuador y foco industrial y económico del país, siempre guardará Guevara el recuerdo de las penurias económicas sufridas y de la asfixia que aquel calor húmedo le producía provocándole angustiosos episodios asmáticos; pero, sobre todo, conservará aquel intenso sentimiento de camaradería que impregnaba las relaciones de un grupo

de argentinos a los que el azar había reunido en una mísera pensión. Perfectamente ensamblados, sin oquedades ni fisuras, compartían penalidades y sueños, discutían vehementemente sobre cualquier tema al hilo de razones y sentimientos con los que enfrentarse a quien expresaba distinto parecer y, también a veces, se confesaban esas ocultas nostalgias que los embargaban ante el

Simón Bolívar es conocido en toda Latinoamérica como «El Libertador»; no en balde contribuyó a la emancipación, frente al Imperio español, de los territorios de Bolivia, Colombia, Ecuador, Panamá, Perú y Venezuela.

recuerdo de la patria lejana o de los seres queridos que habían dejado allí...

A medida que iba pasando el tiempo el grupo se irá disgregando: Rojo y Valdo, primero, ponen rumbo a Panamá; Calica a Venezuela para reunirse con Granado, en tanto que Ernesto decide acudir más tarde a la cita venezolana con sus amigos de infancia y juventud al sentirse tentado por el ofrecimiento de Gualo de acercarse a Guatemala, para conocer *in situ* la lucha agraria y antiimperialista que libraba el presidente Arbenz, tras el triunfo de una revolución que desafiaba los intereses norteamericanos en el país y cuya supervivencia podía significar un horizonte abierto para el resto de los pueblos de Latinoamérica.

Las múltiples dificultades que hubieron de sortear para obtener el visado que les permitiera la entrada en Panamá fueron finalmente resueltas. Embarcan en el buque *Guayos* y a través del Pacífico entran en el país del Canal, iniciando allí un recorrido que les llevará, antes de poner pie en Guatemala, por «la dulce cintura de América», como llama Neruda a la costa central del continente.

Estos son ya territorios, escribirá Guevara, «donde los países no son verdaderas naciones sino estancias privadas» que administran los que comulgan con los ideales norteamericanos. Ideales que, al decir de Neruda, están representados en dicho ámbito por la United Fruit Company, la cual:

Bautizó de nuevo sus tierras
como «Repúblicas Bananas»,
y sobre los muertos dormidos,
sobre los héroes inquietos
que conquistaron la grandeza,

Una de las portadas del Granma *tras el asesinato del Che en Bolivia.*

la libertad y las banderas,
estableció la ópera bufa:
enajenó los albedríos
regaló coronas de César,
desenvainó la envidia, atrajo
la dictadura de las moscas[1],
moscas Trujillos, moscas Tachos,
moscas Carías, moscas Martínez,

_La estrecha colaboración de los EE.UU. con la
Bolivia de Barrientos en materia militar era en
1967 la más alta en el continente y la segunda en
importancia después de Israel._

moscas Ubico, moscas húmedas
de sangre humilde y mermelada,
moscas borrachas que zumban
sobre las tumbas populares,
moscas de circo, sabias moscas
entendidas en tiranía.

---

[1] Neruda cita a Rafael Leónidas Trujillo
(República Dominicana); Tacho es Anastasio
Somoza García (Nicaragua); Tiburcio Carías
(Honduras); Maximiliano Hernández Martínez
(El Salvador) y Jorge Ubico, de Guatemala. Este
poema, incluido en el _Canto General_, se titula,
precisamente, «La United Fruit Co».

Jon Lee Anderson, en su biografía
sobre el Che asegura que, «efectivamente,
en 1953, con la única excepción de
Guatemala, el puñado de naciones
agrarias atrasadas del istmo

centroamericano era un conjunto de "repúblicas bananeras" dominado por Estados Unidos. En esa cinta delgada de tierra que unía América del Norte y del Sur, Panamá era un Estado menos que soberano, creado cincuenta años antes por Teddy Roosevelt para asegurar el control norteamericano sobre el Canal recientemente construido. A pesar de las tensiones nacionalistas crecientes, Estados Unidos conservaba su jurisdicción sobre la *Canal Zone* que dividía el país en dos.

Allí mantenía bases militares y ejercía un papel preponderante sobre la economía y la vida política panameñas».

Quizá sólo Costa Rica había conseguido, a partir de 1948 y bajo la presidencia de José Mª. Hipólito Figueres, ciertas ventajas en sus relaciones comerciales con la «Yunay», como se conocía en toda Latinoamérica a la United Fruit Co., sin que saltara la alarma en Washington, tal y como estaba sucediendo

El 14 de junio, día de su 24 cumpleaños, el espíritu temerario del Che lo llevó a lanzarse a nado sobre el Amazonas en una larga travesía de cerca de dos horas que mantuvo en vilo a todo el personal debido a los peligros que encerraba el río.

intereses extranjeros. En contrapartida los estadounidenses habían permitido el inicio de ciertas reformas democráticas en el país, la nacionalización de la banca y que el Estado extendiera su control sobre

ahora en Guatemala con las reformas de Jacobo Arbenz. La clave estaba en la moderación y en proporcionar al poderoso vecino pruebas de la buena fe que sustentaban las reformas, que en este caso se tradujeron en la ilegalización del Partido Comunista y en el respeto a los

A pesar del fracaso de la guerrilla que operó en la provincia norteña de Salta bajo la dirección de Jorge Ricardo Masetti, el Che seguía pensando en el proyecto revolucionario de su Argentina natal.

Como dirigente revolucionario trabajaba del orden de 16 o 18 horas diarias y dormía unas 6 horas, cuando podía dormirlas.

Rómulo Betancourt, ex presidente venezolano exiliado en Cuba hasta que Batista dio el golpe de Estado en 1952, momento en que se instaló en Costa Rica; y con el comunista costarricense Mora Valverde, que había tenido una importante actuación en la Revolución de 1948.

la economía nacional. En el mes de diciembre, desde San José de Costa Rica, Ernesto escribe a su tía Beatriz: «Mi vida ha sido un mar de encontradas resoluciones hasta que abandoné valientemente mi equipaje, y mochila al hombro emprendí con el compañero García (Gualo) el sinuoso camino que acá nos condujo. En El Paso tuve la oportunidad de pasar por los dominios de la United Fruit convenciéndome una vez más de lo terrible que son esos pulpos capitalistas» (habían navegado en un barco de la Compañía, el *Río Grande,* desde Golfito, en el sur, hasta Puntarenas, importante puerto comercial y pesquero).

En Costa Rica Ernesto entraría en contacto con dirigentes latinoamericanos allí exiliados, como el dominicano Juan Bosch, escritor y político de izquierda;

El principal interés de Ernesto era conocer los criterios de los dirigentes políticos sobre las reformas sociales necesarias en Latinoamérica y, fundamentalmente, su posición con respecto al papel desempeñado por los EE.UU. en la zona. En esta época Ernesto Guevara ya está absolutamente interesado en la política, y en la referida carta a su tía Beatriz le asegura: «En Guatemala me perfeccionaré y lograré lo que me falta para ser un revolucionario auténtico».

Al despedirse de ella, con ese humor que le caracteriza, a veces tierno, a veces cáustico –«humor jodido», que diría su amigo Óscar Valdovinos–, le dice a Beatriz: «... te abraza, te besa y te quiere tu sobrino, el de la salud de hierro, el estómago vacío y la luciente fe en el porvenir socialista».

Y cerrando la misiva firma «Chancho».

LA UNITED FRUIT COMPANY

Tras su fusión con la Boston Fruit Company en 1899, la multinacional estadounidense United Fruit Company (UFCO) surge como la mayor compañía bananera del mundo, con plantaciones en los países centroamericanos y del Caribe, además de un considerable patrimonio en medios de transporte (barcos, líneas de ferrocarril, etc.) en los que traslada las cosechas de bananas hacia los emergentes mercados de los EE.UU. y Europa. En poco tiempo la «Yunay», como se la conocía en toda Latinoamérica, se convirtió en uno de los más significativos ejemplos de la «voracidad» expansionista estadounidense en el ámbito de los negocios.

Si en un principio las actividades de la compañía se centraron en el comercio del banano, pronto fue ampliando y diversificando la inversión en sectores relacionados con la explotación, industria y comercialización agrarias, hasta el punto de que en algunos países ejercía el monopolio absoluto del comercio exterior.

Paralelamente a su poder económico crecía su influencia política sobre la base del soborno a gobernantes corruptos en los países donde operaba. Citemos la intervención del ejército colombiano, allá por 1928, en la represión de una protesta protagonizada por los trabajadores de la compañía reivindicando mejoras salariales que finalizó en un baño de sangre para los huelguistas y sus familias —episodio magistralmente narrado por Gabriel García Márquez en *Cien años de Soledad,* cuyos ecos trágicos llegaron también a Macondo—.

Pero incluso la CIA y el propio Departamento de Estado norteamericano no dudan en intervenir contra aquellos Gobiernos reacios a proteger los intereses de la compañía. Tal fue el caso del derrocamiento en Guatemala del presidente Jacobo Arbenz, elegido democráticamente en 1951 —obtuvo 51 de los 53 escaños que se disputaban— y depuesto tres años después por el coronel Castillo Armas con ayuda norteamericana tras haber promovido una reforma agraria en la que se expropiaban más de 150.000 hectáreas de tierra inutilizada propiedad de la UFCO.

Seguramente fue Guatemala el país en el que el poder de esta compañía fue mayor y en proporción directa con los niveles de corrupción que consiguió imprimir a los diferentes Gobiernos que se fueron sucediendo. Desde principios del siglo XX, aprovechando la dictadura de Estrada Cabrera, la bananera entró en Guatemala tras serle otorgada la exclusiva en el transporte del correo a los EE.UU., e inmediatamente

después siguió afianzándose en esta hermosa nación, la más septentrional del istmo centroamericano, con la construcción de una línea de ferrocarril que atravesaba de oeste a este su territorio. El posterior tendido de la línea telegráfica, adjudicada también a la UFCO, le dará prácticamente el control del transporte y las comunicaciones, mientras que de la explotación del banano obtendrá, sólo en Guatemala, el 25% del total de la producción.

La dictadura de Jorge Ubico (1931-1944) acabó por entregar Guatemala al poder del «Pulpo», como también era conocida la UFCO. Desde el Puerto de San José, en el Pacífico, hasta Puerto Barrios, en el Caribe, sus intereses económicos frenaban cualquier forma posible de desarrollo para el país. La Revolución de octubre de 1944, que propiciaría una Constitución, trajo consigo el asentamiento de los primeros gobiernos democráticos. En 1951, tras la celebración de las correspondientes elecciones, asumió la presidencia Jacobo Arbenz, que inmediatamente tomó medidas para hacer frente a la difícil situación de un país entregado en manos de los monopolios extranjeros.

El famoso Decreto 900, por el que se establecía la «Ley de Reforma Agraria», era introducido por una serie de consideraciones que justificaban dicha providencia, la más significativa de las cuales constituía toda una profesión de principios: la concentración de la tierra en manos de unos pocos «desvirtúa la función social de la propiedad» e impide que «los muchos campesinos que no la poseen, no obstante su capacidad de hacerla producir», puedan encontrar en ella su modo de subsistencia, máxime teniendo en cuenta que los terratenientes no sólo no la cultivan en toda su extensión, sino que ni tan siquiera en una «proporción que justifique su tenencia».

Así, pues, se inició el reparto de cientos de miles de hectáreas de tierras sin cultivar —muchas de ellas propiedad de la UFCO— a unos 100.000 campesinos desposeídos.

Se sabe que el entonces Secretario de Estado estadounidense, John Foster Dulles, miembro con anterioridad del consejo de administración de la bananera, poseía toda una fortuna personal en la zona del Caribe, por lo que no es de extrañar que se convirtiera en el mejor aliado de la compañía para advertir al presidente Eisenhower sobre los tintes «comunistas» del gobierno de Arbenz.

Se entrenará en las vecinas Honduras y Nicaragua a exiliados guatemaltecos y

mercenarios para una invasión, una vez que se aseguraron la lealtad del ejército nacional en el sentido de que no se movilizaría para detenerla. Al frente de este contingente de hombres sitúan a un militar del país: Carlos Castillo Armas.

Ernesto Guevara, que a la sazón se encontraba en Guatemala, escribiría en abril de 1954, dos meses antes del golpe, un artículo que envió a su familia sobre la vibrante situación del país en el que constataba: «Mientras tanto la reacción tiende sus redes. El Departamento de Estado de los EE.UU. o la United Fruit Company, que nunca se puede saber quién es uno y otro en el país del norte —en franca alianza con los terratenientes y la burguesía timorata y chupacirios— hacen planes de toda índole para reducir a silencio al altivo adversario que surgió como un grano en el seno del Caribe. Mientras Caracas espera las ponencias que den cauce a las intromisiones más o menos descaradas, los generalitos desplazados y los cafetaleros temerosos buscan alianza con los siniestros dictadores vecinos».

El 27 de junio de 1954 se produce el derrocamiento de Arbenz, el final de la reciente democracia y la consumación del sueño de conseguir en Guatemala una elemental justicia social. La UFCO recuperará nuevamente las tierras y los privilegios perdidos.

La United Fruit Company (UFCO) era conocida en los países de América Latina y el Caribe, donde operaba, como la «Yunai», o «El Pulpo».

CHE

EL «IMPERIO» IMPONE SU LEY

Ernesto Guevara llega a Guatemala, donde la última democracia revolucionaria de América, la de Jacobo Arbenz, se mantiene aún en pie, si bien sucumbirá a la agresión fría que los EE.UU. planifican para proteger sus intereses económicos. Allí conocerá a Hilda Gadea, militante del movimiento radical peruano Alianza Popular Revolucionaria Americana (APRA), exiliada en este país centroamericano.

La República de Guatemala, uno de los países centroamericanos más grandes y el más poblado de ellos, era a principios de los años cincuenta, después de Bolivia, el más pobre y atrasado de todo el continente.

El norte y el oeste guatemalteco hacen límite con el territorio mexicano en tanto que por el este, y hasta la parte meridional donde el océano Pacífico baña sus costas, comparte frontera con las repúblicas de Belice, Honduras y El Salvador, asomándose también una pequeña parte de su geografía, desde el golfo de Honduras, al cálido y luminoso mar Caribe.

Conquistada por España bajo el mando de Pedro de Alvarado, compañero de Cortés, después de tres siglos de dominación española obtuvo la independencia el 16 de septiembre de 1821, si bien diferentes avatares y los sucesivos gobiernos dictatoriales que se fueron sucediendo mantuvieron la vieja estructura colonial y entregaron el país a los monopolios extranjeros y a la rancia y exquisita oligarquía criolla –blanca y

mestiza– aposentada en sus inmensas haciendas. Los excesos de unos y otros habían provocado una situación social desoladora.

En 1944 una revolución democrático-burguesa derrocó al general Jorge Ubico Castañeda, quien desde 1931 regía los destinos del país, dando comienzo a una etapa reformista bajo la presidencia de Juan José Arévalo. Apoyado por los partidos Renovación Nacional y Frente de Liberación Popular, propició una Constitución e implantó las primeras medidas políticas, sociales y económicas encaminadas a lograr la transformación del país, entre las que destacaron por su importancia la creación de la Seguridad Social –modesta en sus primeros contenidos–, un Código en el que se

Raúl Roa, ministro de Relaciones Exteriores de Cuba entre 1959 y 1976, pasó a la historia de Cuba como el «Canciller de la Dignidad».

objetivo de conseguir que Guatemala sea económicamente independiente y pueda iniciar el camino del desarrollo. Para ello resultaba imprescindible modificar sus vigentes estructuras feudales hacia un sistema moderno, o lo que es lo mismo, se hacía necesario deslegitimar el modelo neocolonial en el que la United Fruit Company (UFCO) y sus filiales

regulaban los derechos de los trabajadores, así como una serie de leyes monetarias y para la banca. Arévalo procedió, así mismo, a la institucionalización del Banco de Guatemala como agente financiero del Estado.

En las elecciones generales convocadas en noviembre de 1950 resultó elegido Jacobo Arbenz, que fuera ministro de Defensa en el Gobierno de Arévalo, el cual asumió el poder en marzo de 1951. La etapa democrático-popular que protagoniza Arbenz, en la que la Reforma Agraria sería pieza fundamental para un país donde el 2,2% de la población poseía el 70% de la tierra, afronta la aplicación de políticas más progresistas con el

Rafael Leónidas Trujillo, dictador de la República Dominicana. A los EE.UU. le interesaba mantener al frente de los Gobiernos a hombres corruptos para preservar sus intereses.

monopolizaban gran parte de la producción agrícola, además del transporte y las comunicaciones nacionales, sacrificando en pro de sus intereses el progreso del país y, consecuentemente, la posibilidad de que las grandes masas populares, sumidas en la miseria, pudieran mejorar su nivel de vida.

El famoso Decreto 900 por el que se establecía la «Ley de Reforma Agraria» (17 de junio de 1952) y determinaba las condiciones bajo las que se privaba a sus propietarios de aquellas tierras no cultivadas para otorgarlas posteriormente a los campesinos, era introducido por una serie de consideraciones que justificaban dicha providencia, la más significativa de las cuales constituía toda una profesión de principios: la concentración de la tierra en manos de unos pocos «desvirtúa la función social de la propiedad» e impide que «los muchos campesinos que no la poseen, no obstante su capacidad de hacerla producir», puedan encontrar en ella su modo de subsistencia, máxime teniendo en cuenta que los terratenientes no sólo no la cultivan en toda su extensión, sino que ni tan siquiera en una «proporción que justifique su tenencia». El objetivo de la ley, evidentemente, era doble: acabar con los latifundios y dar una

El dictador Anastasio Somoza, conocido por el nombre familiar de «Tacho», planeó el asesinato del general Sandino.

oportunidad de subsistencia y dignidad a los campesinos desposeídos.

En febrero de 1953 Arbenz ya había comenzado con la puesta en práctica del programa de Reforma Agraria que expropió cientos de miles de hectáreas de tierras improductivas –el 60% del total existente–, de las cuales algo más del 71% correspondían a grandes terratenientes, guatemaltecos en su mayoría, y un 28,66% a la United Fruit

Hilda Gadea y el Che posan junto a un grupo de amigos.

Co., sin duda alguna la mayor latifundista del país.

Y aquí empezaron a surgir los problemas. La United Fruit Company, con importantes vínculos en el Gobierno Eisenhower, no estaba dispuesta a que ninguna revolución sesgara el rumbo de sus negocios ni aminorase el grueso de sus beneficios. Nombres como John Foster Dulles, Secretario de Estado, y su hermano Allen Dulles, director de la CIA, ambos relacionados con la compañía a través de una firma legal en la que habían trabajado como abogados; Anne Whitman, secretaria particular del presidente casada con un relaciones públicas de la bananera; John Moors Cabot, Secretario de Estado para Asuntos Interamericanos cuyo hermano Thomas

había sido nada menos que el presidente de la «Yunai» (como llamaban en la región a este gigante económico), y un largo etcétera en el que no faltaban senadores, embajadores y otros miembros de la administración norteamericana, estaban unidos por intereses económicos con la United Fruit.

Spruille Braden, hombre conocido en latinoamérica por sus implicaciones en asuntos internos de los distintos países en los que actuó como embajador durante la presidencia de Harry S. Truman (1945-1953) –entre ellos Argentina, donde en 1945 contribuyó a organizar la oposición contra Edelmiro Farrel y Juan Domingo Perón–, ahora estaba a sueldo de la UFCO y trabajaba para defender sus intereses, considerados seriamente dañados en Guatemala por las reformas que se estaban produciendo en la nación.

En 1953, durante la celebración de un seminario que se desarrollaba en el Dartmouch College y en el que se sometían a debate estos acontecimientos, Braden animará al presidente Eisenhower a intervenir militarmente contra el «comunismo» del Gobierno de Arbenz afirmando que esta cuestión sobrepasaba la consideración de «asunto interno» de un país para adquirir una competencia

«Desde el 15 de febrero de 1956 soy padre; Hilda Beatriz Guevara es la primogénita», anotó el Che en su diario cuando nació la niña.

claramente internacional, añadiendo: «La "fineza y paciencia" diplomáticas están bien bajo las reglas del Marqués de Queensbury (hombre que aportó las reglas al boxeo y que también sería conocido como el responsable de llevar a la ruina a Oscar Wilde), pero llevan a la derrota si se aplican en una pelea de bar, como la que tenemos con el Kremlin.

Frecuentemente es necesario combatir el fuego con fuego. Nadie se opone más que yo a intervenir en los asuntos internos de otras naciones. Pero... podemos estar compelidos a intervenir...».

José Carlos Mariátegui, periodista, pensador y político peruano, consideraba que el régimen feudal imperante en Latinoamérica había colocado al indígena en grados extremos de miseria e ignorancia.

Para cuando Ernesto Guevara llega a la ciudad de Guatemala –justo el 24 de diciembre de 1953, día de Nochebuena–, la conspiración orquestada por la CIA contra el presidente Arbenz ya había dado comienzo.

Guevara pronto intuye el peligro y en un artículo que escribe en abril de 1954, «El dilema de Guatemala», se queja de que el gobierno democrático de esta nación centroamericana permita que una prensa denominada «independiente» desencadene un clima social previo, que justifique el golpe: «La "cabecera de playa comunista" –como destacan los titulares de la oposición–, dando un magnífico ejemplo de libertad e ingenuidad, permite que se socaven sus cimientos nacionalistas; permite que se destroce otro sueño de América», en clara referencia al sinnúmero de veces que el pueblo demanda justicia frente a las presiones norteamericanas. Y esta virtud era, al decir de Bolívar, «la reina de las virtudes republicanas».

En carta a su tía Beatriz fechada el 1 de mayo de 1954 insiste en este problema: «Este es un país en donde uno puede dilatar los pulmones y henchirlos de democracia. Hay cada diario que mantiene la United Fruit que si yo fuera Arbenz lo cierro en cinco minutos, porque son una vergüenza y sin embargo dicen lo que se les da la gana y contribuyen a formar el ambiente que quiere Norteamérica, mostrando esto como una cueva de ladrones, comunistas, traidores, etc.».

En el análisis de la situación guatemalteca que realiza en el artículo aducido advierte sobre los movimientos de las fuerzas reaccionarias: «El Departamento de Estado de los EE.UU., o la United Fruit Company, que nunca se puede saber quién es uno y otro en el país del norte, en franca alianza con los terratenientes y la burguesía timorata y chupacirios, hacen planes de toda índole para reducir a silencio al altivo adversario que surgió como un grano en el seno del Caribe. Mientras Caracas espera las ponencias que den cauce a las intromisiones más o menos descaradas, los generalitos desplazados y los cafetaleros temerosos buscan alianza con los siniestros dictadores vecinos».

Y, ciertamente, en las cercanas Honduras y Nicaragua, amparados por las dictaduras de Tiburcio Carías y Tacho Somoza, serán entrenadas tropas mercenarias para una invasión del país. La Agencia Norteamericana de Inteligencia (CIA) previamente se ha asegurado la lealtad del ejército guatemalteco en un punto crucial: éste no se movilizará para detenerla. Ernesto

El presidente de los EE.UU., Dwight D. Eisenhower, junto a Carlos Castillo Armas, que en 1953, apoyado por la CIA, dio un golpe de Estado contra el presidente guatemalteco Jacobo Arbenz.

EL ASCENSO AL POPOCATÉPETL

En junio de 1955 Ernesto se embarca en una de esas aventuras poco recomendables para un asmático, al decir de los médicos, a los que él hizo caso omiso desde pequeño con la intención de fortalecerse y de disfrutar. El ascenso al Popocatépetl, volcán activo que cuenta con una hermosa leyenda salida de la más pura mitología azteca, situado a unos 70 km de distancia al SE de ciudad de México. Su cráter oval se encuentra a una altitud de 5.452 m.s.n.m. He aquí parte de la crónica que nos dejó Guevara:

Vista del Popocatépetl, uno de los volcanes más activos de México.

«Hicimos derroche de heroísmo sin poder llegar a la cima; yo estaba dispuesto a dejar los huesos por llegar, pero un cubano que es mi compañero de ascensiones me asustó porque tenía los dos pies helados y tuvimos que bajar los cinco. Cuando habíamos bajado unos cien metros (que a esa altura es mucho) paró un poco la tempestad y se fue la bruma, y entonces nos dimos cuenta que habíamos estado casi al borde del cráter, pero ya no pudimos volver. Habíamos estado seis horas luchando con una nieve que nos enterraba hasta las verijas en cada paso y con los pies empapados debido al poco cuidado de llevar equipo adecuado.

El guía se había perdido en la niebla esquivando una grieta, que son algo peligrosas,

y todos estábamos muertos del trabajo que daba la nieve tan blanda y tan abundante. A la bajada la hicimos en tobogán tirándonos barranca abajo como en la piletas de las Sierras y con el mismo resultado, pues llegué abajo sin pantalones.

Las patas se me descongelaron al bajar, pero tengo toda la cara y el cuello quemados, como si hubiera estado todo un día entero bajo el sol de Mar del Plata; en este momento tengo la cara que parece la copia de Frankestein entre la vaselina que me pongo y el suerito que me sale de las ampollas...»

también hace referencia en el artículo a la convocatoria de la X Conferencia de la Organización de Estados Americanos (OEA) que se celebró en Caracas entre el 1 y el 28 de marzo de 1954 y en la que, a pesar de que se presentaba un programa con asuntos variados de carácter jurídico, económico y cultural, lo que principalmente buscaron los EE.UU. fue la condena de las reformas del gobierno

El presidente guatemalteco Jacobo Arbenz
pretendió controlar el poder de la United Fruit
Company.

de Arbenz –el pretexto lo constituían las raíces «comunistas» de las mismas– y, sobre todo, abrir una puerta a la intervención militar en el país. John Foster Dulles, Secretario de Estado norteamericano, persuadió a los allí convocados para aprobar un texto en el que se concluía que «la dominación o el control de las instituciones políticas de cualquier estado americano por el movimiento comunista internacional, extendiendo al hemisferio el sistema de un poder extracontinental, constituiría una amenaza para la soberanía e independencia política de los países de América», lo que equivalía a sancionar dicha intervención militar y la hacía extensiva a cualquier otra nación latinoamericana que actuase en términos semejantes. La resolución fue aprobada con el voto en contra de Guatemala y las abstenciones de México y Argentina, esta última insistía en una Tercera Posición al margen de Moscú y Washington basada en los principios de soberanía y solidaridad continental, al tiempo que denunciaba el régimen colonial que los EE.UU. ejercían ilegítimamente en toda América Latina.

Richard Nixon conversa con Carlos
Castillo Armas, quien derrocó a Jacobo Arbenz
en 1953.

En Guatemala, Ernesto ha dejado de ser un «diletante hablador» en cuestiones políticas, como le asegura a su tía Beatriz en carta de 12 de febrero de 1954, para tomar posiciones concretas en apoyo de Arbenz desde el Partido Guatemalteco de los Trabajadores (PGT) –el partido comunista–, «único grupo político de Guatemala que fue al Gobierno a cumplir un programa en el que los intereses personales no cuentan», según le escribe a su amiga Tita Infante un mes después.

No obstante, su experiencia personal con la Revolución, al margen de la filosofía que promueve las reformas, no es todo lo positiva que esperaba, ya que sus pretensiones de trabajar como galeno chocan contra las viejas estructuras del poder materializadas en un corporativista y reaccionario colegio de médicos el cual, a pesar de la escasez de profesionales de la medicina en el país, no le permite el ejercicio de esta actividad. Con su proverbial humor le asegura a su madre al respecto: «Mi cultura médica no se agiganta y, mientras, voy asimilando otra serie de conocimientos que interesan mucho más que aquéllos...». Tras la infructuosa búsqueda de empleo como médico, enfermero o algo relacionado con su carrera –lo más aproximado que consiguió fue un trabajo en un laboratorio

El comandante Che Guevara con el presidente egipcio Nasser y el vicepresidente Hussein.

del Ministerio de Sanidad por un módico salario que complementaba con el desempeño de cuantos oficios le fueron surgiendo para poder llegar a fin de mes–, Ernesto se centra en leer e investigar acerca de aquellos temas que van adquiriendo interés en la nueva etapa de su vida. «Por la mañana voy a Sanidad y trabajo unas horas en el laboratorio, por las tardes voy a una biblioteca o museo a estudiar algo de acá; por las noches leo algo de medicina o de cualquier otra cosa...», le cuenta a su madre. Y en esta misma carta de abril de 1954 fechada en ciudad de Guatemala, le hablará por vez primera a su familia de Hilda Gadea, la

El pueblo guatemalteco apoyaba a su presidente. Arbenz había sido elegido democráticamente, tras un largo período de dictaduras.

través de ella Ernesto entra en un círculo en el que la política se escribe con letras mayúsculas y en donde la discusión sobre las tácticas concretas a emplear para la consolidación de los movimientos revolucionarios que surgen por todo el subcontinente americano forman parte importante de la vida cotidiana. En dicho

mujer que un tiempo después se convertiría en su primera esposa: «...tiene un corazón de platino lo menos. Su ayuda se siente en todos los actos de mi vida diaria (empezando por la pensión)».

Ricardo Rojo fue quien le presentó a esta exiliada peruana de corta estatura, regordeta y de rasgos entre indígenas y chinos, pues sangre de ambos orígenes corría entremezclada por sus venas, que dirigía en Guatemala el ala juvenil del movimiento radical peruano Alianza Popular Revolucionaria Americana (APRA), en donde mantenía contactos con miembros de los distintos grupos políticos de izquierda que se habían concentrado en el país decididos a colaborar con el gobierno de Arbenz. A

En Bayamo, junto a Roberto A. Paneque, periodista y combatiente de la Revolución cubana.

círculo Ernesto tendrá relación con muchos activistas políticos que más adelante van a adquirir protagonismo al frente de distintas organizaciones de la izquierda latinoamericana, y también aquí conocerá a Ñico López y a otros exiliados cubanos que habían participado junto a Fidel Castro en una arriesgada, precisa y bien organizada trama para derrocar la dictadura de Batista, si bien resultó finalmente fallida.

Hilda se convirtió en «protectora» de aquel argentino inteligente y culto, pero comido por la miseria –su constante falta de «plata» era algo proverbial– y por un asma persistente a la que el cálido clima tropical no beneficiaba en absoluto. Al mismo tiempo que paga parte de sus deudas, Hilda lo cuida con verdadera dedicación cuando los episodios asmáticos cobran virulencia. El amor platónico que la peruana profesa a Ernesto no encuentra por parte de éste la correspondencia deseada, aparte del afecto que pueda profesarle (es muy posible que si Hilda no se hubiera quedado embarazada más adelante nunca hubieran contraído matrimonio), pero concretamente en aquellos momentos Ernesto no podía ofrecerle ningún compromiso definitivo. Seguía todavía debatiéndose acerca del modo de acoplar

EL DILEMA DE GUATEMALA

«Pero que los fusiles alevosos no sean empuñados por manos guatemaltecas. Si quieren matar la libertad que lo hagan ellos, los que la esconden. Es necesario no tener blandura, no perdonar traiciones. No sea que la sangre de un traidor que no se derrame cueste la de miles de bravos defensores del pueblo. La vieja disyuntiva de Hamlet suena en mis labios a través de un poeta de América-Guatemala [1]: "¿Eres o no eres, o quién eres?". Los grupos que apoyan al Gobierno tienen la palabra.»

Ernesto Che Guevara
Abril de 1954

---

[1] Alude a Pablo Neruda. En su «Canto a Bolívar», en sus últimos versos se lee:

En Madrid
En la Boca del Quinto Regimiento
Padre (se refiere a Bolívar), le dije,
¿Eres o no eres o quién eres?
Y mirando al Cuartel de la Montaña
Dijo: Despierto cada cien años
Cuando despierta el pueblo.

Tras el asesinato del líder liberal colombiano Jorge Eliécer Gaitán, virtual ganador en las siguientes elecciones, Bogotá vivió jornadas de disturbios y rabia incontenida por parte de un pueblo que confiaba en su honradez.

su pensamiento y su corazón a un modo de vida y a un hacer propiamente revolucionarios, e insistimos en que esta cuestión no sólo abarcaba el aspecto puramente político, sino que más bien constituía un conflicto existencial que necesitaba aún tiempo para resolverse: «Cuando oía a los cubanos hacer afirmaciones grandilocuentes con una absoluta serenidad –confiesa Guevara en su diario–, me sentía chiquitito. Puedo hacer un discurso diez veces más objetivo y sin lugares comunes; puedo leerlo mejor y puedo convencer al auditorio de que digo algo cierto, pero no me convenzo yo, y los cubanos sí. Ñico deja su alma en el micrófono y por eso entusiasma hasta a un escéptico como yo».

Los acontecimientos políticos que van a tener lugar en Guatemala recién entrada la primavera ofrecerían una tregua a la confusa relación de Hilda y Ernesto en lo que a maduración de sentimientos personales se refiere. El 18 de junio la «Operación Éxito» diseñada por la CIA se materializaba en la invasión del territorio guatemalteco desde la vecina Honduras por tropas mercenarias al mando del coronel Castillo Armas. Días después el presidente Jacobo Arbenz se veía obligado a renunciar a la presidencia y a partir hacia el exilio mientras el país debía inclinarse ante un nuevo orden. «Una terrible ducha de agua fría –escribe Ernesto en su diario– ha caído sobre todos los admiradores de Guatemala en la noche del domingo 28 de junio. El presidente Arbenz hizo la insólita declaración de su renuncia. Denunció públicamente a la frutera y a los Estados Unidos como los causantes directos de todos los bombardeos y ametrallamientos sobre la población civil.»

Arbenz dejaba el mando en manos del coronel Carlos Enrique Díaz en un último intento de salvar la Revolución, pues los norteamericanos amenazaban no sólo con bombardeos masivos, sino también con una declaración de guerra por parte de Honduras y Nicaragua. Pero el coronel Díaz, al que se unieron los también coroneles Sánchez y Fejo Monzón, no harían sino esperar la llegada triunfal de Castillo Armas. Se declaró ilegal el partido comunista (PGT) y comenzó la persecución de sus militantes, por lo que las embajadas se fueron llenando de asilados. Hilda Gadea sería hecha prisionera –tras una huelga de hambre la pondrían en libertad vigilada mientras esperaba el permiso para regresar a Perú–, en tanto que Guevara encontró cobijo en la embajada argentina.

El Secretario de Estado norteamericano, John Foster Dulles, exigía al coronel Castillo Armas a través de su embajador que instruyera causas criminales contra los

El pueblo guatemalteco intenta resistir el golpe de Estado contra la presidencia de Arbenz.

comunistas asilados en las diferentes embajadas para evitar que se dispersaran por el continente, con el consiguiente peligro que esto supondría para la estabilidad en la zona. El escritor y periodista Jon Lee Anderson asegura que Dulles incluso propuso que Castillo Armas concediera salvoconductos a los comunistas con la condición de que fueran enviados directamente a Moscú, pero al recién estrenado dictador guatemalteco le debió parecer una clara violación de las normas internacionales establecidas, por lo que en el mes de

REUNIÓN DE LA OEA EN CARACAS
MARZO DE 1954

En la X Conferencia de la Organización de Estados Americanos (OEA) que se celebró en Caracas durante el mes de marzo de 1954, los EE.UU. buscaron la condena del comunismo internacional como ajeno al orden político de la región para justificar la acción programada por la CIA contra el Gobierno guatemalteco presidido por Jacobo Arbenz, en vista de que las medidas promovidas por el mismo atentaban contra los intereses norteamericanos en el país, concretamente los de la todopoderosa United Fruit Company. El Secretario de Estado norteamericano persuadió a los allí convocados para aprobar un texto en el que se concluía que «la dominación o el control de las instituciones políticas de cualquier estado americano por el movimiento comunista internacional, extendiendo al hemisferio el sistema de un poder extracontinental, constituiría una amenaza para la soberanía e independencia política de los países de América», resolución que fue aprobada con el voto en contra de Guatemala y las abstenciones de México y Argentina.

Argentina sólo estuvo conforme en el párrafo donde se reafirmaba la fe en la democracia representativa y en el que reconocía el derecho de cada Estado a elegir libremente su propia forma de gobierno y sistema económico. Después primarán la defensa de la soberanía y el rechazo a la intervención en cuestiones internas de cualquier Estado americano –Perón había sufrido en propia carne la acción del «imperialismo estadounidense»–, por lo que se abstuvo en la votación advirtiendo a la Conferencia que en estas cuestiones existía una preeminencia de la ONU sobre la OEA.

El Che, a falta de unas gruesas gafas, caracterizado como Ramón Benítez, antes de salir de Cuba para incorporarse a la lucha guerrillera en el Congo, a donde llega en abril de 1965.

agosto comenzaron a otorgarse los primeros visados.

De la embajada argentina salieron más de cien asilados en dirección a Buenos Aires. Entre ellos no figuraba Ernesto Guevara, cuyo nuevo destino era México, país que en su día había acogido, gracias a la solidaria decisión del entonces presidente Lázaro Cárdenas, a cientos de miles de republicanos españoles tras la victoria de Franco en la guerra civil, y todavía era receptivo a admitir en su suelo el rico «capital humano» condenado al exilio, como si de una patria grande y abierta se tratara. Y hacia Ciudad de México partiría a mediados del mes de septiembre, no sin antes reunirse con Hilda y convenir con ella en que, tal vez más adelante, podían reencontrarse en el país azteca. En realidad aquello venía a ser una fórmula civilizada de despedida definitiva que aligeraba cualquier posible tensión, ya que Hilda se hallaba a la espera de recibir autorización para regresar a Perú. Tras «resolver» este último inconveniente, Ernesto afrontó la nueva aventura mexicana con una

La presencia del comandante Guevara siempre atraía la atención de la prensa y los fotógrafos.

tremenda sensación de alivio. Por el camino conocería a un estudiante guatemalteco con el que le iba a unir de por vida una gran amistad: Julio Roberto Cáceres, «El Patojo», y juntos llegaron a Ciudad de México. Con 150 dólares que le había enviado su familia a través de Gualo García podía permitirse cierta tranquilidad durante el primer mes de estancia en el país mientras buscaba trabajo e intentaba localizar a muchos de los amigos procedentes de Guatemala que se habían instalado allí.

Una cámara fotográfica comprada con una parte del dinero recibido le servirá para ganar unos «pesos» retratando a la gente en los diferentes escenarios de la capital mexicana. También cubriría para la Agencia Latina, creada en Argentina por Perón para romper con la hegemonía de las estadounidenses Associated Press y United Press International, los II Juegos Panamericanos que se celebraron en México entre el 12 y el 26 de marzo de 1955. A su amiga Tita Infante le describe el trabajo agotador que realizó durante este tiempo, «pues debía hacer de compilador de noticias, redactor, fotógrafo y cicerone de los periodistas que llegaban de América del Sur. Mi

promedio de horas de sueño no pasó de cuatro durante los Juegos, debido a que yo era también quien revelaba y copiaba las fotografías». Con el puesto que obtuvo en el Hospital General como alergista investigador completaba unos ingresos que podían calificarse de «decentes».

Y sería precisamente durante una guardia en el hospital, a finales de octubre, cuando se reencontrara por pura casualidad con Ñico López, su amigo cubano, que acompañaba a uno de sus camaradas aquejado de cierto tipo de alergia. Este encuentro fortuito les dará ocasión para reanudar de inmediato la franca amistad que les uniera en Guatemala y que los próximos acontecimientos se encargarían de que no se volviera a interrumpir, unidos sus destinos en el que iba a ser el primer gran compromiso vital de Ernesto: la lucha revolucionaria en la mayor de las islas antillanas: Cuba. Meses después Ñico López y el grupo de cubanos con los que Guevara estrechó relaciones le

Durante los II Juegos Panamericanos que se celebraron en México entre el 12 y el 26 de marzo de 1955, Ernesto Guevara trabajó como redactor y fotógrafo para la argentina Agencia Latina.

presentarían a Fidel Castro, el hombre del que todos hablaban con profundo respeto y admiración, responsable de aquel audaz golpe contra la dictadura de Batista en el que ellos habían participado: el asalto a los cuarteles Moncada, en Santiago de Cuba, y Carlos Manuel de Céspedes, en Bayamo, el 26 de julio de 1953.

A los graves problemas económicos y sociales que aquejaban desde tiempo atrás a la República de Cuba, marcada por la corrupción de las instituciones y los escándalos del Gobierno, le sobrevino el 10 de marzo de 1952, a escasos meses de

En junio de 1959, con el presidente egipcio Gamal Abdel Nasser y miembros de las correspondientes delegaciones.

las elecciones generales ya convocadas, uno aún más espinoso y definitivo: la implantación de una dictadura militar tras el golpe incruento protagonizado por Fulgencio Batista, que en esa fecha se hizo con el control de las Fuerzas Armadas en el cuartel militar de Columbia.

Fidel Castro era en aquellos momentos un joven abogado que se presentaba a las elecciones por el Partido Ortodoxo, que propone traer aires nuevos a la nación e implantar una ética pública para prevenir la corrupción de las instituciones, tal y como anunciaba en su programa electoral. El pueblo cubano, que acumulaba problemas y dificultades por todas partes, parecía confiar en el mensaje ortodoxo y las encuestas lo daban como virtual ganador. El golpe de Batista daría al traste con las esperanzas cubanas de conseguir la regeneración de la vida política y social del país por vías democráticas. La Constitución de 1940 yacía convertida en letra muerta, en tanto que los diferentes partidos políticos, a falta de ideas para afrontar este gravísimo hecho, se hallaban sumidos en enfrentamientos y divisiones que no hacían sino beneficiar a Batista y al régimen de censura y represión que había instaurado.

RAÚL ROA RETRATA AL CHE

Raúl Roa, que fuera canciller del Gobierno cubano durante el período 1959-1976 y entonces un exiliado cubano más en Ciudad de México, realiza el siguiente y preciso retrato del Che en aquella época: «Parecía muy joven y lo era. Su imagen ha quedado clavada en mi retina: inteligencia lúcida, palidez ascética, respiración asmática, frente prominente, carácter decidido, mentón enérgico, comportamiento tranquilo, mirada inquisidora, pensamiento agudo, lenguaje pausado, sensibilidad vibrante, risa clara y, aureolando su rostro, una especie de irradiación de sueños inmensos...».

Fidel Castro, tras concluir que la única solución posible era la que llevaba por el camino radical de la Revolución –consideraba, además, que en el pueblo cubano existía ese sustrato imprescindible para que ésta enraizara–, comenzó a proyectar un plan. Ideas no le faltaban y hacía tiempo que rondaban por su cabeza, pero era preciso sistematizarlas, dotarlas de un orden y una estructura de modo que el objetivo a cumplir, los medios necesarios para alcanzarlo y las diferentes etapas por las que hubiera que atravesar encajaran tan exactamente en el conjunto como encajan las diferentes piezas de un puzle en el lugar que les corresponde.

Con la toma de estas fortalezas militares de la zona oriental de la isla, Fidel había pretendido encender la mecha que llevase a un levantamiento popular

Enero de 1965. El Che con los ministros de Relaciones Exteriores y de Comercio de la República de Ghana.

contra el dictador, base del proceso revolucionario que Castro creía inevitable tras años de corrupción generalizada y entrega del país a los intereses de los EE.UU., así como aglutinar en un frente unido a las fuerzas opositoras a Batista. El fracaso de esta acción mantenía a Castro en la cárcel cubana de la Isla de Pinos, pero el Movimiento 26 de Julio, surgido a raíz de la misma, iba incrementando sus miembros y contaba con la simpatía popular, máxime tras la violencia desencadenada contra ellos por la dictadura. El ideario del Movimiento había sido claramente expuesto por Castro durante el juicio al que fue sometido y ahora, bajo el título «La Historia me absolverá», circulaba clandestinamente por el país.

Ernesto había escuchado en más de una ocasión los pormenores de la acción de los «moncadistas» narrada por Ñico con la pasión que le caracterizaba, y ahora

Quiriguá (Guatemala). La más alta de las estelas mayas que se conservan. Mide 10,5 metros y pesa unas 65 toneladas.

dirigía José Antonio Echevarría, y que tenía visos de coronarse con éxito, pues Batista necesitaba lavar la imagen de un régimen excesivamente manchado de sangre y recientemente desprestigiado de nuevo con las fraudulentas elecciones que el dictador había celebrado a finales de 1954.

El 2 de mayo de 1955 se aprobaba en Cuba, con el voto favorable de la mayor parte de los diputados de Batista, la Ley n.º 2, de amnistía para los presos políticos. El 15 de ese mismo mes se abrían los portones de la prisión de la Isla de Pinos, en donde cumplían condena los veintinueve «moncadistas», y uno tras otro fueron saliendo mientras eran recibidos por la prensa, familiares, amigos y simpatizantes.

Durante los días siguientes Fidel Castro se dedicará a hacer público su pensamiento y a organizar, junto con otros dirigentes, el Movimiento 26 de Julio, pues sabía que el régimen de Batista no le iba a dar mucho tiempo. El domingo 12 de junio quedaría constituída en La Habana la primera Dirección Nacional,

su amigo le contaba que en Cuba se estaba llevando a cabo una campaña pro amnistía para los presos políticos, en la que también participaba la Federación Estudiantil Universitaria (FEU) que

Pablo Neruda, uno de los poetas favoritos de Ernesto Guevara.

que contaba con once miembros y se estructuraba en cinco áreas de trabajo. La Dirección Nacional del Movimiento 26 de Julio, con Fidel como máximo responsable, representaba los mandos político y militar del Movimiento y aglutinaba tanto la responsabilidad del frente externo –radicado fuera de la isla– como del interno.

Ciertamente, pronto la dictadura irá restringiendo progresivamente el régimen de libertad del que gozara Castro los primeros días ante la gran repercusión que encontraban en las masas sus denuncias. Serán prohibidos los mítines en los que Fidel ha de intervenir, el periódico *La calle*, donde escribía, es clausurado, y comienzan las calumnias y las intimidaciones contra su persona y contra el Movimiento que dirige, de modo que el cariz que van tomando los acontecimientos aconseja el exilio.

En sus últimas declaraciones en La Habana cuando partía hacia México, publicadas en la revista *Bohemia*, Fidel manifiesta: «Después de seis semanas en la calle y ver las intenciones de la

Roberto Guevara, hermano del Che, hubo de regresar a Argentina sin los restos de su hermano, negados por el Gobierno boliviano.

El dictador cubano Fulgencio Batista, derrocado en 1959 por el Ejército Rebelde apoyado por el pueblo cubano.

relación de ambos, con apuntes contradictorios en las correspondientes anotaciones que uno y otra realizan al respecto, se retoma nuevamente y parece que la paciencia y el tesón de Hilda y las necesidades de todo tipo de Ernesto llevan a éste a instalarse, en mayo de 1955, en el apartamento de la calle Rhin que Hilda compartía con la poetisa venezolana Lucila Velásquez. Para Hilda Gadea la mudanza de Ernesto supone la «consagración» de un matrimonio de hecho, si bien será el 18 de mayo, momento en que realizan un viaje a Cuernavaca, cuando Hilda consigne dicha fecha como la de «nuestro verdadero matrimonio».

camarilla gobernante, dispuesta a permanecer en el poder veinte años, como piden los adulones y aprovechados sin conciencia, ya no creo ni en elecciones generales. Cerradas al pueblo todas las puertas para la lucha cívica, no queda otra solución que la del 68 y el 95. [...]

Volveremos cuando podamos traerle a nuestro pueblo la libertad y el derecho a vivir decorosamente, sin despotismo y sin hambre».

Pero, entre tanto, y en lo que a Ernesto se refiere, en el mes de noviembre de 1954 Hilda Gadea se había instalado en la capital mexicana después de verse frustrado su regreso a Perú. La compleja

«La relación con Hilda –escribe Lee Anderson en su biografía sobre el Che–, cayó en una rutina monótona, aunque no desdichada, de trabajo, estudio y vida doméstica. Se reunían con sus amigos, a veces iban al cine y cocinaban en casa. Muchas noches, al volver a casa, Lucila los hallaba absortos en sus estudios, generalmente de economía. En esas ocasiones pasaba de puntillas, sin decir palabra, directamente a su habitación.»

LOS EE.UU. Y LA REPÚBLICA DE CUBA

A mediados del siglo XIX los EE.UU. de Norteamérica, que recibían la mitad de las exportaciones cubanas, barajaban la idea de anexionarse Cuba y la República Dominicana movidos por un incipiente y firme nacionalismo sustentado en una clara noción de superioridad propia frente a los países «decadentes» de la vieja Europa los cuales, sin embargo, mantenían en el continente americano múltiples posesiones. Al tiempo que inician una política expansionista que les llevará a invadir México y a lanzarse a la conquista de California, Texas, Nuevo México, Arizona, etc., va tomando cuerpo la idea de que esta joven nación ha sido destinada por Dios para hacerse cargo del continente americano. «Es el "destino manifiesto" de la raza inglesa –que diría el escritor James Russell Lowell (1819-1891), pese a cuestionar la guerra de México– ocupar por completo el continente y mostrar el entendimiento práctico en materia de gobierno y colonización que ninguna otra raza ha dado prueba de tener desde los romanos».

Esta idea del «destino manifiesto», que tras el expansionismo inicial desembocaría en un neocolonialismo por parte de EE.UU. en el territorio americano, tendrá así mismo una formulación doctrinal en boca del Presidente Monroe durante una alocución que dirigió al Congreso en diciembre de 1823. La «doctrina Monroe», sintetizada con el tiempo en la célebre frase «América para los americanos», va a rechazar toda forma de intervencionismo y colonización por parte de las naciones europeas en América, aduciendo que pondrían en peligro una determinada forma de «paz y seguridad» –es decir, las que EE.UU. establecieron– y de las que el Gobierno estadounidense se erigía en garante.

Posteriormente, en 1904, la «enmienda» o «corolario de Roosevelt» corregirá y aumentará el alcance de la doctrina Monroe para justificar la participación activa de los EE.UU. en las relaciones internacionales de las naciones latinoamericanas y caribeñas si se ponían en peligro derechos o propiedades de ciudadanos o empresas norteamericanas en estos países, en cuyo caso el Gobierno estadounidense se vería obligado a intervenir militarmente para corregir dicha acción y sus consecuencias.

Esto va a permitir que se crearan revueltas como la de Colombia, cuyo Gobierno fue derrocado creándose la República de Panamá –en la nueva nación se construyó el Canal adquiriendo los derechos de explotación del mismo el Gobierno norteamericano–;el envío de los llamados U. S. Mariners a toda Centroamérica durante extensos períodos para proteger las explotaciones de la United

Fruit Company, y el establecimiento de una base militar en Guantánamo (Cuba). Pero en lo que a Cuba se refiere, desde mediados del siglo XIX soplaban aires independentistas en esta isla antillana, la mayor del archipiélago, y el 10 de octubre de 1868 estalla la primera confrontación con España, la «Guerra de los Diez Años», encabezada por Carlos Manuel de Céspedes. A pesar de los esfuerzos de España por contrarrestar esta voluntad de independencia, el 23 de febrero de 1895 y al grito de «¡Viva Cuba libre!», tendrá lugar el definitivo levantamiento que venía preparándose desde tiempo atrás bajo la dirección del escritor y patriota José Julián Martí y del general Máximo Gómez.

En abril de 1898, cuando el Ejército cubano tenía prácticamente ganada la guerra, los EE.UU. entran en la contienda declarando formalmente la guerra a España. La excusa no fue otra que el hundimiento del buque de la marina estadounidense *Maine*, anclado en el puerto de La Habana, en un episodio que todavía hoy sigue siendo oscuro y cuyas responsabilidades no ha interesado mucho esclarecer. Con esta intromisión, la Guerra de la Independencia cubana quedará definitivamente enmarcada dentro de un más amplio conflicto militar interimperialista en el que se verán involucrados también otros territorios del Caribe, así como Filipinas. Sólo dos años antes del comienzo de las hostilidades entre los independentistas cubanos y España, los grandes estrategas norteamericanos insistían a su Gobierno sobre la necesidad de desarrollar un poder naval importante. La idea de la construcción del canal de Panamá abría en el Caribe una de las más importantes rutas comerciales del mundo. El fin de la hegemonía de las potencias europeas en la zona era, por consiguiente, fundamental (Cuba y Puerto Rico estaban aún bajo dominio español). Si los EE.UU. habían intentado comprarle Cuba a España sin conseguirlo, como en su día hicieron con Florida, ahora razones estratégicas y económicas convertían en acuciante la necesidad de «poseerla» de la manera que fuese.

El 10 de diciembre de 1898 se firma en Francia el Tratado de París, por el que España concede la independencia a Cuba y cede a los EE.UU. Filipinas, Puerto Rico y Guam. No obstante, ningún representante cubano fue convocado a la capital francesa. «¡Cuba, ni libre ni independiente todavía!», exclamaría Máximo Gómez.

En el Tratado de París, y en lo que respecta a Cuba, los norteamericanos se arrogaron la «tutela» sobre la isla en tanto se promulgaba

una Constitución, si bien las condiciones de la famosa Enmienda Platt, obligados los cubanos a incorporarla a la Constitución de 1901, muestran claramente que esta «tutela» se mantiene. De sus ocho puntos, donde se condiciona cualquier decisión del Gobierno en materia de economía, sanidad, relaciones exteriores y territorio al *plácet* de los EE.UU., el punto tercero dificulta cualquier tipo de soberanía al permitir la intervención militar estadounidense en caso de verse amenazado el orden público.

Y será esa especie de anticipación premonitoria de la «voracidad» norteamericana sobre el continente, demostrada claramente en los acuerdos de París, lo que constituye una de las aportaciones

más importantes del ideólogo José Martí a la lucha revolucionaria e independentista cubana que más tarde hará suya la Revolución de Fidel Castro: la lucha por una Cuba libre, sí, pero inserta en el contexto global de los pueblos libres de Latinoamérica, con los que habrán de colaborar en ese sentido. Un día antes de caer en combate Martí escribía a su amigo Manuel Mercado que luchando por la independencia de Cuba se habría de impedir que los EE.UU. cayeran «con esa fuerza suya sobre nuestras tierras de América. (...) Viví en el monstruo, y le conozco las entrañas».

La armada de los EE.UU. rondaba la isla. Cuba era una república tutelada tras todas sus luchas por la independencia. El USS WYOMING en aguas de Cuba.

CHE

UN ENCUENTRO DECISIVO

En México se produce el primer encuentro de quien es conocido por los cubanos como «el Che» con Fidel Castro. A pesar de que Guevara se ha casado con la peruana Hilda Gadea y ha tenido una hija, el futuro del argentino queda definitivamente ligado a la liberación cubana. En noviembre de 1956 será uno de los ochenta y dos guerrilleros que embarquen en el «Granma».

Durante el verano de 1955 se produce el primer encuentro de Ernesto Guevara con Fidel Castro, quizá los líderes más carismáticos que va a producir la Revolución internacionalista cubana, poco después de la llegada de éste a su exilio mexicano y propiciado por su hermano Raúl.

Acosado por la policía de Batista, Raúl había abandonado Cuba un par de semanas antes de que lo hiciera Fidel, y en ciudad de México, Ñico López le había presentado a Guevara, estableciéndose entre ambos una corriente de simpatía mutua, en parte sustentada en la afinidad ideológica que compartían –Raúl, a diferencia de Fidel, era militante de las Juventudes Comunistas Cubanas–.

El menor de los Castro pondría a Ernesto al corriente de los últimos acontecimientos que habían tenido lugar en Cuba, de los proyectos y de la capacidad de su hermano para dirigir una revolución en la isla, toda vez que la corrupción y la ruptura institucional llevadas a cabo por Batista hacían inviable

Como pensador, el Che proporcionará aportes y reforzará posiciones significativas del Marxismo-Leninismo.

cualquier solución democrática en el país. Finalmente Raúl se encargaría de ponerlos en contacto, seguro como estaba de que su hermano se iba a entender bien con este médico argentino, firme en sus convicciones, que por su sencillez y naturalidad se ganaba las simpatías de cuantos le trataban.

El Che Guevara fue un luchador internacionalista contra el imperialismo y un convencido revolucionario que trabajó por la construcción del socialismo.

Para Fidel, en la guerra y en la política existían normas elementales que era preciso mantener para no perderse el respeto a uno mismo ni perder la razón ante los demás.

La táctica del Ejército Rebelde se fundamentaba en el movimiento constante, en atacar y replegarse, en confundir al adversario.

había salido del país tras el asesinato de su hermano y que decidió colaborar en lo que pudiera para derrocar al dictador. En esta labor le ayudaba su marido Arsacio Venegas, un mexicano que se dedicaba a la lucha libre y que era conocido por sus compatriotas como «Kid Venegas».

A la calle Emparán irían llegando durante el frío y húmedo invierno de finales de 1955 y principios de 1956, tremendamente desazonador para el ánimo de aquellos cubanos colmados de sol, militantes del Movimiento 26 de Julio procedentes de La Habana, en pequeños grupos, con un único contacto en sus bolsillos: la dirección del apartamento de Mª. Antonia para, después, distribuirse entre varios pisos localizados en distintos puntos de la ciudad.

En casa de Mª. Antonia, Ernesto conoció a los moncadistas Ciro Redondo, Ramiro Valdés y Juanito Almeida; al ex partisano de origen italiano Gino Doné; al dominicano Ramón Mejías del Castillo, a quien apodaban «Pichirilo»; al mexicano Guillén Celaya; a Miguel Sánchez «El Coreano», que había combatido en el

Y si, como asegura el periodista y escritor mexicano de origen español Paco Ignacio Taibo II, las revoluciones, por el hecho de hacerse, tienen corazón y cabeza, la cubana tuvo también en sus prolegómenos un hogar en pleno centro de la ciudad de México: la calle Emparán número 49, apartamento C, propiedad de Mª. Antonia González, una cubana que

En un régimen enormemente represivo como el que mantenía el ejército regular de la dictadura de Batista, las prácticas humanitarias de los revolucionarios impresionaron grandemente tanto a oficiales como a la tropa.

ejército estadounidense; a Universo Sánchez, un ex campesino y ex comunista oriundo de Matanzas; y a Norberto Collado, a quien la policía de Batista había torturado hasta creerlo muerto y arrojado a un vertedero. Norberto mostraba con orgullo sus cicatrices de guerra. Allí conoció también a Raúl Castro y allí le presentarían también a Fidel. «Un acontecimiento político es haber conocido a Fidel Castro, el revolucionario cubano, muchacho joven, inteligente, muy seguro de sí mismo y de extraordinaria audacia; creo que simpatizamos mutuamente –anotaría Ernesto en su diario». Tiempo después, en sus *Pasajes de la guerra revolucionaria*, escribiría en relación con este primer encuentro: «Lo conocí en una de esas frías noches de México, y recuerdo que nuestra primera discusión versó sobre política internacional. A las pocas horas de la misma noche –en la madrugada– era yo uno de los futuros expedicionarios».

La relación surgida entre estas dos personalidades fuertes y complementarias, consecuencia del interés mutuo y de una franca amistad que se va consolidando, cobra la asiduidad que les permiten las diferentes obligaciones de cada uno y las exigencias derivadas del proyecto en común. «La pasión cubana de Fidel y las ideas revolucionarias de Guevara se unieron como la llamarada de una chispa, con una luz intensa», dirá tiempo después Lucila Velásquez, la poetisa venezolana amiga y compañera de piso de Hilda Gadea. Ambos compartirán a partir de entonces largas conversaciones, reuniones con los compañeros e incluso actos públicos, como el que Fidel realiza el 26 de julio para conmemorar el segundo aniversario del asalto al Moncada en el Parque de Chapultepec, donde deposita una ofrenda floral en el monumento a los

EL CHE Y LEÓN FELIPE

De las memorias de Ricardo Rojo recoge Paco Ignacio Taibo II en su libro *Ernesto Guevara, también conocido como el Che*, «el recuerdo de una entrevista con el poeta español exiliado en México, León Felipe, quien sin duda debe haber dejado muy marcado al médico argentino, que conocía muy bien la obra del poeta y que recurrentemente la citará a lo largo de su vida. Rojo rescata una imagen que precisa y retrata a los dos personajes. Cuando Ernesto y León cruzaban los pies durante la conversación en un café de la ciudad de México, ambos mostraban las suelas rotas de los zapatos...».

Niños Héroes –los jóvenes cadetes que murieron defendiendo el castillo de Chapultepec del ejército estadounidense cuando en 1847 invadió México–.

En el mes de agosto Hilda pone a Ernesto al corriente de sus sospechas sobre un posible embarazo, las cuales no tardan en confirmarse. De alguna manera la noticia de su próxima paternidad soluciona el conflicto íntimo en el que el argentino se debatía con respecto a su relación con Hilda abocándolo hacia el matrimonio civil, pues Ernesto lo concibe ahora como una mera cuestión de honor. En la correspondiente anotación de su diario resume la circunstancia asegurando que finalmente Hilda se había salido con la suya, si bien añade: «Según yo, por poco tiempo; ella tiene la esperanza de que sea para toda la vida». Es de suponer que Guevara haga referencia en este comentario a la próxima etapa guerrillera que va a dar comienzo para él –su compromiso con Fidel no va a romperse, eso sí lo tiene claro–, y cabe imaginar que las ataduras familiares que ahora se le presentan y que evidentemente piensa asumir llegaban para él en el momento más inoportuno.

Alberto Martínez Lozano, médico compañero suyo en el Hospital General y

La Revolución no pretende una mera transformación de las estructuras sociales o de las instituciones del régimen. Será en este punto donde la «filosofía» guevarista será un elemento sustantivo.

natural de Tepozotlán, población a unos 40 km de la ciudad de México, conseguirá a los contrayentes los permisos necesarios para realizar allí la ceremonia civil, que tendría lugar el 18 de agosto y en la que éste actuaría como testigo del novio junto con el también médico Baltasar Rodríguez. Por parte de la novia los testigos serían su amiga Lucila Velásquez y Jesús Montané, otro moncadista miembro del reciente Directorio Nacional del Movimiento 26 de Julio fundado por Fidel en el que ejercía de tesorero. En realidad Montané firmaba el acta en lugar de Raúl, que aunque asistió a la ceremonia razones de seguridad aconsejaban que pasara desapercibido –Fidel sospechaba que tanto la policía secreta de Batista como el F.B.I. norteamericano seguía los movimientos de los hermanos–. Por esta misma razón el dirigente cubano en el exilio se mantuvo ausente de la ceremonia matrimonial de su amigo, aunque no quiso perderse el asado argentino que Guevara cocinó para sus invitados como banquete de bodas.

Ernesto mantiene siempre firme su compromiso con Fidel, demostrando que es hombre de honor.

Aunque las buenas nuevas son comunicadas a las respectivas familias –la celebración de la boda y el próximo nacimiento del «heredero»–, Ernesto se

demora más de un mes en anunciarlas a
su madre, y aún así el motivo central de
la carta ronda en torno al acontecimiento
ocurrido el 16 de septiembre en la
Argentina, cuando un golpe militar
apoyado por los sectores sociales más
reaccionarios derroca a Juan Domingo
Perón. «Te confieso con toda sinceridad
–le asegura a su madre–, que la caída de
Perón me amargó profundamente, no por
él, sino por lo que significa para toda
América, pues mal que te pese, y a pesar
de la claudicación forzosa de los últimos

tiempos, Argentina era el paladín de
todos los que pensamos que el enemigo
está en el norte». Ya al final de la misiva,
como de pasada, le da cuenta a su madre
de las novedades personales que han
afectado su vida: «No sé si han recibido
la noticia protocolar de mi casamiento y

*La Guerrilla de Sierra Maestra. En el centro de la
fotografía, entre Fidel y Raúl, vemos a Celia, que
habría de convertirse en la «madre» de la
Revolución cubana.*

Villa Nydia, en Alta Gracia, fue una de las casas en que vivieron los Guevara - De la Serna y hoy día un museo dedicado al argentino universal. A la izquierda se ve una estatua del Che cuando niño sentado en la barandilla.

escribirles una carta larga y cariñosa cuando los padres de Hilda, tras recibir la noticia, contestaron instando a la pareja a la ceremonia religiosa y enviándoles un giro bancario de 500 dólares como regalo de bodas. Ernesto les agradece el presente al tiempo que les asegura que no deben preocuparse por la posición económica que disfrutan, ya que es holgada y pueden mantener su casa decorosamente. Después, con su peculiar humor y sinceridad, les confiesa: «Nuestra vida matrimonial no será probablemente igual a la que ustedes llevaron; Hilda trabaja ocho horas diarias y yo, aunque algo irregulares, alrededor de doce, pues me dedico a la investigación,

la llegada del heredero... Si no es así, te comunico la nueva oficialmente, para que la repartas entre la gente; me casé con Hilda Gadea y tendremos un hijo dentro de un tiempo».

No obstante esto, y en lo que a sus suegros se refiere, Ernesto cumplió con lo que él consideraba su obligación al

Ernesto Guevara con sus hijos –de izquierda a derecha– Hildita, Camilo y Aleida.

Los dirigentes rebeldes necesitaban que el pueblo cubano captara la imagen de honradez que abanderaba el Ejército de la Sierra, y eso sólo podía hacerse realidad en el día a día de la lucha.

que es la rama más ardua (y peor pagada) de la medicina. Sin embargo, hemos acoplado nuestros sistemas de vida de forma que sean un todo armónico y hemos convertido nuestro hogar en una asociación de dos seres iguales (por cierto señora, la cocina de Hilda es lo peor de la casa, ya sea en orden, limpieza o alimentación; lo más triste)... Yo sólo puedo decir que es tal como he vivido casi toda mi vida, pues mi mamá cojea del mismo pie, y para mí la casa desarregladota y la comida medio sosa, junto con mi compañera muy saladita, y sobre todo, muy compañera, es el ideal de mi vida». También les pone al corriente de sus proyectos, bromea

nuevamente con respecto al hijo que esperan, «Don Ernesto –y añade–, si no es varón se arma lío», y, finalmente se despide con un «reciban en el seno de la familia el filial y fraterno abrazo de este todavía desconocido componente, Ernesto».

El 20 de octubre de 1955 Fidel Castro parte a los EE.UU. con el propósito de lograr adhesiones a la causa revolucionaria entre el gran número de simpatizantes y exiliados cubanos que allí reside, así como de recaudar fondos con los que financiar su expedición a la isla. Poco tiempo después, en el mes de noviembre, los Guevara partirán en el tantas veces pospuesto viaje de novios, rumbo sudeste, hacia la región de Chiapas y después hacia la parte septentrional de la península de Yucatán, en busca de las ruinas mayas de Palenque, Uxmal y Chichén-Itzá.

En medio de un bosque tropical, en el extremo noreste de la región de Chiapas, se asienta uno de los centros ceremoniales del primer imperio Maya: Palenque. El clima cálido y húmedo de esta zona, situada a escasos 200 m. de altitud, producirá auténticos estragos en los pulmones de Ernesto, que se verá postrado en muchos momentos por fuertes ataques de asma a causa de los cuales, según contará Hilda, tuvieron las primeras peleas del viaje al rechazar el paciente lo que él consideraba como un exceso de atenciones que su esposa pretendía ofrecerle, interesado como estaba en recorrer como fuera aquellos hermosos restos, en su día florecientes, de las civilizaciones amerindias.

Ernesto explorará las monumentales ruinas, trepará por las empinadas pirámides arrastrando tras de sí a la fatigada Hilda, que teme por la buena marcha del embarazo ante tanta agitación. Como en su día hiciera en Machu Pichu, observará con detenimiento todo lo que se ofrece a su vista ansiosa para después anotar en el diario los menores detalles físicos de aquellos vestigios milenarios, así como la magia y la épica de unas historias relacionadas con los dioses y los hombres que los levantaron.

Ernesto recorre abrumado por tanta belleza el Templo de las Inscripciones, cuyo nombre se relaciona con los tres grandes paneles de escritura jeroglífica adosados a las paredes del mismo, y en el que se reproducen los tres niveles cósmicos: el cielo, la tierra y el inframundo; así como el magnífico Palacio mandado levantar por Pakal el Grande, donde alrededor de cuatro patios interiores se distribuyen una serie de construcciones dominadas por una hermosa torre que se eleva sobre el conjunto arquitectónico, dedicadas a tareas administrativas, de gobierno y como residencia de la nobleza, las cuales se comunican entre sí mediante pasadizos subterráneos.

A 120 km de Mérida, la capital del estado de Yucatán, Chichén-Itzá muestra

MILITAR ANTIMILITARISTA

«El civil es el ciudadano por antonomasia; el militar, su garantía. Uno es el martillo, la pluma, el bisturí, el trabajo; el otro su guardián. El civil paga al militar para que vele por él, no para que lo avasalle y domine. Uniforme con moral, orden y respeto al ciudadano es amado por el pueblo; uniforme de opresor, de dictador, es sinónimo de desprecio, de asco. El militar ha de ser servidor del pueblo y no ser tirano del mismo. Por eso os digo que yo soy militar civilista y militar antimilitarista.»

Alberto Bayo

en sus ruinas elementos ajenos a la cultura maya que dan cuenta de la llegada a la región de los itzaes, nombre que los mayas aplicaron a estos toltecas procedentes del centro de México. En la majestuosa pirámide de Kukulkán, también conocida como «el Castillo», las serpientes emplumadas de los toltecas se funden con las divinidades mayas en una muestra de acoplamiento cultural de dos ricas civilizaciones que hicieron de Chichén-Itzá uno de los centros religiosos más importantes del Yucatán hasta finales del siglo X.

Finalmente en Uxmal, a unos 60 km al sur de Mérida, el matrimonio se enfrentará a un espectacular complejo monumental que impresionan de forma especial a cuantos lo visitan. Ernesto ascendería por las empinadas escaleras

que recorren sus 35 m de altura, y también por los de la Gran Pirámide situada en el lado sudoeste de la amplia plataforma en la que se asienta el Palacio del Gobernador. Las edificaciones del denominado Cuadrilátero de las Monjas, con sus hermosas decoraciones geométricas y profusión de serpientes y mascarones de Chaal –deidad maya asociada al agua–, la Casa de las Tortugas o el propio Palacio del Gobernador, son consideradas verdaderas cumbres arquitectónicas del México prehispano.

Desde Yucatán, y a pesar de las reticencias de Hilda a navegar –Ernesto la animaba con bromas diciendo que si naufragaban morirían juntos–, recorrieron en un buque costero esta zona litoral que asoma al golfo de México hasta Veracruz, principal puerto del país, desde donde regresaron a la ciudad de México.

Poco antes de las fiestas navideñas, Fidel Castro regresó a México dando por finalizado el fructífero periplo

Entre los exiliados republicanos españoles en México conoció Fidel al coronel de aviación de la República Alberto Bayo, al que convencería para que instruyera a sus hombres en las tácticas guerrilleras.

ALBERTO BAYO GIROUD

El coronel Alberto Bayo durante la Guerra Civil Española.

¿Quién iba a decirle al coronel de aviación de la República española Alberto Bayo —en el exilio mexicano había alcanzado el grado de general— que aquel joven que pretendía levantar una montaña con una sola mano —tal era, a su juicio, la pretensión de derrocar a Batista con un pequeño contingente de patriotas—, y cuyo entusiasmo le había cautivado hasta el punto de convertirse en el maestro de tácticas guerrilleras del grupo, iba a entrar triunfante en La Habana pocos años más tarde rodeado de algunos de los hombres que él había adiestrado?

El joven que se había dirigido a él apelando a su condición de cubano —Bayo había nacido en Camagüey en 1892, hijo de un militar español que hubo de abandonar Cuba al perder España la guerra— era Fidel Castro. Fidel sabía de la participación del general en las campañas militares del norte de África, donde

había visto actuar a las tropas de Abd-el-Krim rompiendo el cerco de los españoles, y pretendía que enseñase a sus hombres cómo debe actuar una guerrilla.

El Che y los otros ochenta y un hombres que después se embarcarían en el *Granma* rumbo a Cuba tenían muy presentes sus enseñanzas y sabían de memoria aquel Código Guerrillero que él había escrito en 1937, en plena Guerra Civil Española, y que les hacía recitar en voz alta:

¿Quieres ser un perfecto guerrillero?
Sé obediente sin fin, disciplinado,
Jamás preguntes nada, sé callado,
Muy noble y servicial, buen compañero.
Con fusil, un tirador certero;
En las marchas muy largas, entrenado;
Con todos los demás, siempre taimado;
Con los tuyos, perfecto caballero...

estadounidense que le había llevado a lugares como Union City (Nueva Jersey), Bridgeport (Connecticut), Tampa y Cayo Hueso (Florida), donde surgirán los denominados «Clubes Patrióticos 26 de Julio», y otros tantos irán organizándose en capitales como Chicago, Filadelfia, Washington... En el teatro Flagger de Miami (Florida) aseguró al público entusiasta que lo escuchaba: «Reuniremos a nuestros compatriotas detrás de una idea de dignidad plena para el pueblo de Cuba, de justicia para los hambrientos y olvidados, y de castigo para los grandes culpables». Pero será en Nueva York, ciudad en la que residió Martí y en donde Fidel visitará con emoción los lugares que el «Apóstol» describe en sus textos, donde alcance la apoteosis. Allí será, en un acto celebrado en el Palm Garden que reúne a 800 compatriotas, donde pronuncie el célebre compromiso que siempre tendrá muy presente Fidel mientras organiza los preparativos de su

expedición: «Puedo informarles con toda responsabilidad que en el año 1956 seremos libres o seremos mártires. Esta lucha comenzó para nosotros el 10 de marzo –del año 1952, fecha del golpe de Batista–; dura ya casi cuatro años y terminará con el último día de la dictadura o el último día nuestro». En Nueva York llegará a constituirse un Comité del Movimiento 26 de Julio en el exilio integrado por un delegado de cada una de las organizaciones que se adhieren al Movimiento, es decir, Acción Cívica Cubana, Comité Ortodoxo de la ciudad de Nueva York y Comité Obrero Democrático de Exiliados Cubanos.

El día 24 de diciembre Fidel condimentará una tradicional cena cubana de Nochebuena a base de cerdo asado, verduras, arroz y raíz de yuca cocida, a la que asisten, inevitablemente, el matrimonio Guevara. Durante la velada, y al decir de Hilda Gadea, Fidel explicó con tanta convicción sus proyectos a corto y medio plazo para Cuba que daba la sensación de que la guerra estaba ya ganada. A partir de entonces comenzó el movimiento, los preparativos para la expedición, los entrenamientos.

La prensa mundial se hace eco de la publicación del Diario del Che en Bolivia.

En el pensamiento guevarista, el hombre es factor esencial en la Revolución.

Guevara, a quien los cubanos llaman «Che» por el uso de esa interjección con que los argentinos y otros sudamericanos piden la atención de alguien, se había encontrado al regreso de su viaje de novios con la noticia de haber ganado una cátedra de Fisiología en la Universidad Nacional. En carta a su madre le asegura que no se ve como profesor ni tan siquiera de escuela primaria, aunque con este proyecto laboral que nunca llegará a tomar cuerpo distrae la atención de amigos y familiares con respecto a sus verdaderas actividades para las que el mayor de los sigilos era poco.

«Empezaba una tarea durísima para los encargados de adiestrar a esa gente, en medio de la clandestinidad imprescindible en México –escribe Guevara en sus *Pasajes de la guerra revolucionaria*–, luchando contra el gobierno mexicano, contra los agentes del FBI norteamericano y los de Batista, contra estas tres combinaciones que se conjugaban de una u otra manera, y donde mucho intervenía el dinero y la venta personal. Además, había que luchar contra los espías de Trujillo, contra la mala selección hecha del material humano —sobre todo en

Miami— y, después de vencer todas estas dificultades, debíamos lograr algo importantísimo: salir... y, luego... llegar, y lo demás que, en ese momento, nos parecía difícil.»

En México residía una importantísima colonia española surgida de la derrota republicana en la Guerra Civil y del exilio. El entonces presidente mexicano Lázaro Cárdenas, en una decisión solidaria, abrió las puertas del país a cuantos emigrados forzosos fueron llegando, profesores, ingenieros, médicos, técnicos de base, etc., con los que México se enriqueció, como apunta el cubano Alfredo Guevara, con la mayor de las riquezas: el talento.

Entre estos emigrantes conoció Fidel al coronel de aviación de la República española Alberto Bayo –alcanzó el grado de general en el exilio–, que había nacido en Camagüey en 1892, hijo de un militar español que hubo de abandonar Cuba tras la guerra de la independencia. Bayo había desarrollado su carrera militar en España participando, antes de la Guerra Civil, en las campañas del norte de África, detalle que Castro conocía al proponerle que entrenara a sus hombres en las tácticas guerrilleras que él había aprendido viendo actuar a Abd-el-Krim, el dirigente rifeño que se enfrentó a la dominación española y francesa en aquel territorio.

Característica instantánea del Che, con su media sonrisa y el puro entre los labios.

Fidel lo abordó y charló con él, y apeló a su condición de cubano para convencerlo: «Usted es cubano, usted tiene que ayudarnos», le repite. Bayo, como reconocerá tiempo después, se sintió verdaderamente interesado por la propuesta de aquel joven que pretendía levantar una montaña con una sola mano, pero cuyas palabras, entusiasmo y planes sobre la viabilidad del proyecto –abatir la dictadura batistiana con 82 hombres y la ayuda del pueblo cubano– le habían cautivado.

«No pensé entonces –escribiría Bayo cuando Fidel le exigió dedicación a tiempo completo en su función– que al abandonarlo todo dejaba mi casa sin recursos y que mi esposa, menos crédula que yo, iba a poner el grito en la atmósfera. ¿Cómo explicarle aquella decisión?, ¿cómo decirle que, a pesar de los bienes materiales y de la relativa comodidad de la que disfrutamos, sentía la ilusión de verme campeando por los montes cubanos y compartiendo con los guerrilleros la gloria de combatir y abatir

Fidel Castro dirige personalmente las operaciones militares en Playa Girón, cuando contrarrevolucionarios cubanos dirigidos y entrenados por la CIA desembarcaron en Cuba en abril de 1961.

Abril de 1959. Fidel Castro, tras el triunfo de la Revolución, visita EE.UU. En esta fotografía se encuentra en Princeton (Nueva Jersey).

a un tirano que si no se llamaba Franco coincidía con él en la *f* (Fulgencio) de feroz y en la *b* (Batista) de brutal?».

Mientras Arsacio Venegas, el marido de María Antonia González, organiza actividades de preparación física para la tropa, con nociones de defensa personal y largas caminatas por los alrededores, Bayo comienza las clases de teoría y táctica militar, guerra de guerrillas, uso de artillería ligera, camuflaje, supervivencia, disciplina...

«Por muy entusiastas, duros y bravos que pudieran parecer aquellos muchachos

–escribe el periodista y escritor Luis Díez (*Bayo, el general que adiestró a la guerrilla de Castro y el Che*. Debate. 2007)–, Bayo quiso que adquirieran conciencia desde el primer día de que la empresa que iban a emprender resultaba descomunal. Después de exponerles que su misión consistía en derrotar a un ejército regular compuesto por 70.000 hombres, una división blindada, una Marina de guerra en formación y un centenar de aviones, entre combate y transporte, les planteó fríamente que su cometido no era para valientes sino para gigantes heroicos, les habló de la espantosa desproporción de uno contra mil y les aseguró que más del noventa por ciento de ellos iban a morir, a caer prisioneros y a sufrir torturas, vejámenes y humillaciones. "Quien quiera, debe retirarse ahora y así se ahorrará la vergüenza y el ridículo de hacerlo al final, cuando ya estemos con el pie en el estribo". Los futuros guerrilleros permanecieron silenciosos meditando aquellas palabras. Él escrutaba sus rostros y analizaba el efecto de su discurso. Completó su reflexión diciendo: "Eso sí,

uno de cada diez de vosotros sobrevivirá a los combates y tendrá el mérito y el honor de ver a su Cuba libre". Entonces algunos sonrieron y más de uno dijo que ya sabía que iba a morir, pero que la muerte no le asustaba. Uno de aquellos muchachos contestó a la intimidante exposición del viejo general con una frase que le resultó querida y familiar. "Más vale morir de pie que vivir de rodillas", el lema de la legendaria Dolores Ibárruri, la Pasionaria, salía de la boca del muchacho argentino de 26 años Ernesto Guevara de la Serna.»

A partir de entonces una franca camaradería se establece entre instructor y alumno. El Che relata en sus *Pasajes de la guerra revolucionaria* estos primeros pasos de los futuros expedicionarios: «Fidel Castro, auxiliado por un pequeño equipo de íntimos, se dio con toda su vocación y su extraordinario espíritu de trabajo a la tarea de organizar las huestes armadas que saldrían hacia Cuba. Casi nunca dio clases de táctica militar, porque el tiempo le resultaba corto para ello. Los demás pudimos aprender bastante con el general Alberto Bayo. Mi impresión casi instantánea, al escuchar las primeras

El máximo dirigente cubano es representado en este cartel del Movimiento 26 de Julio.

clases, fue la posibilidad de triunfo que veía muy dudosa al enrolarme con el comandante rebelde, al cual me ligaba, desde el principio, un lazo de romántica simpatía aventurera y la consideración de que valía la pena morir en una playa extranjera por un ideal tan puro.

Así fueron pasando varios meses. Nuestra puntería empezó a perfilarse y salieron los maestros tiradores».

Efectivamente, además de atender los pormenores del operativo humano y militar para el desembarco, Fidel se ocupaba también de mantener el contacto con todas las fuerzas cubanas de oposición a Batista en base a ese principio tan suyo de «unir para vencer», y con la dirección del Movimiento 26 de Julio (M-26-J) en la isla para coordinar la acción. En Cuba el líder universitario José Antonio Echeverría tenía previsto anunciar en febrero la creación de un nuevo Directorio Revolucionario como respuesta violenta al régimen dictatorial y con el objetivo de «llevar al máximo desarrollo la lucha estudiantil y obrera y acelerar los preparativos para pasar a la lucha armada en apoyo de la lucha política». Fidel se reuniría a finales de agosto de 1956 en México con Echeverría para tratar sobre la estrategia conjunta del

Entrañable instantánea del Che con uno de sus hijos.

Directorio Revolucionario y el Movimiento 26 de Julio, como consecuencia de la cual saldría la denominada *Carta de México,* en la que ambas organizaciones se comprometían a «unir sólidamente su esfuerzo en el propósito de derrocar a la tiranía y llevar a cabo la Revolución cubana», al tiempo que llamaban a todas las fuerzas revolucionarias del país y hombres dignos de Cuba a secundar la lucha con la decisión de triunfar o morir, pues la Revolución debía llegar al poder libre de compromisos para cumplir el programa previsto de justicia social, libertad y dignidad plena de todos los cubanos.

En octubre José Antonio retornó a México para establecer con Fidel los detalles de la estrategia militar. Mientras que Fidel explicó que sus planes se desarrollarían en el campo, estaba claro que el Directorio Revolucionario se había consolidado en las ciudades. Fidel concluyó que las dos tácticas eran necesarias dentro de la misma guerra.

Frank País, responsable de la acción militar del Movimiento 26 de Julio en la provincia cubana de Oriente, había viajado también a México con el fin de preparar con Fidel el plan que debían desarrollar en aquella provincia para apoyar la llegada a la isla de las tropas rebeldes. Acordaron la realización de diferentes acciones armadas que distrajeran al Ejército y la preparación de una huelga general.

Así mismo, Fidel le encargó recorrer la costa oriental, junto con Pedro Miret, en busca de un lugar apropiado y discreto para el desembarco. La militante del M-26-J que habría de convertirse en la «secretaria personal de la Revolución», Celia Sánchez, consiguió una carta náutica de la zona y diferentes mapas de la región, que entregó a Miret. En Manzanillo, ella y otros compañeros organizaban núcleos clandestinos y alentaban el movimiento popular.

Pero, evidentemente, el régimen de Batista no se mantenía parado y en el mes de junio la empresa revolucionaria

El asesinato de Frank País por fuerzas de la dictadura batistiana, el 30 de julio de 1957, provocó una crisis de liderazgo del Movimiento 26 de Julio en los llanos.

Cartel en el que se recogen los valores revolucionarios.

se iba a ver envuelta en serias dificultades debido a las presiones de la Embajada de Cuba, que en vista de que no podían eliminar físicamente a Fidel había puesto en manos de la policía mexicana informes en los que se denunciaba una conspiración por parte de Castro para asesinar a Batista. Según el periodista y escritor mexicano Paco Ignacio Taibo Lavilla: «Mucho dinero debió haber movido la Embajada Cubana, y a niveles más que altos en el aparato de Gobernación, buscando que los agentes de la Dirección Federal de Seguridad desmontaran la red de futuros invasores, detuvieran a Fidel y a otros cuadros del 26 de Julio, los entregaran a Migración y esta dependencia los deportara a Cuba».

El 20 de junio fue detenido Fidel, junto con Ramiro Valdés y Universo Sánchez, y posteriormente cayeron otros veintiocho más del grupo –entre ellos el Che–, a los que se les confiscaron armas, documentos y otras pertenencias. El hecho sucedió en un rancho a unos 50 km de la ciudad que Bayo había alquilado a su propietario pretextando una compra de la propiedad cuando se arreglase determinado papeleo,

donde los futuros expedicionarios, por grupos, se entrenaban duro bajo las órdenes del español.

La intervención personal del ex presidente mexicano Lázaro Cárdenas, que hizo gestiones con el presidente Adolfo Ruiz Cortines, y la decisión del juez encargado del caso de no aceptar presiones de ningún tipo que contravinieran las leyes mexicanas consiguieron que los detenidos fueran puestos en libertad, excepción hecha de Calixto García y Ernesto Guevara. Ambos, por cuestiones relacionadas con su situación ilegal en el país, hubieron de permanecer en prisión hasta que se solventaron determinados formulismos sobre inmigración, si bien contaban con

El comandante Camilo Cienfuegos, amigo entrañable del Che. Uno de sus hijos recibió el nombre de Camilo en memoria del compañero desaparecido.

El Che habla por radio durante las campañas en Sierra Maestra.

la palabra de Fidel Castro de que los sacaría de allí.

Así refiere el Che lo acaecido entonces: «Aquello demoró el inicio de la última parte de la primera etapa. Hubo quienes estuvieron en prisión cincuenta y siete días, contados uno a uno, con la amenaza perenne de la extradición sobre nuestras cabezas (somos testigos el comandante Calixto García y yo). Pero, en ningún momento perdimos nuestra

confianza personal en Fidel Castro. Y es que Fidel tuvo algunos gestos que, casi podríamos decir, comprometían su actitud revolucionaria en pro de la amistad. Recuerdo que le expuse específicamente mi caso: un extranjero, ilegal en México, con toda una serie de cargos encima. Le dije que no debía de manera alguna pararse por mí la Revolución, y que podía dejarme; que yo comprendía la situación y que trataría de ir a pelear desde donde me lo mandaran y que el único esfuerzo debía hacerse para que me enviaran a un país cercano y no a la Argentina. También recuerdo la respuesta tajante de Fidel: "Yo no te abandono". Y así fue, porque hubo que distraer tiempo y dinero preciosos para sacarnos de la cárcel mexicana. Esas actitudes personales de Fidel con la gente que aprecia son la clave del fanatismo que crea a su alrededor, donde se suma a una adhesión de principios, una personal, que hace de este Ejército Rebelde un bloque indivisible».

El mexicano Antonio del Conde, «El Cuate», principal suministrador de armas

La fuerza de las masas y el Ejército Rebelde estaban «en manos revolucionarias» y ambas fuerzas constituían el poder real de la Revolución.

de los cubanos y uno de los colaboradores más eficaces de Fidel, había encontrado en la costa del golfo de México un yate en venta de 12 metros de eslora y dos motores diesel. Con capacidad para veinticinco personas más la carga, el *Granma* fue adquirido por El Cuate, siguiendo instrucciones de Fidel, con el objetivo de trasladar a ochenta y dos hombres hacinados y todo un cargamento de armas hasta la playa cubana de Las Coloradas, en la provincia de Oriente.

«Así fueron pasando varios meses. Nuestra puntería empezó a perfilarse y salieron los maestros tiradores», escribirá Guevara en su diario sobre los entrenamientos en México con Bayo.

En tanto se ponía a punto la embarcación el plan fue ultimado en los detalles finales. Frank País recibiría en el momento oportuno un telegrama cifrado con tiempo suficiente para desencadenar levantamientos en la provincia que mantuvieran ocupadas y dispersas a las tropas del Gobierno. Entre tanto los expedicionarios del *Granma* podían desembarcar sin contratiempos y trasladarse hasta la Sierra Maestra. Celia Sánchez y el campesino Crescencio Pérez se encargarían de organizar la red de apoyo a las tropas revolucionarias en la región.

El 25 de noviembre de 1956 y con mal tiempo, el *Granma,* en las coordenadas 20 grados, 57 minutos y 18 segundos de latitud Norte, y 97 grados, 23 minutos 58.5 segundos al oeste del Meridiano de Greenwich en que se sitúa la ciudad de Tuxpan, se desliza con las luces apagadas por el río del mismo nombre hasta penetrar en el Golfo de México.

Entre los diferentes cargos oficiales que ostentó Guevara en el Gobierno cubano están los de presidente del Banco Nacional y ministro de Industrias.

Durante este tiempo, en la vida personal del futuro comandante revolucionario Che Guevara había tenido lugar un acontecimiento sustancial: el nacimiento, el 15 de febrero de 1956, de su primogénita Hilda Beatriz, a la que el orgulloso padre adoraba. Sin embargo, en marzo escribía a su amiga Tita Infante que la niña, aunque había representado un alivio a la desastrosa relación conyugal, no iba a suponer un freno a sus proyectos personales. De hecho, la niña y su madre partirán rumbo a Perú cuando Ernesto embarca hacia Cuba.

El 6 de julio de 1956, cuando aún se encontraba preso en México, les escribe una larga carta a sus padres en la que los pone al corriente de sus planes: «Mi futuro está ligado a la liberación cubana. O triunfo con ella o muero allá. [...] Si por cualquier causa, que no creo, no puedo escribir más y luego me tocan las de perder, consideren estas líneas como de despedida, no muy grandilocuente, pero sincera. Por la vida he pasado buscando mi verdad a los tropezones y ya en el camino y con mi hija que me perpetúa he cerrado el ciclo...».

El diario que comenzara cuando, tras licenciarse en Medicina, saliera de Argentina con Calica Ferrer para recorrer Latinoamérica y reunirse en Venezuela con Alberto Granado –el destino dio un nuevo rumbo a estos planes–, finaliza con el siguiente párrafo: «Ha pasado mucho tiempo y muchos acontecimientos nuevos se han declarado. Solamente expondré los más importantes: desde el 15 de febrero de 1956 soy padre; Hilda Beatriz Guevara es la primogénita... Mis proyectos para el futuro son nebulosos pero espero terminar un par de trabajos de investigación. Este año puede ser importante para mi futuro. Ya me fui de los hospitales. Escribiré con más detalles».

A pesar de sus sinceras intenciones al respecto, nunca lo hizo.

UNA REVOLUCIÓN QUE COMIENZA

«La historia de la agresión militar que se consumó el 10 de marzo de 1952 –golpe incruento dirigido por Fulgencio Batista– no empieza, naturalmente, el mismo día del cuartelazo. Sus antecedentes habría que buscarlos muy atrás en la historia de Cuba: mucho más atrás que la intervención del embajador norteamericano Summer Welles, en el año 1933; más atrás aún que la Enmienda Platt, del año 1901; más atrás que el desembarco del héroe Narciso López, enviado directo de los anexionistas norteamericanos, hasta llegar a la raíz del tema en los tiempos de John Quincy Adams, quien a principios del siglo XVIII enunció la constante de la política de su país respecto a Cuba: una manzana que, desgajada de España, debía caer fatalmente en manos del Uncle Sam. Son eslabones de una larga cadena de agresiones continentales que no se ejercen solamente sobre Cuba.

Esta marea, este fluir y refluir del oleaje imperial, se marca por las caídas de gobiernos democráticos o por el surgimiento de nuevos gobiernos ante el empuje incontenible de las multitudes. La historia tiene características parecidas en toda América Latina: los gobiernos dictatoriales representan una pequeña minoría y suben por un golpe de Estado; los gobiernos democráticos de amplia

Al mismo tiempo que desde la Sierra Maestra Fidel se ocupaba de ganar la guerra y de permanecer en la acción política, a través de Radio Rebelde informaba a la población de los objetivos a cumplir cuando se alcanzase la paz.

base popular ascienden laboriosamente y, muchas veces, antes de asumir el poder, ya están estigmatizados por la serie de concesiones previas que han debido hacer para mantenerse. Y, aunque la Revolución cubana marca, en ese sentido, una excepción en toda América, era preciso señalar los antecedentes de todo este proceso, pues el que esto escribe, llevado y traído por las olas de los movimientos sociales que convulsionan a América, tuvo oportunidad de conocer, debido a estas causas, a otro exilado americano: a Fidel Castro.

Lo conocí en una de esas frías noches de México, y recuerdo que nuestra primera

discusión versó sobre política internacional. A las pocas horas de la misma noche —en la madrugada— era yo uno de los futuros expedicionarios. Pero me interesa aclarar cómo y por qué conocí en México al actual Jefe del Gobierno en Cuba. Fue en el reflujo de los gobiernos democráticos en 1954, cuando la última democracia revolucionaria americana que se mantenía en pie en esta área —la de Jacobo Arbenz Guzmán— sucumbía ante la agresión meditada, fría, llevada a cabo por los Estados Unidos de Norteamérica tras la cortina de humo de su propaganda continental. Su cabeza visible era el Secretario de Estado, Foster Dulles, que por rara coincidencia también era abogado y accionista de United Fruit Company, la principal empresa imperialista existente en Guatemala.

De allí regresaba uno en derrota, unido por el dolor a todos los guatemaltecos, esperando, buscando la forma de rehacer un porvenir para aquella patria angustiada. Y Fidel venía a México a buscar un terreno neutral donde preparar a sus hombres para el gran impulso. Ya se había producido una escisión interna, luego del asalto al cuartel Moncada, en Santiago de Cuba, separándose todos los de ánimo flojo, todos los que por uno u otro motivo se incorporaron a partidos políticos o

grupos revolucionarios, que exigían menos sacrificio. Ya las nuevas promociones ingresaban en las flamantes filas del llamado Movimiento 26 de Julio, fecha que marcaba el ataque al cuartel Moncada, en 1953. Empezaba una tarea durísima para los encargados de adiestrar a esa gente, en medio de la clandestinidad imprescindible en México, luchando contra el gobierno mexicano, contra los agentes del FBI norteamericano y los de Batista, contra estas tres combinaciones que se conjugaban de una u otra manera, y donde mucho intervenía el dinero y la venta personal. Además, había que luchar contra los espías de Trujillo, contra la mala selección hecha del material humano —sobre todo en Miami— y, después de vencer todas estas dificultades, debíamos lograr algo importantísimo: salir... y, luego... llegar, y lo demás que, en ese momento, nos parecía difícil. Hoy aquilatamos lo que aquello costó en esfuerzos, en sacrificios y vidas.

Fidel Castro, auxiliado por un pequeño equipo de íntimos, se dio con toda su vocación y su extraordinario espíritu de trabajo a la tarea de organizar las huestes armadas que saldrían hacia Cuba. Casi nunca dio clases de táctica militar, porque el tiempo le resultaba corto para ello. Los demás pudimos aprender bastante con el general Alberto Bayo. Mi

impresión casi instantánea, al escuchar las primeras clases, fue la posibilidad de triunfo que veía muy dudosa al enrolarme con el comandante rebelde, al cual me ligaba, desde el principio, un lazo de romántica simpatía aventurera y la consideración de que valía la pena morir en una playa extranjera por un ideal tan puro.

Así fueron pasando varios meses. Nuestra puntería empezó a perfilarse y salieron los maestros tiradores. Hallamos un rancho en México, donde bajo la dirección del general Bayo —estando yo como jefe de personal— se hizo el último apronte, para salir en marzo de 1956. Sin embargo, en esos días dos cuerpos policíacos mexicanos, ambos pagados por Batista, estaban a la caza de Fidel Castro, y uno de ellos tuvo la buenaventura económica de detenerle, cometiendo el absurdo error —también económico— de no matarlo, después de hacerlo prisionero. Muchos de sus seguidores cayeron en pocos días más; también cayó en poder de la policía nuestro rancho, situado en las afueras de la ciudad de México y fuimos todos a la cárcel.

Aquello demoró el inicio de la última parte de la primera etapa. Hubo quienes estuvieron en prisión cincuenta y siete días, contados uno a uno, con la amenaza perenne de la extradición sobre nuestras cabezas (somos testigos el comandante Calixto García y yo). Pero en ningún momento perdimos nuestra confianza personal en Fidel Castro. Y es que Fidel tuvo algunos gestos que, casi podríamos decir, comprometían su actitud revolucionaria en pro de la amistad. Recuerdo que le expuse específicamente mi caso: un extranjero, ilegal en México, con toda una serie de cargos encima. Le dije que no debía de manera alguna pararse por mí la Revolución, y que podía dejarme; que yo comprendía la situación y que trataría de ir a pelear desde donde me lo mandaran y que el único esfuerzo debía hacerse para que me enviaran a un país cercano y no a la Argentina.

También recuerdo la respuesta tajante de Fidel: "Yo no te abandono". Y así fue, porque hubo que distraer tiempo y dinero preciosos para sacarnos de la cárcel mexicana. Esas actitudes personales de Fidel con la gente que aprecia son la clave del fanatismo que crea a su alrededor, donde se suma a una adhesión de principios, una personal, que hace de este Ejército Rebelde un bloque indivisible.»

Pasajes de la Guerra
Revolucionaria (fragmento)
Comandante Che Guevara

SE ASIGNA AL COMANDANTE
ERNESTO GUEVARA LA MI.
SION DE CONDUCIR DESDE
LA SIERRA MAESTRA HASTA
LA PROVINCIA DE LAS VILLAS
UNA COLUMNA REBELDE

CHE

«HACER ES LA MEJOR MANERA DE DECIR», José Martí

El «Granma» inicia su travesía rumbo a Cuba con ochenta y dos tripulantes a bordo. La lucha revolucionaria da comienzo con poca fortuna para los «rebeldes», a los que el mal tiempo y el sobrepeso de la nave hicieron demorar en dos días la llegada prevista. El Che resultará herido por una ráfaga de metralleta y más tarde atacado por el asma.

Las siguientes anotaciones del Che en los correspondientes cuadernos sobre los sucesos que van a marcar la nueva etapa que ha iniciado en su vida –la de combatiente en una revolución liberadora–, darán lugar más adelante al famoso libro *Pasajes de la guerra revolucionaria,* en donde su pluma concisa y enérgica posibilitará una narración en la que la épica de los acontecimientos se verá «humanizada» con los pequeños detalles que forman parte de la realidad cotidiana y de los sueños de sus protagonistas. Así relata Guevara la salida del *Granma* desde el puerto de Tuxpán:

«Teníamos muy mal tiempo y, aunque la navegación estaba prohibida, el estuario del río se mantenía tranquilo. Cruzamos la boca del puerto yucateco, y a poco más, se encendieron las luces. Empezamos la búsqueda frenética de los antihistamínicos contra el mareo, que no aparecían; se cantaron los himnos nacional cubano y del 26 de Julio, quizá durante cinco minutos en total, y después el barco entero presentaba un aspecto ridículamente trágico: hombres con la angustia reflejada en el rostro, agarrándose el estómago. Unos con la cabeza metida dentro de un cubo y otros tumbados en las más extrañas posiciones,

ANIMOSIDAD PARA LA LUCHA

A mediados de 1957 el mando del Ejército Rebelde decide formar una nueva columna y encargar de su dirección, con el grado de capitán, a Ernesto Guevara. La columna estaba constituida por setenta y cinco hombres descalzos, casi desnudos y sin armas a los que el resto de los guerrilleros llamarían «los descamisados del Che».

«Lo primero que hacemos es una práctica de tiro –confesarán a un periodista varios fundadores de la columna décadas después–, y sólo Ciro Redondo da en el blanco. El Che se sube en una piedra y dice con esa ironía tan suya: "Tengo a la gente lista para el combate...".»

inmóviles y con las ropas sucias por el vómito. Salvo dos o tres marinos y cuatro o cinco personas más, el resto de los ochenta y dos tripulantes se marearon. Pero al cuarto o quinto día el panorama general se alivió un poco. Descubrimos que la vía de agua que tenía el barco no era tal, sino una llave de los servicios sanitarios abierta. Ya habíamos botado todo lo innecesario, para aligerar el lastre.

La ruta elegida comprendía una vuelta grande por el sur de Cuba, bordeando Jamaica, las islas del Gran Caimán, hasta el desembarco en algún lugar cercano al pueblo de Niquero, en la provincia de Oriente. Los planes se cumplían con bastante lentitud: el día 30 oímos por radio la noticia de los motines de Santiago de Cuba que había provocado nuestro gran Frank País, considerando sincronizarlos con el arribo de la expedición.

Al día siguiente, primero de diciembre, en la noche, poníamos la proa en línea recta hacia Cuba, buscando desesperadamente el faro de Cabo Cruz, carentes de agua, petróleo y comida. A las dos de la madrugada, con una noche negra, de temporal, la situación era

En sus alocuciones públicas nunca faltaban momentos distendidos en que afloraba su fino sentido del humor.

inquietante. Iban y venían los vigías buscando la estela de luz que no aparecía en el horizonte. Roque, ex teniente de la marina de guerra, subió una vez más al pequeño puente superior, para atisbar la luz del Cabo, y perdió pie, cayendo al agua (Juan Almeida cuenta que estuvieron buscándolo una hora hasta rescatarlo, pues Fidel dijo que sin él no continuaban, lo que provocó una auténtica inyección en el ánimo de los combatientes). Al rato de reiniciada la marcha ya veíamos la luz, pero el asmático caminar de nuestra lancha hizo interminables las últimas horas del viaje. Ya de día arribamos a Cuba por el lugar conocido por Belic, en la playa de Las Coloradas.»

El mal tiempo reinante y el sobrepeso del yate habían demorado en dos días el tiempo previsto para realizar la travesía, de modo que el levantamiento en la región realizado con éxito por Frank País no estuvo sincronizado con la llegada de los expedicionarios. El *Granma,* a punto de quedarse sin combustible, aún tardaría cuarenta y ocho horas en encallar en Los Cayuelos, al noroeste de Cabo Cruz y a unos dos kilómetros de la playa de Las Coloradas, en una zona de aguas poco profundas y cenagosas que dificultaron grandemente el desembarco, sobre todo la retirada de la carga hasta tierra firme,

hundidos como estaban en aquella red de fango, agua y manigua.

A pesar de que la empresa diseñada por Fidel se había planificado desde el mayor de los sigilos, los últimos acontecimientos ocurridos en México y el gran número de implicados en la trama convirtieron la proyectada invasión en un tema de dominio público. Incluso Batista había ofrecido una conferencia de prensa en La Habana acerca de las posibilidades de éxito de los rebeldes al tiempo que anunciaba el incremento de patrullas terrestres y marítimas a lo largo de la costa. Los únicos detalles que se habían

Avión derribado en 1961 por el ejército cubano de los que salían de las costas de EE.UU. para realizar actos de sabotaje.

Busto de Martí. Detrás, la «estrella solitaria» de cinco puntas que adorna la bandera cubana.

conseguido preservar eran el dónde y el cuándo de la operación.

«Un barco de cabotaje nos vio –continúa el Che–, comunicando telegráficamente el hallazgo al Ejército de Batista. Apenas bajamos, con toda premura y llevando lo imprescindible, nos introdujimos en la ciénaga, cuando fuimos atacados por la aviación enemiga. Naturalmente, caminando por los pantanos cubiertos de manglares no éramos vistos ni hostilizados por la aviación, pero ya el ejército de la dictadura andaba sobre nuestros pasos. Tardamos varias horas en salir de la ciénaga, adonde la impericia e irresponsabilidad de un compañero que se dijo conocedor nos arrojara. Quedamos en

Modelo B-26 utilizado por la contrarrevolución cubana en actos de sabotaje contra la isla.

tierra firme, a la deriva, dando traspiés, constituyendo un ejército de sombras, de fantasmas, que caminaban como siguiendo el impulso de algún oscuro mecanismo psíquico. Habían sido siete días de hambre y de mareo continuo durante la travesía, sumados a tres días más, terribles, en tierra. A los diez días exactos de la salida de México, el 5 de diciembre, de madrugada, después de una marcha nocturna interrumpida por los desmayos y las fatigas y los descansos de la tropa, alcanzamos un punto conocido paradójicamente por el nombre de Alegría de Pío –ya en las estribaciones de la Sierra Maestra–. Era un pequeño cayo de monte, ladeando un cañaveral por un costado y por otro abierto a unas abras, iniciándose más lejos el bosque cerrado. El lugar era mal elegido para campamento pero hicimos un alto para pasar el día y reiniciar la marcha en la noche inmediata.»

Fidel, que viendo relativamente próximo el bosque consideraba que su espesura constituía un lugar más seguro para refugiarse, se dejó convencer para dar allí un respiro a aquella tropa destrozada tras las largas horas de marcha por terrenos cenagosos y a quienes las botas nuevas que calzaban les habían producido tremendas ampollas y úlceras

LA FOTO DEL CHE

El triunfo de la Revolución cubana proporcionará a la fotografía un sitio especial. Las calles de toda Cuba son centro de la historia y los fotógrafos testimonian lo que allí sucede logrando instantáneas que mueven resortes en el espectador, algunas de las cuales se convierten en auténticos íconos, en símbolos de la época.

Alberto Díaz (Korda), fotógrafo del periódico *Revolución*, estaba presente durante los funerales de las víctimas del sabotaje al barco *La Coubre* en marzo de 1960. Se encontraba a unos 8 o 10 metros de la tribuna donde hablaba Fidel y portaba una cámara con un lente semitelefoto cuando se percató de que el Che se acercaba a la baranda.

Probablemente esta fotografía del Che realizada por Korda sea la más reproducida a lo largo de la historia.

«El Che se había mantenido en un segundo plano –rememora Korda–. Se acerca a mirar el mar de pueblo. Lo tengo en el objetivo, tiro uno y luego otro negativo, y en ese momento el Che se retira. Todo ocurrió en medio minuto». Cuando llega al periódico y revela, Korda queda sobrecogido por la expresión del Che. Piensa que es una magnífica foto, pero el periódico no la publica entonces. Siete años después esa imagen alcanzaría otra dimensión.

En el verano de 1967 el editor italiano Giangiacomo Feltrinelli llega al estudio habanero de Korda en busca de fotos del Che y Korda le obsequia con dos copias de la foto tomada en 1960. También a Feltrinelli le impresiona la impactante fuerza de la mirada del Che y la sencillez de su atuendo, con su chaqueta verde olivo cerrada y la boina negra en la que destaca la estrella dorada.

En octubre de ese mismo año se produce el asesinato del Che y Feltrinelli imprime la foto en un cartel de cien por setenta. Posteriormente, y tras la repercusión gráfica de la misma, la foto de Korda se convierte en un icono.

en los pies. En el cañaveral cercano encontraron con qué paliar el hambre y la sed que los atenazaba. Pero hacia el mediodía del 5 de diciembre aviones y avionetas empezaron a sobrevolar la zona y en un momento dado ráfagas de metralleta comenzaron a caer en el lugar donde estaban escondidos los expedicionarios mientras Fidel ordenaba que se arrojaran al suelo. La experiencia, como dirá después Castro, será la que les vaya proporcionando el aprendizaje necesario y la formulación de una máxima primordial: un comandante siempre debe mantener la cabeza fría y no dejarse influenciar por ciertos estados de ánimo.

El posterior incendio del cañaveral por parte de las tropas de Batista y las cargas de metralla que caían sin parar

dispersaron a los hombres en la huida, la mayor parte de los cuales consiguieron internarse en el bosque. Sin embargo, a pesar de que sólo se produjeron tres bajas, dieciocho hombres capturados por el

Los multitudinarios juicios públicos contra los criminales batistianos dañaron en el exterior la imagen de la Revolución al considerar que la propia aplicación de la justicia parecía un espectáculo de circo.

El viejo concepto reaccionario del «divide y vencerás» será sustituido por Fidel en la Revolución cubana por ese otro de consecuencias mucho más positivas de «une para vencer».

amigo del Che, y Cándido González, el Ayudante de Fidel, que junto con otros seis murieron en Boca del Río Toro a manos del oficial de la Inteligencia Militar Julio Laurent y sus hombres.

Otros expedicionarios resultarían heridos, entre ellos el Che, al que una ráfaga de ametralladora lo alcanzó en el cuello ocasionándole una aparatosa herida

ejército irán apareciendo muertos durante los días siguientes después de haberles tomado declaración. Entre ellos se encontraba el segundo en el mando de la expedición, Juan Manuel Márquez, asesinado por el capitán Caridad Hernández en la finca La Norma, camino de Manzanillo; Antonio «Ñico» López, el

Nicolás Guillén, uno de los poetas cubanos que mejor cantó la nueva realidad revolucionaria.

que, sin embargo, no presentaba gravedad. Juan Almeida lo ayudará a escapar, pero la tropa queda dispersa en pequeños grupos que corren desordenadamente y que pierden el contacto con el resto.

«Se formó un grupo que dirigía Almeida –escribe de nuevo Guevara– y en el que estábamos además el hoy comandante Ramiro Valdés, en aquella época teniente, y los compañeros Chao y Benítez; con Almeida a la cabeza,

SOBRE CAMILO CIENFUEGOS

En octubre de 1959 muere Camilo Cienfuegos, otra de las figuras emblemáticas de la Revolución cubana. De este amigo entrañable dirá el Che:

«No sé si Camilo conocía la máxima de Dantón sobre los movimientos revolucionarios, "audacia, audacia y más audacia"; de todas maneras, la practicó con su acción, dándole además el condimento de las otras condiciones necesarias al guerrillero: el análisis preciso y rápido de la situación y la meditación anticipada sobre los problemas a resolver en el futuro.»

cruzamos la última guardarraya del cañaveral para alcanzar un monte salvador. En ese momento se oían los primeros gritos: "Fuego", en el cañaveral se levantaban columnas de humo y fuego; aunque esto no lo puedo asegurar, porque pensaba más en la amargura de la derrota y en la inminencia de mi muerte, que en los acontecimientos de la lucha. Caminamos hasta que la noche nos impidió avanzar y resolvimos dormir todos juntos, amontonados, atacados por los mosquitos, atenazados por la sed y el hambre. Así fue nuestro bautismo de fuego, el día 5 de diciembre de 1956, en las cercanías de Niquero. Así se inició la forja de lo que sería el Ejército Rebelde.»

Integrantes de la red de apoyo a la expedición que Celia Sánchez había organizado junto con Crescencio Pérez y Guillermo García y que recorrían la región en busca de los expedicionarios para prestarles ayuda, van topándose con algunos grupos.

Guillermo García, concretamente, localizó al grupo del Che y Almeida informándoles que Fidel, cuyo nombre de guerra era Alejandro, estaba vivo –también él se había encargado de ponerlo a salvo– y estaba en la montaña junto con Faustino Pérez y Universo

Antes de convertirse en comandante del Ejército Rebelde, Camilo Cienfuegos peleó bajo las órdenes del Che.

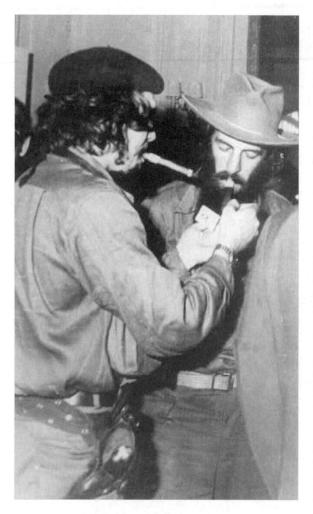

Sánchez. Y hacia el encuentro con el comandante en jefe los conduce García.

Previamente Raúl Castro, con Ciro Redondo, Efigenio Ameijeiras, Rene Rodríguez y Armando Rodríguez, se encuentran el 11 de diciembre con campesinos que les informan de la muerte de los compañeros a mano de los hombres de Batista y de que Guillermo García había conseguido sacar a Fidel hacia la Sierra, por lo que deciden ir en su busca.

El 18 de diciembre llega el grupo de Raúl a un pequeño campo de caña próximo a la casa de Mongo Pérez, hermano de Crescencio, conocida como «las Cinco Palmas», ya que cinco palmas nuevas se erguían majestuosas allí. Y en ese lugar se produce el encuentro y el legendario diálogo entre los hermanos Castro que muestra el optimismo y la confianza de Fidel en su victoria a pesar del rotundo fracaso con el que se estrenaron:

–¿Cuántos fusiles traes? –pregunta Fidel a Raúl.
–Cinco.

–Y dos que tengo yo, ¡siete! ¡Ahora sí ganamos la guerra!

A finales de diciembre una nota escueta llega hasta la atribulada casa de los Guevara - De la Serna, que no querían creer del todo lo que la prensa informaba acerca del desembarco rebelde en Cuba –entre estas noticias figuraba el testimonio

197

de un superviviente que aseguraba haber visto caer a Ernesto tras recibir un tiro–. «Queridos viejos: Estoy perfectamente, gasté sólo dos (vidas) y me quedan cinco. Sigo trabajando en lo mismo, las noticias son esporádicas y lo seguirán siendo, pero confíen en que Dios sea argentino...». La nota estaba firmada por Teté, el apodo con que cariñosamente le nombraban de pequeño.

Hilda consigue sobreponerse a las noticias que llegan a México proporcionadas por el Gobierno cubano acerca de la muerte de los expedicionarios gracias al apoyo de sus amigos, sobre todo del general Bayo, que le asegura que no se cree una palabra de lo que Batista pueda decir y que la noticia no estaba aún confirmada. Cuando el 17 de diciembre salió de México en dirección a Lima aún no tenía noticias

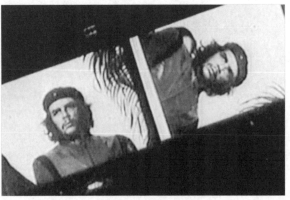

ciertas acerca de si Ernesto estaba vivo o muerto. Entre sus planes estaba pasar una temporada en Buenos Aires para que sus suegros conocieran a Hilda Beatriz, pues

El comandante Guevara fotografiado por el cubano Alberto Díaz «Korda».

Panorámica sudoriental de la isla de Cuba, a cuyo fondo se dibuja la Sierra Maestra.

Guevara Lynch la había llamado para invitarla.

El Che, mientras tanto, viviría momentos de terrible dureza en los que el hambre o el acoso enemigo no serían sus peores padecimientos, sino los que le inferían unos fortísimos ataques de asma que había de afrontar subiendo y bajando riscos, con una tremenda humedad y sin medicamentos. A todo ello se añadía el

El Che junto a Camilo Cienfuegos.

sufrimiento psíquico producido por el sentimiento de inutilidad personal y por la constante ayuda de los compañeros para moverse. Cierto día en que estaban apostados en un alto desde donde se divisaba el camino, vieron aproximarse al lugar una numerosa tropa de soldados enemigos. «Había que correr rápidamente –escribe el Che– para llegar al borde de la loma y cruzar al otro lado antes de que las tropas nos cortaran el paso; no era una tarea difícil, dado que los habíamos visto con tiempo. Ya empezaban los morteros y las ametralladoras a sonar en dirección a

donde estábamos, lo que probaba que había conocimiento por parte del ejército batistiano de nuestra presencia allí. Todos pudieron fácilmente llegar a la cumbre y sobrepasarla; pero para mí fue una tarea tremenda. Pude llegar, pero con un ataque tal de asma que, prácticamente, dar un paso para mí era difícil. En aquellos momentos, recuerdo los trabajos que pasaba para ayudarme a caminar el guajiro (Luis) Crespo; cuando yo no podía más y pedía que me dejaran, el guajiro, con el léxico especial de nuestras tropas, me decía: "Argentino de... vas a caminar o

En 4 de septiembre de 1933, el entonces sargento Batista participó en una sublevación militar que desembocó días más tarde en un Gobierno de integración presidido por Grau San Martín. Batista se convertiría en jefe de las Fuerzas Armadas de la República y del Estado Mayor del Ejército.

te llevo a culatazos". Además de decir esto cargaba con todo su peso, con el de mi propio cuerpo y el de mi mochila para ir caminando en las difíciles condiciones de la loma, con un diluvio sobre nuestras espaldas...».

El Granma, *en el que Fidel Castro y ochenta y un expedicionarios abandonarán México rumbo a Cuba. Preparado para la navegación de altura, y construido en 1943, tenía una sola cubierta, la proa inclinada y la popa recta.*

Para empeorar las cosas se verá afectado también por fiebres palúdicas y una persistente diarrea de la que derivaría una seria deshidratación. Fidel, en vista del estado en que se encontraba hubo de confiar en sus apreciaciones sobre el apoyo campesino a la Revolución y dirigirse a uno de los guajiros que habitaban en la zona, al que explicó quiénes eran y por qué peleaban antes de pedirle que bajara desde la sierra hasta Manzanillo en busca de medicinas para el enfermo. Castro le dio dinero y el grupo de rebeldes –aún no podían siquiera recibir el nombre de «ejército»– se encomendaron a los hados para que el hombre no los delatara, cosa que, efectivamente, no ocurrió. Cuando regresó con los remedios encargados, Fidel dejó al Che escondido y protegido por dos hombres para que fuera recuperando la salud mientras el resto continuaba camino en otra de las prácticas vitales para una

NICOLÁS GUILLÉN AL CHE GUEVARA

Nicolás Guillén, uno de los poetas clave del siglo XX y cubano universal, nació en Camagüey en 1902. Desde muy joven publicó su obra a través de diferentes revistas y tras abandonar sus estudios de Derecho, desencantado por la mediocridad de la vida universitaria, desempeñará distintos oficios relacionados con el mundo editorial, sobre todo diarios y semanarios.

La realidad cubana siempre fue objeto de su interés y por ella vivió expectante —su padre había muerto a manos de soldados que reprimían una revuelta patriótica—, y a medida que pasa el tiempo y va madurando intelectualmente sus posiciones se hacen más críticas y comprometidas ante los desequilibrios sociales y económicos de un país sometido al intervencionismo estadounidense.

Viajero incansable, en sus peregrinajes tomó contacto con los principales representantes del mundo literario y cultural de su época.

En España, a donde llegó en 1937 para participar en el II Congreso Internacional de Escritores para la Defensa de la Cultura, tomará la decisión de afiliarse al Partido Comunista, en el que militará hasta su muerte, conmovido por la angustiosa situación que vive la República española en plena Guerra Civil.

El triunfo de la Revolución cubana lo sorprendió en Argentina, la patria de nacimiento del Che, regresando inmediatamente a Cuba en donde dedicará al comandante guerrillero este magnífico soneto para el semanario *Propósitos*.

CHE GUEVARA

Como si San Martín la mano pura
a Martí familiar tendido hubiera,
como si el Plata vegetal viniera
con Cauto a juntar agua y ternura,

así Guevara, el gaucho de voz dura,
brindó a Fidel su sangre guerrillera,
y su ancha mano fue más compañera
cuando fue nuestra noche más oscura.

Huyó la muerte. De su sombra impura,
del puñal, del veneno, de la fiera,
sólo el recuerdo bárbaro perdura.

Hecha de dos un alma brilla entera,
como si San Martín la mano pura
a Martí familiar tendido hubiera.

Nicolás Guillén

guerrilla que Bayo se había encargado machaconamente de repetir: el cambio sistemático de posición en las montañas. El asma, «persistente compañera» a lo largo de la vida del Che, lo continuará atacando con relativa asiduidad a pesar de que poco a poco se fue fortaleciendo y adaptando a la sierra, pero siempre procuró encontrarse prevenido con las medicinas elementales para hacerle frente.

La táctica del Ejército Rebelde se fundamentaba en el movimiento constante, en atacar y replegarse, en confundir al adversario y obligarlo a abandonar sus cuarteles y defensas para abordarlo allí donde se hacía más vulnerable. Si Fidel escogió el largo camino de la guerra, concretamente el de la guerra de guerrillas, es porque, además, Fidel pretendía hacer una Revolución que hiciese arraigar unos principios y valores –individuales y sociales– al margen de aquellos que imperaban en torno a los de EE.UU., y enfrentados a la violencia que imponían al pueblo. Contra Batista nunca intentó, como proponían algunos grupos de la oposición, la vía rápida del magnicidio, incluso a sabiendas de que era vulnerable, prefiriendo un camino más largo pero digno: expulsarlo del poder mediante una lucha leal, incluso a pesar de que el adversario no respetase ninguna

A través de la educación, del ejemplo de los dirigentes sobre sus hombres y sobre las masas, el «hombre nuevo» del que habla el Che será capaz de hacer evolucionar las relaciones mercantilistas y de explotación del hombre hacia la solidaridad humana.

regla. Para Fidel en la guerra, lo mismo que en la política, existían normas elementales que era preciso mantener para lograr un objetivo doble y primordial: no perderse el respeto a uno mismo ni perder la razón ante los demás.

Su gran preocupación porque el pueblo cubano capta la imagen de honradez que abanderaba el ejército de la

Desde bien antiguo La Habana fue una de las ciudades más admiradas no sólo por los hijos de las Américas, sino también por los ciudadanos de Europa y Asia.

Sierra sólo podía hacerse realidad en el día a día de la lucha, cuando los hechos hablaran por sí mismos y corrieran de boca en boca. Si Batista disponía de hombres y medios para ganar la guerra, Fidel únicamente contaba con que la acción del Ejército Rebelde fuera ganando el apoyo creciente de la población. Entre tanto, era preciso aprender a hacer frente al enemigo allí donde su maquinaria no era operativa, a apoderarse de sus armas tras infligirle una derrota y, sobre todo, a ganarse su admiración.

En un régimen enormemente represivo como el que mantenía el ejército regular de la dictadura, las prácticas de los revolucionarios impresionaron grandemente tanto a oficiales como a la tropa: en primer lugar porque los rebeldes, menores en número y apenas sin medios, los vencían; pero, fundamentalmente, porque el Ejército Rebelde respetaba a los vencidos, no era partidario de aplicar humillaciones y asesinatos y como no podía hacerse cargo de los prisioneros por carecer de base firme y otros medios, los dejaba libres. Hubo soldados de Batista que fueron capturados hasta tres veces.

En las filas rebeldes era preciso, pues, no sólo que existiera una determinada ética, derivada de los «ideales» por los que se asumía la lucha, sino que la misma se cumpliera «religiosamente» y constituyera el elemento esencial en el día a día del guerrillero que, no lo olvidemos, se integraba en la guerrilla por voluntad propia. Y por esta razón en las filas rebeldes se tuvo que aplicar la justicia revolucionaria en casos de traición e incluso de bandolerismo ejercido contra los campesinos por

algunos de sus miembros, ajenos, evidentemente, a esa ética y a toda disciplina, si bien estos casos fueron mínimos.

«Recuerdo que se produjo un brote de bandolerismo en el seno del Ejército Rebelde –rememora Fidel en la obra de Ignacio Ramonet *Fidel Castro. Biografía a dos voces*– cuando éramos una tropa bien reducida, no llegábamos ni a doscientos hombres, sí, menos, unos ciento cincuenta; ya era un movimiento que podía defenderse y evitar que lo destruyeran, pero todo se basaba en el trato a la población que era, como le expliqué, exquisito. A los campesinos les

Camilo Cienfuegos fue uno de los miembros del Ejército Rebelde más queridos y respetados debido a su sencillez y humildad, que trascendían para quienes no le conocían en esa risa franca que recoge la cámara.

pagábamos con nuestros poquitos recursos cada cosa que consumíamos, aunque no quisieran, y se lo pagábamos, se lo aseguro, a un precio mayor; el respeto a las familias, el respeto a los niños. Mientras el ejército de Batista venía quemando, matando, robando.

Para nosotros un brote de bandolerismo era mortífero, y tuvimos que fusilar, sencillamente. Se hicieron juicios a varios de los que habían estado asaltando casas o asaltando tiendas. Y esa vez, en la guerra, se aplicó esa pena.»

El fotógrafo cubano Alberto Díaz «Korda».

Por su parte el Che, en sus *Pasajes de la Guerra Revolucionaria*, refiere con esa misma naturalidad, a pesar del dramatismo, el fin de Eutimio Guerra, el campesino que los traicionaba delatando sus posiciones cuando decía marchar a visitar a su familia. Como consecuencia de esta traición fueron sistemáticamente bombardeados por aviones y se perdieron vidas, de modo que supieron que entre sus filas existía un traidor. Tras averiguar que se trataba de Eutimio, lo tomaron preso, encontrándose entre sus pertenencias una pistola, tres granadas y un salvoconducto del ejército de Batista: «Naturalmente, después de verse preso y de habérsele encontrado esas pertenencias, ya no le cupo duda de su suerte. Cayó de rodillas ante Fidel, y simplemente pidió que lo mataran. Dijo que sabía que merecía la muerte.

En aquel momento parecía haber envejecido, en sus sienes se veía un buen número de canas, cosa que nunca había notado antes. Este momento era de una tensión extraordinaria. Fidel le increpó duramente su traición y Eutimio quería solamente que lo mataran, reconociendo

Su abnegado internacionalismo revolucionario lo llevó a luchar en contra del «imperialismo» en distintos lugares del planeta.

El dictador nicaragüense Anastasio Somoza durante la visita que realizó a EE.UU., en mayo de 1939, acompañado por el presidente norteamericano Franklin D. Roosevelt.

su falta. Para todos los que lo vivimos es inolvidable aquel momento en que Ciro Frías, compadre suyo, empezó a hablarle; cuando le recordó todo lo que había hecho por él, pequeños favores que él y su hermano hicieron por la familia de Eutimio, y cómo éste había traicionado, primero haciendo matar al hermano de Frías –denunciado por éste y asesinado por los guardias unos días antes– y luego tratando de exterminar a todo el grupo.

Fue una larga y patética declamación que Eutimio escuchó en silencio con la cabeza gacha. Se le preguntó si quería algo, y él contestó que sí, que quería que la Revolución, o, mejor dicho, que nosotros nos ocupáramos de sus hijos.

La Revolución cumplió. El de Eutimio Guerra es un nombre que ahora resurge al recuerdo de estas notas, pero que ya ha sido olvidado quizás hasta por sus hijos; éstos van con otro nombre a una de las tantas escuelas y reciben el tratamiento de todos los hijos del pueblo, preparándose para una vida mejor, pero algún día tendrán que saber que su padre fue ajusticiado por el poder revolucionario debido a su traición. También es de justicia que sepan que aquel campesino que se dejó tentar por la corrupción e intentó cometer una felonía impulsado por el afán de gloria y dinero, además de reconocer su falta, de no pedir ni por asomo una clemencia que sabía no merecía, se acordó en el último minuto de sus hijos y para ellos pidió un trato benevolente y la preocupación de nuestro jefe. En esos minutos se desató una

Che Guevara, en representación del Gobierno cubano, firma con la URSS diferentes acuerdos de cooperación mutua durante el viaje que realizó en 1960.

tormenta muy fuerte y oscureció totalmente: en medio de un aguacero descomunal, cruzado el cielo por relámpagos y por el ruido de los truenos, al estallar uno de estos rayos, con su trueno consiguiente, en la cercanía, acabó la vida de Eutimio Guerra sin que ni los compañeros cercanos pudieran oír el ruido del disparo. Al día siguiente, lo enterramos allí mismo».

Y es que la revolución que se está gestando no pretende una mera transformación de las estructuras sociales o de las instituciones del régimen –y será en este punto donde la «filosofía» guevarista se imponga como elemento

Tras el triunfo de la Revolución son precisos cambios radicales y estructurales que transformen las condiciones económicas, políticas y sociales existentes en el país.

sustantivo y como producto de la experiencia del viajero y de la larga meditación del pensador marxista-leninista–, sino que es el propio hombre, como factor esencial de dicha revolución, quien debe velar por los nuevos valores, modificar sus hábitos, sus relaciones sociales y ser estricto con su propia conciencia para poder ejercer como auténtico revolucionario durante todas las horas del día y combatir la miseria y la injusticia que envuelve al proletariado mundial allá donde éstas se encuentren. Únicamente mediante la variación de los esquemas mentales de los individuos que forman parte de un conjunto social puede llegarse a la transformación de aquella sociedad. Y esto únicamente se consigue a través de la educación, del ejemplo de los dirigentes sobre sus hombres y sobre las masas, hasta que la nueva manera de pensar que va a definir a ese «hombre nuevo» del que habla el Che se convierta en hábito natural capaz de hacer evolucionar las relaciones mercantilistas y de explotación del hombre hacia la solidaridad humana. Entonces prevalecerá la libertad plena y la igualdad de

En Pasajes de la guerra revolucionaria *la pluma concisa y enérgica del Che posibilitará una narración en la que la épica de los acontecimientos se humaniza con los detalles de la realidad cotidiana.*

beneficios para todos. Entonces se habrá alcanzado el socialismo.

Pero en la Sierra Maestra además de atenderse los aspectos militares e individuales de una guerrilla cuyo fin último era convertirse, a través de su desarrollo cualitativo y cuantitativo, en un ejército regular con el que poder enfrentarse a Batista, también eran atendidos los aspectos políticos inherentes al conflicto. La pretensión de Fidel, como ya hemos señalado, era aunar en la causa revolucionaria al máximo posible de los frentes abiertos en la lucha contra la dictadura, siempre y cuando ciertos principios irrenunciables fueran respetados. Y esos principios que ni siquiera podían ser cuestionados eran: el rechazo al golpe militar como solución para el país y la negativa a una posible injerencia extranjera en el conflicto.

En este sentido, la constitución de un frente amplio de lucha se había iniciado ya en septiembre de 1956 con la suscripción del referido «Pacto de México» entre el Movimiento 26 de Julio y el Directorio Revolucionario de José Antonio Echeverría. Sin embargo el 13 de marzo de 1957, durante el transcurso de una acción en la que el Directorio Revolucionario y la Organización Auténtica (brazo armado del Partido Revolucionario Cubano «Auténtico») pretendían el asalto al palacio presidencial y la muerte del dictador, José Antonio Echeverría muere en un enfrentamiento con la policía junto con otros veintisiete jóvenes. A pesar de no aprobar las tácticas del atentado personal, Fidel se sintió conmocionado por estas muertes y por el derramamiento de sangre que se avecinaba. Efectivamente, Batista emprenderá una cruel persecución sobre los conspiradores que culminó el 20 de abril con el asesinato de cuatro de los principales dirigentes del Directorio.

El siguiente paso hacia la unidad se dará con fuerzas no revolucionarias en un

A causa del asma crónica que padeció desde niño el Che adquiriría un gran autocontrol y una increíble voluntad de superación que persistirá a lo largo de su vida como un rasgo más de su carácter.

momento en que el prestigio de Fidel y su ejército había crecido enormemente tanto en el ámbito nacional como en el internacional. El 12 de julio de 1957 Raúl Chibás, por el partido del Pueblo Cubano, y Felipe Pazos, persona cercana a los auténticos de Prío Socarrás, cerrarán con Fidel el denominado «Manifiesto de la Sierra», una estrategia común de lucha con la que el Ejército Rebelde pensaba ampliar los apoyos que recibía de gran parte de la población e incluir el de los sectores más moderados y desprovistos de alternativas.

José Antonio Echeverría, presidente de la Federación Estudiantil Universitaria (cuarto desde la izquierda), en la misma escalinata de la Universidad de La Habana donde caería acribillado el 13 de marzo de 1957 por las fuerzas represoras de Batista.

Sin embargo, en el mes de septiembre de ese mismo año, la actividad diplomática del embajador estadounidense en Cuba rinde sus frutos al conseguir que los grupos de oposición a Batista –entre ellos una delegación del Movimiento 26-J– suscribieran el

La Habana conserva el viejo encanto colonial que siglos de ocupación española dejarían como legado a sus gentes.

denominado «Pacto de Miami». En él se habían obviado los principios irrenunciables de esta organización, plasmados en el «Manifiesto de la Sierra», y referidos a la negativa de cualquier injerencia extranjera en los asuntos cubanos –que evidentemente molestaban al embajador norteamericano ante la clara alusión al Gobierno de los EE.UU. que representaba–, y a la total oposición al advenimiento temporal de una Junta

Militar que actuara como Gobierno provisional en tanto se preparaba la celebración de elecciones. También en este punto los EE.UU. siempre se mostraron partidarios de los militares para solucionar cierto tipo de problemas.

El 14 de diciembre Fidel hará unas declaraciones en contra de estos acuerdos rompiendo por parte del Movimiento 26 de Julio toda relación con el «Pacto de Miami». El motivo no radicaba en que hubieran sido suscritos por miembros de la organización sin consultar con los máximos dirigentes –señal de que algo fallaba en la dirección del M-26-J–, sino en lo que significaba la desaparición de los referidos puntos.

«Suprimir en el documento de unidad –indica Fidel en cuanto al primer punto– la declaración expresa de que se rechaza todo tipo de intervención extranjera en los asuntos internos de Cuba [...] no es sólo pedir que no se haga en favor de la Revolución porque ello iría en menoscabo de nuestra soberanía e, incluso, en menoscabo de un principio que afecta a todos los pueblos de América; es pedir también que no se intervenga en favor de la dictadura enviándole aviones, bombas, tanques y armas modernas con las cuales se sostiene en el poder, y que nadie como nosotros y, sobre todo, la población campesina de la sierra ha sufrido en sus propias carnes. En fin, porque lograr que no se intervenga es ya derrocar la tiranía.»

En cuanto al segundo principio, asegura: «Lo más nefasto que pudiera sobrevenir a la nación en estos instantes, por cuanto estaría acompañada de la ilusión engañosa de que el problema de Cuba se ha resuelto con la ausencia del dictador, es la sustitución de Batista por una junta militar. [...] Si la experiencia ha demostrado en América que todas las juntas militares derivan de nuevo hacia la autocracia; si el peor de los males que ha azotado este continente es el enraizamiento de las castas militares en países con menos guerras que Suiza y más generales que Prusia; si una de las más legítimas aspiraciones de nuestro pueblo en esta hora crucial en que se salva o se hunde por muchos años su destino democrático y republicano, es guardar –como el legado más precioso de sus libertadores– la tradición civilista que se inició en la misma gesta emancipadora y aún hoy perdura. [...] Pues bien: no vacilamos en declarar que si una junta

Una escuela cubana. Al fondo vemos una fotografía del Che.

El Che combatía la injusticia y luchaba por la honradez para alcanzar el socialismo.

fuerzas políticas y sociales del país. Aunque las fuerzas del «Pacto de Caracas» nunca actuaron juntas como órgano de lucha contra la dictadura, sin embargo, como apunta la chilena Marta Harnecker, «fue una acción conjunta de todas estas fuerzas lo que derribó a Batista, aunque, por supuesto, el peso relativo de cada una de ellas fue muy diferente». Sólo con el Partido Socialista Popular y el Directorio Revolucionario se conseguiría una vertebración de las fuerzas revolucionarias dos años después del triunfo de la Revolución, justo después del surgimiento de las Organizaciones Revolucionarias Integradas (ORI).

militar sustituye a Batista, el Movimiento 26 de Julio seguirá resueltamente su campaña de liberación. Preferible es luchar más hoy, a caer mañana en nuevos e infranqueables abismos. ¡Ni junta militar, ni gobierno títere juguete de militares! ¡Los civiles a gobernar con decencia y honradez, los soldados a sus cuarteles, y cada cual a cumplir con su deber!».

Pero no será hasta julio de 1958 cuando quede constituido un amplio Frente Cívico Revolucionario en el que estarán presentes prácticamente todas las

«Para conseguir ese objetivo –insiste Marta Harnecker en su estudio *Fidel, la estrategia política de la victoria*–, Fidel aceptó sin problemas que el nuevo Gobierno producto de la Revolución estuviera constituido por personalidades provenientes, en su mayoría, de la gran burguesía cubana, que fuese un "equipo de Gobierno conservador" como él mismo lo denominaría posteriormente. Eso no tenía mayor trascendencia debido a que "la fuerza de las masas y la fuerza armada" estaban "en manos revolucionarias" y esa fuerza constituía el poder real de la Revolución.»

MONUMENTO CONMEMORATIVO AL CHE

*Vista de la estatua y los relieves proyectados por el pintor
y escultor cubano José Delarra.*

A finales de diciembre de 1958 el Comandante Guevara hizo descarrilar en Santa Clara el convoy en el que las fuerzas de Batista intentaban llegar hacia la parte oriental del país, frustrando la última posibilidad militar del Gobierno de la dictadura para detener la avanzada del Ejército Rebelde. Esta acción va a relacionar de forma especial al Che con esta hermosa ciudad de la actual provincia de Villa Clara que, junto con las de Cienfuegos y Sancti Spiritus, formaba parte de la antigua provincia de Las Villas.

Y en Santa Clara, la ciudad que le proclamó su héroe libertador, se levantó un monumento dedicado a su memoria y erigido con ocasión del 30.º aniversario de la Batalla de Santa Clara, siendo inaugurado el 28 de diciembre de 1988, fecha de dicha conmemoración. Por este motivo, cuando en octubre de 1997 llegaron a Cuba los restos mortales de Ernesto Guevara tras haber sido localizados en territorio boliviano por expertos cubanos y argentinos en una fosa común junto con seis compañeros, no se concibió otro lugar para depositarlos que no fuese allí.

El pintor y escultor José Delarra escogió la loma de la Tenería como lugar idóneo para situar este impresionante monumento que, desde oriente, dobla a la izquierda para volcarse hacia el sur, mirando en dirección a la serranía del Escambray y hacia Latinoamérica, de la que el comandante se declaró patriota: «He nacido en la Argentina; no es un secreto para nadie. Soy cubano y también soy

argentino y, si no se ofenden las ilustrísimas señorías de Latinoamérica, me siento tan patriota de Latinoamérica, de cualquier país de Latinoamérica, como el que más y, en el momento en que fuera necesario, estaría dispuesto a entregar mi vida por la liberación de cualquiera de los países de Latinoamérica, sin pedirle nada a nadie, sin exigir nada, sin explotar a nadie».

Delarra proyectó la maqueta del monumento, la estatua, los relieves y los textos del Che, todo ello en un volumen piramidal en el que, a través de una escalinata, quedará conectado todo el conjunto. Para que fuera una obra colectiva —los santaclareños le dedicarían más de 500.000 horas de trabajo voluntario—, el escultor invitó a participar en ella a otros colegas, acudiendo a su llamada arquitectos como Blanca Hernández Guivernau, José Ramón Linares Ferrera o José Alberto Cao Campo, a cuyo cargo corrió el diseño de la enorme plaza en la que se asienta, concebida para actividades político-culturales y con capacidad para 80.000 personas. Pavimentada en terrazo rojo, blanco y negro, dispone de una tribuna de unos 2.000 metros cuadrados en la que los siguientes elementos aportan al amplio frente de 72 metros que ocupa la sobria vistosidad que caracteriza al complejo monumental:

En el centro, una escultura en bronce del comandante Guevara, de 6,80 metros de altura en la que el escultor Delarra lo presenta tal y como entró en Santa Clara, con su uniforme verde oliva, botas de campaña, el brazo en cabestrillo y su fusil M-2. La escultura descansa sobre un pedestal tapizado en piedra de 10 metros de alto —la parte que sobresale en la plaza— y otros 6 metros más que descienden hasta la planta baja del monumento, aquí el pedestal está recubierto de mármol verde y piedras de Jaimanitas.

A la derecha de la escultura, un mural de hormigón, arena de sílice y cemento blanco muestra en relieve distintas escenas de la guerra revolucionaria que culmina en la batalla de Santa Clara y la figura del comandante como símbolo de la ciudad liberada. En él figura una leyenda con las órdenes dadas por Fidel a Guevara: «Se asigna al Comandante Guevara la misión de conducir desde la Sierra Maestra hasta la provincia de Las Villas una columna rebelde».

A la izquierda de la escultura sendas jardineras de 6 y 2 metros de alto, perenne ofrenda floral al Che, recogen, la mayor, el texto de la carta que Guevara envió a Fidel cuando se desplazó a tierras continentales para proseguir allí la lucha revolucionaria y, la otra,

su declaración de «patriota latinoamericano» a la que aludimos anteriormente.

El museo, localizado en la planta baja del complejo, fue proyectado por Blanca Hernández y la parte de museografía estuvo a cargo de José Ramón Linares. Por medio de imágenes, fotos, documentos y objetos se da cuenta de la evolución física e intelectual del Che Guevara.

El Mausoleo, auténtico monumento a la sencillez, a la dignidad y al valor, en cuyo diseño intervinieron Blanca Hernández y Jorge Cao, fue concebido a modo de campamento guerrillero, en ambiente modesto a la vez que solemne, con paredes de mármol de caras quebradas. Simulando las selvas latinoamericanas en las que se movió la guerrilla, en un lugar reducido y hermético, rodeado de plantas, descansan los restos del Che y de la mayor parte de los guerrilleros caídos en Bolivia. Delarra plasmaría después los rostros de todos ellos, mientras que una llama flameante perpetúa su recuerdo...

Panorámica de la Plaza proyectada por Alberto Cao Campo para actividades político-culturales.

CHE

UNA IMAGEN MÍTICA
CAPTADA POR KORDA

En 1959 triunfa la Revolución en Cuba. «Ahora viene lo difícil», advertirá Fidel al pueblo. El Che quedará consagrado como el héroe libertador de Santa Clara. Los EE.UU., contrarios al nuevo régimen. La contrarrevolución inicia maniobras para derrocar a Castro.

En apenas dos años de lucha armada la guerrilla se había convertido en un auténtico ejército regular que, apoyado políticamente por el conjunto de fuerzas opositoras a Batista, llevó la Revolución hasta las altas cimas de la victoria. La visión de la realidad cubana por parte de Fidel Castro, su facilidad a la hora de reunir las fuerzas populares en esta lucha y de gestionar políticamente la unidad revolucionaria serán tan fundamentales en la consecución del triunfo como su gran intuición y capacidad de mando en el terreno militar.

Ocho meses después de haberse iniciado la ofensiva rebelde, el médico argentino de la tropa se habrá convertido en comandante de la segunda columna del ejército de la Sierra. Su convicción guerrillera se había puesto de manifiesto poco tiempo después del desembarco, al ser ametrallados por la aviación de Batista: en una decisión rápida hubo de elegir entre arrastrar consigo en la huida su maletín de médico o una caja de munición, y optó por ésta última. El ascenso, es de suponer que por

Inmediatamente después de la caída de Batista y apoyados por los EE.UU., los contrarrevolucionarios inician su ofensiva de sabotajes y asesinatos.

acumulación de méritos de guerra, tiene lugar de un modo informal, cuando en una carta de solidaridad que los dirigentes guerrilleros envían a Frank País por el asesinato de su hermano, le toca el turno a Ernesto para estampar su firma y a continuación añadir el grado que ostenta. Entonces Fidel le indica: «Ponte comandante». Guevara se convierte así en el primer hombre de los que alcanzarán tal honor en el Ejército Rebelde. «La

El 1 de abril de 1965 el Che se incorpora a la guerrilla congoleña con el nombre de guerra de «Tatu».

dosis de vanidad que todos tenemos dentro –apunta al respecto Guevara– hizo que me sintiera el hombre más orgulloso de la tierra ese día. El símbolo de mi nombramiento, una pequeña estrella, me fue dada por Celia junto a uno de los relojes de pulsera que [Fidel] había encargado a Manzanillo».

No obstante sus múltiples labores al frente de la guerrilla y los hechos de armas que protagonizó con sus hombres, el que le elevará al Olimpo de los héroes entre los cubanos será la toma de Santa Clara, en la entonces provincia de Las Villas. Apoyado por Camilo Cienfuegos, a quien Fidel ordena ponerse bajo las órdenes del Che, consiguen interrumpir las comunicaciones entre la parte occidental y la oriental de la isla, impidiendo que lleguen refuerzos a Santiago de Cuba donde las columnas de

Fidel, Raúl y Juan Almeida, sitian esta capital.

Desde que a mediados de diciembre de 1958 da comienzo la ofensiva y hasta

La guerrillera Aleida March.

el 31 de diciembre, fecha en la que se rinde la fortaleza de Santa Clara, el Che se moverá por todos los frentes abiertos consiguiendo que uno a uno caigan los cuarteles y poblaciones que rodean Santa Clara. En Cabaiguán, saltando entre los tejados por donde los rebeldes van

La alegría por el triunfo de la Revolución es inmensa. Los cubanos salen a recibir al Ejército Rebelde en su periplo hacia La Habana.

avanzando, el Che cae a un patio al tropezar con una antena abriéndose una brecha en la cabeza y recibiendo un

En Guantánamo, por la enmienda Platt, incluida como apéndice en la Constitución de 1901, la República sería tutelada por los EE.UU. bajo gobiernos impuestos y la vigilancia de los marines norteamericanos.

fuerte impacto en el costado izquierdo. A resultas de este golpe, días después entrará triunfante en Santa Clara con el brazo en cabestrillo, y de esta manera va a quedar inmortalizado por el escultor José Delarra en el monumento que la ciudad dedicaría años más tarde a su memoria con ocasión del 30.º aniversario de la batalla.

Batista, sabedor de la importancia estratégica que la capital de Las Villas adquiría por estar situada en el centro de la isla y porque en aquellos momentos suponía el último obstáculo de los rebeldes en su camino hacia La Habana, envía un tren blindado con todo tipo de armamento y munición y con dos mil hombres para reforzar su defensa. Entre tanto el Che, con Ramiro Valdés, estudia la mejor forma de acceder a Santa Clara decidiéndose por los caminos que a través de la Universidad, en la parte norte, conducen a la capital. Con aproximadamente trescientos cincuenta hombres habrá de enfrentarse a unos cinco mil soldados bien pertrechados que, además, disponen de tanques y aviones. Pero los rebeldes cuentan con la ayuda de la población y desde la emisora CMQ el Che hace una llamada para que se levanten barricadas con el fin de estorbar los movimientos de las tropas de Batista. Al día siguiente, 28 de diciembre, la ciudad amanece repleta de todo tipo de obstáculos mientras los rebeldes se deslizan hacia el centro de la ciudad entre sangrientos combates en las calles.

El 29 de diciembre la «escuadra suicida» que mandaba Roberto Rodríguez, «El Vaquerito», consigue tomar la estación ferroviaria y se produce una ofensiva rebelde que lleva a los soldados a refugiarse en el tren blindado, detenido en el camino de Camajuaní, con la intención de escapar de allí a toda prisa. Pero el Che había tenido la precaución de

ordenar levantar un tramo de vía unos kilómetros más allá del lugar donde éste se había estacionado y el tren descarriló. La posterior lucha que se produce finalizará con la rendición de los soldados, tras quedar convertido el convoy en un horno por la acción de los cócteles Molotov que a través de las ventanillas arrojaban los rebeldes. Las armas y la munición que pudieron tomarse del tren hicieron que la conquista de la ciudad fuera cuestión de horas. Con la rendición del cuartel de Yaguajay, cuya

John Fitzgerald Kennedy era el presidente de los EE.UU. durante la «Crisis de los Misiles» surgida tras la Revolución.

Hoy nos dicen
Que estás muerto de veras,
que te tienen
Al fin donde querían.
Se equivocan
Más que nosotros figurándose
Que eres un torso de absoluto mármol
Quieto en la historia, donde todos
Puedan hallarte.
Cuando tú
No fuiste nunca sino el fuego,
Sino la luz, el aire,
Sino la libertad americana
Soplando donde quiere, donde nunca
Jamás se lo imaginan, Che Guevara

Eliseo Diego,
poeta, escritor y ensayista cubano

guerrillera que operaba en la zona, Aleida March, y poco a poco el amor surge entre ambos con esa fuerza arrolladora que lo caracteriza. Jon Lee Anderson, en su biografía sobre el Che, aplica a la relación establecida entre esta pareja el adjetivo de «inverosímil», aludiendo a diferencias ideológicas y a ciertos prejuicios que desde determinada perspectiva podía parecer lógico que interfirieran en la buena marcha de su vínculo afectivo y, evidentemente, sin tener en cuenta aquello que asegura el nobel español Severo Ochoa de que el

guarnición se entrega a Camilo Cienfuegos, éste se reúne con el Che y el 1 de enero de 1959, quinto día de la ofensiva sobre Santa Clara, la ciudad queda liberada.

Y ya, camino de La Habana hacia donde Fidel ordena avanzar a ambos comandantes, el Che no camina solo. En algún momento de su misión en Las Villas conoce a una hermosa y joven

El poeta cubano Eliseo Diego.

Durante la toma de Santa Clara, en la que el Che resultó herido (lleva el brazo en cabestrillo). Vemos en la imagen, de izquierda a derecha, a Ramiro Valdés, Camilo Cienfuegos, Guevara y Carlos Franqui.

amor es «física y química». Es probable que Aleida, una señorita bien de la región, tuviera en principio ciertos reparos ante el aspecto desaliñado que acostumbraba a presentar el Che –y que dicho sea de paso era consustancial con su forma de ser–, o por parte de éste el hecho de que su amada tuviera –también en principio–, una nefasta opinión de los comunistas. Lo que a Ernesto le importaba de verdad era que Aleida March era bonita, que estaba con la Revolución y que había demostrado sobradamente su valor enfrentándose a graves peligros. No obstante los referidos comentarios, Lee Anderson

añade finalmente: «Es indudable que el Che también se sintió atraído por su personalidad contradictoria (la de Aleida), muy tímida pero con un sentido del humor filoso y desinhibido. Cuando se decidía a hablar, era sincera hasta la indiscreción, como el Che». En cuanto a Aleida, en una entrevista con el periodista y escritor le confesará con cierta picardía: «A partir de entonces nunca dejé su lado... ni permití que saliera de mi vista».

Mientras el Che y Camilo intentaban solventar en La Habana un último problema surgido con sus aliados del Directorio Revolucionario, que ocupaban el palacio presidencial y se negaban a entregarlo, Fidel se había puesto en camino hacia la capital desde sus posiciones en la provincia de Oriente. A lo largo del recorrido recibía el homenaje del pueblo de Cuba, que salía a vitorearlo por todas partes donde pasaba, y ya en La Habana sería la apoteosis. Sin embargo, el primer discurso de Fidel, el 8 de enero de 1959, comenzará así:

Imágenes de dos tanquetas por una calle de Santa Clara durante la toma de esta ciudad por el Ejército Rebelde.

«Compatriotas,

Yo sé que al hablar esta noche aquí se me presenta una de las obligaciones más difíciles, quizás, en este largo proceso de lucha que se inició en Santiago de Cuba, el 30 de noviembre de 1956.

El pueblo escucha, escuchan los combatientes revolucionarios, y escuchan los soldados del Ejército, cuyo destino está en nuestras manos.

Creo que es este un momento decisivo de nuestra historia: la tiranía ha sido derrocada. La alegría es inmensa. Y sin embargo, queda mucho por hacer todavía. No nos engañamos creyendo que en adelante todo será fácil; quizás en adelante todo sea más difícil.

Decir la verdad es el primer deber de todo revolucionario. Engañar al pueblo, despertarle engañosas ilusiones, siempre traería las peores consecuencias, y estimo que al pueblo hay que alertarlo contra el exceso de optimismo.»

Y, efectivamente, sólo la primera etapa del largo camino emprendido había finalizado. Ahora venía la parte más delicada, que era hacer efectiva la Revolución y sortear todos los peligros

... NO LEVANTES HIMNOS DE VICTORIA...

El Che viviría en Sierra Maestra momentos de terrible dureza debido a unos fortísimos ataques de asma que había de afrontar subiendo y bajando riscos en un ambiente de gran humedad y sin medicamentos. A ello se añadía el sentimiento de inutilidad personal al necesitar la ayuda de los compañeros para moverse.

«...Cada vez que un acierto nos sorprendía, repetíamos las estrofas de Gutiérrez que ambos queríamos:

No levantes himnos de victoria
en el día sin sol de la batalla.

Mucho pensé después cuántas veces él las habría repetido, en la Sierra Maestra, en el Congo, en Bolivia...Toda su vida fue lucha, quizá por eso esos versos eran tan suyos...»

Evocación
Tita Infante

No, no levantes himnos de victoria
en el día sin sol de la batalla,
que has partido la frente de tu hermano
con el maldito golpe de la espada.
Cuando se abate el pájaro del cielo,
se estremece la tórtola en la rama,
cuando se postra el tigre en la llanura,

las fieras todas, aterradas, callan.
¿Y tú levantas himnos de victoria
en el día sin sol de la batalla?
¡Ah! ¡Sólo el hombre, sobre el mundo impío,
en la caída de los hombres, canta!
Yo no canto la muerte de mi hermano,
márcame con el hierro de la infamia,
porque en el día en que su sangre viertes,
de mi trémula mano, cae el arpa.

Ricardo Gutiérrez (1806-1896),
pediatra y poeta argentino

La caña de azúcar siempre fue uno de los productos por excelencia de las tierras cubanas. Con su machete en alto celebran estos cubanos el IX Aniversario del triunfo de la Revolución.

económica largamente anhelados por la sociedad cubana, con el agravante del expolio al Tesoro Nacional perpetrado por Batista y sus hombres de confianza que partieron al exilio llevándose sus fondos; ahora venía la disolución del viejo ejército para ser sustituido por ese «pueblo uniformado» que definía al Ejército Rebelde; ahora venía la formación de los tribunales populares encargados de juzgar a los responsables de los crímenes y torturas perpetrados por las fuerzas represivas gubernamentales contra la población cubana, que reclamaba el deseo y necesidad de procurar justicia.

Fidel se había comprometido solemnemente con el pueblo de Cuba a no dejar impunes estos crímenes, ya que en la opinión pública imperaba un clima de linchamiento que Fidel quería evitarle a toda costa a una Revolución que si en algo había puesto especial empeño era en restituir a la castigada sociedad cubana valores como la razón, la honradez, y una legalidad largamente pisoteada por la dictadura. Era preciso, pues, establecer un código que aplicar a los imputados y escoger con sumo cuidado a los jueces y fiscales que fueran a intervenir en el proceso para evitar cualquier posible tendenciosidad que acabara deslegitimando la causa...; y nadie como

que sobre ella se cernían: ahora venía la prometida reforma agraria y las primeras medidas contra las deprimentes condiciones de educación y salud existentes; ahora venían los procesos de reestructuración social, política y

Ernesto critica el consumismo de los países ricos que impide el desarrollo de los países pobres.

el Che, con su minuciosidad y sentido de la justicia para llevar a cabo estos trámites y actuaciones. Pero, además, Guevara era un firme partidario de exigir responsabilidades al ejército, pues pensaba que Cuba no podía permitirse, tras la lucha por la victoria, repetir el error que en Guatemala había costado un baño de sangre al país y el derrocamiento del gobierno democrático del presidente Jacobo Arbenz, precisamente por no

realizar en su momento la purga en unas Fuerzas Armadas posiblemente corruptas, en las que se hubiera conspirado para organizar el golpe.

Orlando Borrego, uno de los hombres de confianza del Che y contable de profesión, fue designado Presidente del Tribunal que juzgaría estos actos. A pesar de los años transcurridos recordará con toda claridad las dificultades que tuvieron hombres como él mismo, sin formación

El pueblo cubano sigue recordando al Che, cuya imagen se hace presente en multitud de carteles y edificios.

jurídica, ante la responsabilidad de impartir la justicia revolucionaria intentando evitar errores o arbitrariedades: «Ahí lo que primaba –asegura– era el sentido de la moral; uno, de la moral revolucionaria, y otro, de la justicia, de que no se fuera a cometer ninguna injusticia. En eso el Che era sumamente cuidadoso... Por golpear a un preso y eso, no se fusilaba a nadie, pero ya cuando había torturas muy fuertes y asesinatos y muertes, ya ahí sí eran condenados a muerte... Ahí se analizaba todo el expediente, se veían todos los testigos, venían los familiares del muerto o del torturado, o venía el torturado, y en el tribunal revelaba todas las torturas que había recibido, mostraba su cuerpo».

Estos juicios públicos, que se organizaron en un estadio deportivo con el fin de que todos los cubanos fuesen

testigos de que se hacía justicia, dañaron grandemente la imagen de la Revolución, y no porque los allí juzgados fueran o no criminales que habían infligido a ciudadanos daños propios de una dictadura como la que Batista fue capaz de perpetrar, ni porque éstos no dispusieran de garantías procesales, sino

Con su madre, Celia de la Serna, durante una de sus estancias en Cuba.

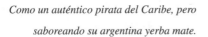

La diversificación de la economía y el desarrollo de la industria fueron de las principales tareas que emprendió la Revolución.

los asesinos, expuesto ante miles de personas mientras se le acusa de los peores crímenes que quepa imaginar, provoca en mucha gente reacciones de piedad y lástima, cosa que no ocurrió, por ejemplo, en los juicios de Nüremberg en los que, sin embargo, no existían leyes previas que aplicar a los nazis sentados en el banquillo.

Los EE.UU., que no veían forma de maniobrar dentro del nuevo régimen y

porque se cometió el error –inocente, si se quiere–, de que la propia aplicación de la justicia apareciera convertida en una especie de espectáculo de circo. El deseo de los dirigentes de que todo el mundo contemplase cómo la Revolución hacía justicia llevaron el procedimiento formal hacia la exageración, pues hasta el peor de

Como un auténtico pirata del Caribe, pero saboreando su argentina yerba mate.

empezaban a ponerse nerviosos tratando de encontrar la forma de que aquello no se les fuera de las manos, pusieron el grito en el cielo en una campaña contra la Revolución que sería contestada por Fidel Castro afirmando que el país que había sido capaz de arrojar una bomba atómica sobre Hiroshima, asesinando indiscriminadamente a toda su población civil, no tenía ningún derecho a acusarlo de consentir un «baño de sangre». Fidel se preguntaba también, con esa retórica incisiva y clara que suele emplear en sus discursos, por qué esos mismos críticos no habían elevado la voz cuando los asesinos de Batista cometían los crímenes atroces que ahora se estaban juzgando. Lee Anderson, en la biografía citada sobre el Che, afirma sin dar cifras exactas que fueron fusiladas varios cientos de personas en todo el país tras unos procedimientos sumarios que –y esto lo matiza– fueron legítimos.

«Creo que hemos demostrado suficientemente haber luchado sin ambiciones. Creo que ningún cubano alberga sobre ello la menor duda –les dice ya finalizando sus palabras el comandante Fidel Castro en aquel primer discurso en La Habana–. Así que ahora todos tenemos que trabajar mucho. Yo, por mi parte, estoy dispuesto a hacer todo lo más que se pueda en beneficio del país, como sé que están todos mis compañeros, como sé que está el presidente de la República y como sé que están todos los ministros, que no van a descansar. [...]

Nadie vaya a creer que las cosas se van a resolver de la noche a la mañana. La guerra no se ganó en un día, ni en dos, ni en tres, y hubo que luchar duro; la Revolución tampoco se ganará en un día,

Según el Che, el ejército guerrillero, ejército popular por excelencia, debe tener en cuanto a su composición individual las mejores virtudes del mejor soldado del mundo.

ni se hará todo lo que se va a hacer en un día. Además, le he dicho al pueblo en otros actos que no se vayan a creer que esos ministros son unos sabios –empiezo por decirles que ninguno ha sido ministro antes, o casi ninguno–. Así que nadie sabe ser ministro, eso es una cosa nueva para ellos; lo que están es llenos de buenas intenciones. Y yo digo en esto, igual que digo de los comandantes rebeldes: miren, el comandante Camilo Cienfuegos no sabía de guerra, ni de manejar un arma, absolutamente nada. El Che no sabía nada; cuando conocí al Che en México se dedicaba a disecar conejos y hacer investigaciones médicas. Raúl tampoco

Febrero de 1965. El Che reunido con representantes del Frente de Liberación de Mozambique (FRELIMO).

sabía nada; Efigenio Ameijeiras tampoco sabía nada; y al principio no sabían nada de guerra, y al final se les podía decir, como les dije: "Comandante, avance sobre Columbia, y tómela"; "Comandante, avance sobre La Cabaña, y tómela"; "Avance sobre Santiago, y tómelo", y yo sabía que lo tomaban... ¿Por qué? Porque habían aprendido.

Es posible que los ministros ahora no tengan grandes aciertos, pero estoy seguro

ALEIDA GUEVARA MARCH, HIJA DEL CHE

Palabras que dirige a Fidel Castro en la solemne ceremonia de recepción
en Cuba de los restos de los guerrilleros caídos en Bolivia,
entre los que se encuentran los de Che Guevara

Hasta la victoria siempre

Cartel de Ernesto Che Guevara bajo el que puede leerse una de las divisas revolucionarias.

eternamente jóvenes, valientes, fuertes, audaces.

Nadie puede quitarnos eso; siempre estarán vivos junto a sus hijos, en el pueblo.

«Querido Comandante:

Hace más de treinta años nuestros padres se despidieron de nosotros: partieron para continuar los ideales de Bolívar, de Martí, un continente unido e independiente, pero tampoco ellos lograron ver el triunfo.

Estaban conscientes de que los grandes sueños sólo se hacen realidad con inmensos sacrificios. No volvimos a verlos. En esa época la mayoría de nosotros éramos muy pequeños; ahora somos hombres y mujeres, y vivimos, quizás por primera vez, momentos de mucho dolor, de intensa pena. Conocemos cómo ocurrieron los hechos y sufrimos por ello.

Hoy llegan a nosotros sus restos, pero no llegan vencidos; vienen convertidos en héroes,

Ellos sabían que cuando lo decidieran, podrían regresar a la Patria y que nuestro pueblo los recibiría con amor y curaría sus heridas, y sabían que usted seguiría siendo su amigo, su jefe.

Por eso es que le pedimos, Comandante, que nos haga el honor de recibir sus restos; más que nuestros padres, son hijos de este pueblo que tan dignamente usted representa.

Reciba a sus soldados, a sus compañeros que regresan a la Patria.

Nosotros también le entregamos nuestras vidas.

Hasta la victoria siempre.
¡Patria o Muerte! ¡Venceremos!»

de que dentro de unos meses van a saber resolver todos los problemas que les presente el pueblo, porque tienen lo más importante: el deseo de acertar y de ayudar al pueblo; y, sobre todo, estoy seguro de que ni uno solo, jamás, cometerá una de las faltas clásicas de los ministros. ¿Ustedes saben cuál es, no? (Exclamaciones: "¡Robar!", "¡Robar!"). ¡Ah!, ¿cómo lo saben?

Pues, sobre todo, eso: la moral, la honradez de esos compañeros. No serán sabios, porque aquí nadie es sabio, pero sí les aseguro que hay honrados de sobra, que es lo que se está pidiendo. [...] Entonces, vamos a darles un voto de confianza, vamos a dárselo, vamos a esperar... Sí, son del 26 (Movimiento 26 de Julio) la mayoría, pero si no sirven, después vendrán los del 27, o los del 28...»

Más adelante, cuando los EE.UU. comprendieron que la Revolución no iba a dar marcha atrás ni se plegaría a sus pretensiones e intereses, Cuba habría de enfrentarse también a que desde apenas a noventa millas de sus costas se dirigieran

contra la isla bombardeos, atentados, actos de sabotaje, invasiones y un embargo económico que llevarían al Gobierno a buscar en otros ámbitos ayuda para su desarrollo, nuevos mercados para sus productos, y que en el otoño de 1962 colocarían a Cuba en el vórtice de lo que pudo ser un holocausto nuclear ante la denominada «Crisis de los Misiles».

En la historia de la naciente Revolución van a quedar escritos los bombardeos de aviones procedentes de EE.UU. contra la población civil; el incendio de cañaverales con napalm; la financiación y apoyo logístico a la

En 1966 Fidel convoca en La Habana una conferencia de solidaridad entre los pueblos de Asia, África y América Latina que luchan contra el imperialismo conocida como la Tricontinental.

contrarrevolución que actuó en el Escambray asesinando a campesinos y a los jóvenes que por aquellas sierras actuaban en campañas de alfabetización; el sabotaje al vapor francés *La Coubre* en el puerto de La Habana, que en dos violentas explosiones causó ciento un muertos y más de doscientos heridos... En el entierro de las víctimas del buque pronunciaría Fidel por vez primera la consigna «¡Patria o Muerte!», y en el homenaje multitudinario a las víctimas, al que asistieron intelectuales de varias partes del mundo en apoyo de la

Revolución, el fotógrafo Korda captó esa imagen del Che que se puede definir como metafísica, con la mirada reconcentrada en sus pensamientos, el pelo largo bajo la boina de comandante en la que únicamente brilla la «estrella solitaria», y su rostro sereno que continúa reproduciéndose como símbolo de unos ideales en multitud de carteles y edificios.

No faltarán en esa recopilación de las primeras páginas de la historia de Cuba tras la Revolución las dedicadas al desembarco de mil quinientos mercenarios entrenados por la CIA en Bahía de Cochinos, del que Kennedy admitiría públicamente la plena responsabilidad del Gobierno de EE.UU.,

En Dar-es-Salaam, Tanzania, el Che se despide de Marcelino dos Santos, del Frente de Liberación de Mozambique (FRELIMO).

En Ghana, República de África occidental, Guevara posa en la fotografía con personal de la embajada cubana.

ni las consagradas al embargo económico decretado contra el pueblo de Cuba. Se reflejan en estas páginas también los atentados contra Castro. En dichas páginas queda escrito el conflicto entre la potencia mundial y algunos de los principales preceptos del Derecho Internacional y de los principios en que se sustenta la Organización de Naciones Unidas (ONU), cuyas consecuencias se han traducido en la condena que le ha supuesto a Cuba el permanente estado de guerra en que se ha visto obligada a vivir durante los cerca de cincuenta años transcurridos desde el triunfo de la Revolución.

En agosto de 1961 Che Guevara, por entonces titular del Ministerio de Industrias tras haber desempeñado puestos como responsable del Departamento del Instituto Nacional de Reforma Agraria, del de Instrucción de las Fuerzas Armadas Revolucionarias o la presidencia del Banco Nacional, encabeza la delegación cubana en la Conferencia Interamericana que se celebra en Punta del Este. El 3 de enero los EE.UU. habían roto relaciones

Explica Guevara que cuando se planteó la Reforma Agraria y se hicieron efectivas las leyes revolucionarias que la complementaban y la hacían viable e inmediata, se estaba pensando en la justicia social que significa la redistribución de la tierra.

diplomáticas con Cuba y ahora preparaban su expulsión de la Organización de Estados Americanos (OEA) –acontecimiento que tendría lugar en el mes de enero del año siguiente–, en la decisión de aislar definitivamente la isla y su gobierno derivado de la Revolución. Mientras tanto, esta Conferencia de Punta del Este respondía a una reunión extraordinaria del Consejo Interamericano Económico y Social (CIES), organismo colateral de la OEA centrado en temas económicos, con la que el presidente Kenndy pretendía contrarrestar el rumbo de los recientes acontecimientos políticos que estaban teniendo lugar en el continente americano, en un programa denominado «Alianza para el Progreso» a cambio de reformas económicas y sociales por parte de los países receptores.

En el propio mensaje inaugural el presidente norteamericano manifestó el alcance político que en realidad tenía la conferencia cuando afirmó: «Ustedes, los participantes de esta Conferencia, atraviesan un momento histórico en la vida de este hemisferio. Esta reunión es algo más que una discusión de temas económicos o una conferencia técnica sobre el desarrollo: constituye en verdad, una demostración de la capacidad de las naciones libres para resolver los problemas materiales y humanos del mundo moderno».

El Che, además de denunciar en su intervención el carácter imperialista de la «Alianza para el Progreso», advierte a los allí reunidos que Cuba interpreta aquella reunión como una reunión política y no exclusivamente por la razón evidente de que economía y política están íntimamente interrelacionadas, sino, y fundamentalmente, «porque está concebida contra Cuba, y está concebida contra el ejemplo que Cuba significa en

Simpática foto del Che en uno de sus viajes al continente asiático.

todo el Continente americano...». Durante dos largas horas irá desgranando una a una las opiniones que la prensa del llamado «mundo libre» denominó con el calificativo genérico de un «discurso demagógico».

Pero en esta Conferencia el Che fue una auténtica «estrella» mediática y en la rueda de prensa que ofreció en la noche del miércoles 9 de agosto de 1961, se congregaron periodistas de todos los medios acreditados que escuchaban al comandante, riendo y aplaudiendo a veces ante el humor exhibido por el

Ramiro Valdés, segundo del Che en Sierra Maestra y a quien Guevara nombró tutor de sus hijos cuando partió hacia el Congo si él moría.

entrevistado. *El Popular* de Uruguay publicó el texto íntegro de esta rueda de prensa, de la que a continuación transcribimos algunos puntos, la cual el Che inició anunciando a los periodistas que podían preguntar lo que quisieran siempre que después reprodujeran lo que él contestara porque, advirtió, «he visto mi intervención reproducida en los periódicos de aquí y de Buenos Aires y, sinceramente, creo que ninguno de los periodistas que informó puede considerar que es digno de un periodismo libre, como se llama, veraz y difusor de las

A un costado de la Plaza de la Catedral está el bar-restaurante más conocido de La Habana. Aquí personajes de medio mundo han dejado sus autógrafos en las paredes.

ideas y de la libre expresión de las ideas, el malinterpretar, mentir, tergiversar, cambiar y, sobre todo, ocultar lo que se dice, y ocultarlo de una forma tan absurda que en algunos casos llega a ser, sencillamente suicida...».

Y precisamente una de las primeras preguntas que le dirigieron estaba relacionada con la libertad de prensa, a lo que contestó: «Yo puedo decirle que en Cuba los periódicos dicen la verdad. Yo no sé si eso es una forma de hacer libertad; tal vez la libertad consiste en tener libertad para tergiversar lo que dicen otras personas con las que no se simpatiza. Nosotros decimos allí la verdad sobre todo, sobre lo que simpatiza y lo que nos es adverso. Cuando habla

Kennedy, lo transcribimos tal cual habla; cuando habla Jruschov, lo transcribimos tal cual habla; cuando habla Nehru, lo transcribimos tal cual habla; y si fuera un periodista de alguno de los periódicos aquí presentes e hiciera algunas declaraciones, también lo transcribiríamos tal cual hable».

Avanzada la conferencia y ante la insistencia de un periodista que venía a reincidir en que en Cuba no había

El 8 de agosto de 1961, Che Guevara pronunció en Punta del Este, Uruguay, un discurso político-económico en la quinta sesión plenaria del Consejo Interamericano Económico y Social.

realmente libertad de prensa, el Che explica: «Vamos a puntualizar esto, digamos, para jugar limpio, como se dice vulgarmente. Usted quiere demostrar que no hay libertad de prensa en Cuba, esa es toda su demostración. Bien, el tipo de libertad de prensa que usted quiere, no la hay. ¿Por qué? Porque, señor, ¿cuál es la libertad de prensa que hay aquí? Hacerle decir al representante de Cuba lo que le han hecho decir los periódicos: decir que el representante de Cuba tuvo mucho miedo, porque el representante de "Cuba Libre" lo atacó; decir que el representante de Cuba con sus ademanes descompuestos provocó ese terrible ataque de los "cubanos libres". En vez de hacer un análisis, un extracto de lo que

El presidente estadounidense John F. Kennedy, con el Jefe de Estado Mayor de la Fuerza Aérea, Curtis Le May.

uno ha dicho con seriedad en bien de América, se dicen unas cuantas sandeces desparramadas que tergiversan todo.

¿Eso es libertad? No, eso no es libertad. Entonces, estamos en esto: ustedes tienen una forma de libertad que no es libertad y nosotros tenemos otra forma de libertad que no es libertad, pero que permite que se expresen todas las masas, hasta ahora oprimidas, todos los campesinos, todos los trabajadores, que le está dando una nueva opción de vida a la gente. Esa es la diferencia...».

E L   C H E

(Conversación con Ernesto Che Guevara sobre su visión ante la República Socialista, Economía, Democracia y Pueblo)

Cualquier pequeño descuido en un soldado de un ejército regular es controlado por el compañero. En la guerra de guerrillas, donde cada soldado es unidad y es un grupo, un error es fatal.

institucionalizaremos también el país; también habrá una Constitución que servirá para plasmar todo el espíritu de las leyes revolucionarias, que no se hará a favor de los ganaderos, de los grandes propietarios, de los

EL SOCIALISMO

Periodista: Si técnicamente ya está consolidada la República Socialista en Cuba, técnicamente, es decir, desde el Gobierno, ¿ustedes piensan hacer algún plebiscito?

Ernesto Che Guevara: Mire, son dos preguntas que no tienen nada que ver, es decir, es un silogismo que parte de una base falsa: la República Socialista no está establecida en Cuba. Hay una Revolución Socialista, que no es lo mismo. Tenemos que caminar todavía mucho tiempo para llegar al Gobierno Socialista.

Ahora estamos en la Revolución Socialista. Cuando nosotros preparemos las cosas,

El Che saludando desde una tribuna en un acto público.

Juan Domingo Perón, presidente argentino en tres ocasiones, era dueño de una oratoria que enfebrecía a las masas de «descamisados», quienes veían en él a un verdadero caudillo.

latifundistas, en contra del pueblo y de los trabajadores, sino por los trabajadores, los campesinos, para poder tener una ley fundamental donde establecer sus derechos. Nada más que estamos en un proceso de continuo tránsito, de continuo cambio, y no se puede en este momento hacer leyes que después tengan que ser superadas por las circunstancias en pocos meses. Por eso todavía no nos hemos dedicado a esa tarea.

PRODUCCIÓN, CONSUMO Y ECONOMÍA

Periodista: En el Perú se ha hecho mucha campaña contra la Revolución Cubana en el sentido de que su economía ha sido un fracaso. Últimamente se comenta que el racionamiento efectuado en Cuba de 700 gramos a la semana es uno de los golpes bajos que ha recibido el pueblo cubano. ¿Qué nos puede decir sobre eso?

Ernesto Che Guevara: Yo no conozco ese racionamiento de 700 gramos a la semana, para mí es algo nuevo. Nosotros tuvimos que tomar algunas medidas con respecto al consumo de carne, porque no sé si sabe que el consumo de carne en nuestro país es infinitamente mayor per cápita, que el consumo de carne en el Perú, pero enormemente mayor. Nosotros hemos tenido que tomar algunas medidas de racionamiento de carne debido a que en nuestro país ya todo el mundo está trabajando –casi todo el mundo, todavía falta algo– y todo el mundo tiene derecho a comprar un producto de primera necesidad que es barato.

Entonces, nosotros tenemos que hacer medidas de racionamiento para distribuir equitativamente lo que hay. En los países como el Perú, el racionamiento se hace diferente: el que tiene dinero compra y el pobre indio se muere de hambre. Entonces, naturalmente, no hay racionamiento, pero no come tampoco la mayoría de la población. ¿No cree usted eso así?

Periodista: Usted en una oportunidad declaró que había que hacer muchos esfuerzos en la economía cubana, había que apretarse el cinturón. No sé si será cierto eso o es una tergiversación de las agencias.

Ernesto Che Guevara: Mire, hay que hacer muchos esfuerzos y hay que apretarse el cinturón. ¿Sabe usted por qué? Porque nosotros estamos a noventa millas, ciento y poco de kilómetros de los Estados Unidos, agredidos económicamente por los Estados Unidos y, por ejemplo, ahora nos dejaron sin manteca. Manteca de cerdo es lo que consume el pueblo cubano, básicamente. Entonces, hay que ajustarse el cinturón. Antes nos compraban casi tres millones de toneladas de azúcar, ahora no compran ni una tonelada. ¿Usted cree que eso no se siente...?

DEMOCRACIA Y EDUCACIÓN

Periodista: En los documentos de la OEA se habla frecuentemente de la democracia

Pescando, cara al mar, en uno de sus pocos momentos de asueto.

representativa. Yo quisiera saber su opinión, en el caso de que usted estime que ese tipo de democracia existe en América Latina, cuáles son las diferencias que hay con el Estado Socialista en formación, que usted dijo había en Cuba, y estas democracias representativas.

Boda del Che con Aleida. Entre el grupo de amigos que los acompaña encontramos a la izquierda de Guevara a Raúl Castro con Vilma Espín.

Ernesto Che Guevara: Las democracias representativas, en primer lugar, no se pueden formar en un símil, como para ponerlas todas juntas, y después en otra balanza poner a Cuba, porque entonces quiere decir que democracia representativa es Trujillo, Stroessner, el Gobierno de Haití, el de Nicaragua, el de El Salvador. Por ejemplo el de El Salvador, que también es parte de la gran comunidad de naciones representativas, y al lado de eso usted tiene que poner a Uruguay, a Costa Rica, a Chile, a Brasil. Es decir, es tan

variada la gama de naciones que tienen democracia representativa, que no se pueden colocar juntas.

En general nosotros creemos que la democracia representativa es muy útil y es algo que en determinados momentos los pueblos necesitan para tener un control continuo de su política. Ahora, cuando la democracia representativa es la aristocracia, cuando se basa en los intereses de las pequeñas minorías, cuando se basa en toda una serie de privilegios, y cuando está encaminada directamente a suprimir las formas de expresión del pueblo a través, por ejemplo, de no dejar votar al analfabeto en países con el 65 por ciento de analfabetos, de no dejar votar al que no tiene un caudal suficiente –como sucede en algunos países–, o, sencillamente, violar las urnas como sucede en otros, entonces la democracia representativa se convierte en una farsa. Y en un momento dado, la farsa es tan grande que el pueblo reacciona: en ese momento la democracia representativa suele abandonar su careta y entonces se convierte en otra cosa, lo que los norteamericanos llaman «gobiernos fuertes» (alusión del Che a las dictaduras) que ahora les

Tamara Bunke Bider, la guerrillera que combatió en Bolivia y murió en la emboscada del vado de Puerto Mauricio, sobre el río Grande, en agosto de 1967.

gustan, y entonces viene otro proceso de lucha. Y después de todo eso se volvía a la democracia representativa, al puentecito. Pero en Cuba cristalizó la cosa y se dio un paso de avance, se estableció una Revolución Socialista, que en su momento tendrá también esos atributos tan queridos por todos.

Periodista: Doctor Guevara, dentro del clima de libertad auténtica que según usted impera en Cuba, ¿me puede decir por qué razón han sido cerradas y ocupadas militarmente escuelas privadas, católicas concretamente?

Ernesto Che Guevara: ¡No, eso es un absurdo! Lo que han sido es nacionalizadas las escuelas católicas.

Periodista: Es decir que ¿no hay escuelas privadas en Cuba?

Ernesto Che Guevara: ¡Ni una! Todas son del Estado y puestas al servicio total de la comunidad.

Periodista: Pero, ¿siguen siendo escuelas católicas?

Ernesto Che Guevara: No, son escuelas. (RISAS y APLAUSOS).

VIDA PERSONAL

Periodista: Yo quisiera hacerle unas preguntas que evidentemente al resto de los colegas y a usted les van a parecer superfluas, pero quisiera vestir con otra ropa de color esta entrevista suya. Quisiera que me contestara algunas de estas preguntas: ¿cómo vive usted?, ¿qué come usted?, si usted bebe, si usted fuma, y –con el perdón de las damas... si le gustan las mujeres.

Después de asegurar a los periodistas que no bebía, que sí fumaba y que sí le gustaban las mujeres, explicó que trabajaba del orden de 16 o 18 horas diarias, que dormía unas seis horas cuando podía dormirlas y que no

Acabada la guerra, ahora venía la parte más delicada, que era hacer efectiva la Revolución y sortear todos los peligros que sobre ella se cernían.

asistía a ningún tipo de diversión. Y explicará: «Soy un convencido de que tengo una misión que cumplir en el mundo, y de que en aras de esa misión tengo que sacrificar el hogar, tengo que sacrificar todos los placeres de la vida diaria de cualquier sujeto, tengo que sacrificar mi seguridad personal, y quizás tenga que sacrificar mi vida. Pero es un compromiso que he adquirido con el pueblo y que pienso, sinceramente, que no me puedo desligar de él ya hasta el fin de mi vida (APLAUSOS)».

LA PIEDRA

**(Relato escrito por el Che en El Congo,
tras anunciársele que su madre estaba muy enferma, a punto de morir)**

Publicado en 1998, en el 75.° aniversario de su natalicio

«Me lo dijo como se deben decir estas cosas a un hombre fuerte, a un responsable, y lo agradecí. No me mintió preocupación o dolor y traté de no mostrar ni lo uno ni lo otro. ¡Fue tan simple!

Además había que esperar la confirmación para estar oficialmente triste. Me pregunté si se podía llorar un poquito. No, no debía ser, porque el jefe es impersonal; no es que se le niegue el derecho a sentir, simplemente, no debe mostrar que siente lo de él; lo de sus soldados, tal vez.

—Fue un amigo de la familia, le telefonearon avisándole que estaba muy grave, pero yo salí ese día.

—Grave, ¿de muerte?

—Sí.

—No dejes de avisarme cualquier cosa.

En cuanto lo sepa, pero no hay esperanzas. Creo.

Ya se había ido el mensajero de la muerte y no tenía confirmación. Esperar era todo lo que cabía. Con la noticia oficial decidiría si tenía derecho o no a mostrar mi tristeza. Me inclinaba a creer que no.

El sol mañanero golpeaba fuerte después de la lluvia. No había nada extraño en ello; todos los días llovía y después salía el sol y apretaba y expulsaba la humedad. Por la tarde, el arroyo sería otra vez cristalino, aunque ese día no había caído mucha agua en las montañas; estaba casi normal.

—Decían que el 20 de mayo dejaba de llover y hasta octubre no caía una gota de agua.

—Decían... pero dicen tantas cosas que no son ciertas.

—¿La naturaleza se guiará por el calendario? No me importaba si la naturaleza se guiaba o no por el calendario. En general, podía decir que no me importaba nada de nada, ni esa inactividad forzada, ni esta guerra idiota, sin objetivos. Bueno, sin objetivo no; solo que estaba tan vago, tan diluido, que parecía inalcanzable, como un infierno surrealista donde el eterno castigo fuera el tedio. Y, además, me importaba. Claro que me importaba.

Hay que encontrar la manera de romper esto, pensé. Y era fácil pensarlo; uno podía hacer mil planes, a cual más tentador, luego seleccionar los mejores, fundir dos o tres en uno, simplificarlo, verterlo al papel y entregarlo. Allí acababa todo y había que empezar de nuevo. Una burocracia más inteligente que lo normal; en vez de archivar, lo desaparecían. Mis hombres decían que se lo fumaban, todo pedazo de papel puede fumarse, si hay algo dentro. Era una ventaja, lo que no me gustara podía cambiarlo en el próximo plan. Nadie lo notaría. Parecía que eso seguiría hasta el infinito.

Tenía deseos de fumar y saqué la pipa. Estaba, como siempre, en mi bolsillo. Yo no perdía mis pipas, como los soldados. Es que era muy importante para mí tenerla. En los caminos del humo se puede remontar cualquier distancia, diría que se pueden creer los propios planes y soñar con la victoria sin que parezca un sueño; solo una realidad vaporosa por la distancia y las brumas que hay siempre en los caminos del humo. Muy buena compañera es la pipa; ¿cómo perder una cosa tan necesaria? Qué brutos. No eran tan brutos; tenían actividad y cansancio de actividad. No hace falta pensar entonces y ¿para qué sirve una pipa sin pensar? Pero se puede soñar. Sí, se puede soñar, pero la pipa es importante cuando se

Ernesto y su madre siempre estuvieron muy unidos. De Celia de la Serna destacará Guevara Lynch su inteligencia, su carácter independiente y el amor por la libertad.

sueña a lo lejos; hacia un futuro cuyo único camino es el humo o un pasado tan lejano que hay necesidad de usar el mismo sendero. Pero los anhelos cercanos se sienten con otra parte del cuerpo, tienen pies vigorosos y vista joven; no necesitan el auxilio del humo. Ellos la perdían porque no les era imprescindible, no se pierden las cosas imprescindibles.

¿Tendría algo más de ese tipo? El pañuelo de gasa. Eso era distinto; me lo dio ella por si me herían en un brazo, sería un cabestrillo amoroso. La dificultad estaba en usarlo si me partían el carapacho. En realidad había una solución fácil, que me lo pusiera en la cabeza para aguantarme la quijada y me iría con él a la tumba. Leal hasta en la muerte. Si quedaba tendido en un monte o me recogían los otros no habría pañuelito de gasa; me descompondría entre las hierbas o me exhibirían y tal vez saldría en el *Life* con una mirada agónica y desesperada fija en el instante del supremo miedo. Porque se tiene miedo, a qué negarlo.

Por el humo, anduve mis viejos caminos y llegué a los rincones íntimos de mis miedos, siempre ligados a la muerte como esa nada turbadora e inexplicable, por más que nosotros, marxistas-leninistas, explicamos muy bien la muerte como la nada. Y, ¿qué es esa nada? Nada. Explicación más sencilla y convincente imposible. La nada es nada; cierra tu cerebro, ponle un manto negro, si quieres, con un cielo de estrellas distante, y esa es la nada-nada; equivalente: infinito. Uno sobrevive en la especie, en la historia, que es una forma mistificada de vida en la especie; en esos actos, en aquellos recuerdos. ¿Nunca has sentido un escalofrío leyendo las cargas al machete de Maceo?: eso es la vida después de la nada. Los hijos; también. No quisiera sobrevivirme en mis hijos: ni me conocen; soy un cuerpo extraño que perturba a veces su tranquilidad, que se interpone entre ellos y la madre.

Me imaginé a mi hijo grande y ella canosa, diciéndole, en tono de reproche: tu padre no hubiera hecho tal cosa, o tal otra. Sentí dentro de mí, hijo de mi padre yo, una rebeldía tremenda. Yo hijo no sabría si era verdad o no que yo padre no hubiera hecho tal o cual cosa mala, pero me sentiría vejado, traicionado por ese recuerdo de yo padre que me refregaran a cada instante por la cara. Mi hijo debía ser un hombre; nada más, mejor o peor, pero un hombre. Le agradecía a mi padre su cariño dulce y volandero sin ejemplos. ¿Y mi madre? La pobre vieja. Oficialmente no tenía derecho todavía, debía esperar la confirmación.

Así andaba, por mis rutas del humo cuando me interrumpió, gozoso de ser útil, un soldado.

—¿No se le perdió nada?

—Nada —dije, asociándola a la otra de mi ensueño.

—Piense bien.

Palpé mis bolsillos; todo en orden.

—Nada.

—¿Y esta piedrecita? Yo se la vi en el llavero.

—Ah, carajo.

Entonces me golpeó el reproche con fuerza salvaje. No se pierde nada necesario, vitalmente necesario. Y, ¿se vive si no se es

necesario? Vegetativamente sí, un ser moral no, creo que no, al menos.

Hasta sentí el chapuzón en el recuerdo y me vi palpando los bolsillos con rigurosa meticulosidad, mientras el arroyo, pardo de tierra montañera, me ocultaba su secreto. La pipa, primero la pipa; allí estaba. Los papeles o el pañuelo hubieran flotado. El vaporizador, presente; las plumas, aquí; las libretas en su forro de nylon, sí; la fosforera, presente también, todo en orden. Se disolvió el chapuzón.

«La lógica que impera en el mundo capitalista canaliza de tal forma la manera de concebir al hombre y el mundo que rechaza la mera posibilidad de considerar otros puntos de vista.»

Solo dos recuerdos pequeños llevé a la lucha; el pañuelo de gasa, de mi mujer, y el llavero con la piedra, de mi madre, muy barato éste, ordinario; la piedra se despegó y la guardé en el bolsillo. ¿Era clemente o vengativo, o solo impersonal como un jefe, el arroyo? ¿No se llora porque no se debe o porque no se puede? ¿No hay derecho a olvidar, aún en la guerra? ¿Es necesario disfrazar de macho al hielo?

Qué se yo. De veras, no sé. Sólo sé que tengo una necesidad física de que aparezca mi madre y yo recline mi cabeza en su regazo magro y ella me diga: "Mi viejo", con una ternura seca y plena y sentir en el pelo su mano desmañada, acariciándome a saltos, como un muñeco de cuerda, como si la ternura le saliera por los ojos y la voz, porque los conductores rotos no la hacen llegar a las extremidades. Y las manos se estremecen y palpan más que acarician, pero la ternura resbala por fuera y las rodea y uno se siente tan bien, tan pequeñito y tan fuerte. No es necesario pedirle perdón; ella lo comprende todo; uno lo sabe cuando escucha ese "Mi viejo"...

—¿Está fuerte? A mí también me hace efecto; ayer casi me caigo cuando me iba a levantar. Es que no lo dejan secar bien parece.

—Es una mierda, estoy esperando el pedido a ver si traen picadura como la gente. Uno tiene derecho a fumarse aunque sea una pipa, tranquilo y sabroso, ¿no?...»

CHE

EL COMBATE FINAL

El Che retoma su vocación de combatiente por la causa de los pueblos oprimidos de la tierra despidiéndose del pueblo cubano, de Fidel y de su familia, para ir a pelear al Congo, primero, y a su América natal, después. En Bolivia, el guerrillero encontrará la muerte.

En la rueda de prensa ofrecida el 9 de agosto de 1961 en Punta del Este (Urugay), a donde había acudido en representación del Gobierno Cubano con motivo de la reunión del Consejo Interamericano Económico y Social (CIES), no sólo manifestó públicamente su convencimiento de que tenía una misión que cumplir en el mundo y de que en aras de esa misión debía sacrificar muchas cosas presentes en la vida diaria de cualquier otro hombre –incluso no descartó la posibilidad de sacrificar la propia vida–, sino que, además, ofreció la clave de este compromiso personal adquirido. A la pregunta de si seguía siendo argentino, Guevara contestará: «Yo nací en Argentina... permítame que sea un poquito pretencioso al decirle que Martí nació en Cuba y Martí es americano; Fidel nació en Cuba y Fidel es americano: yo nací en Argentina, no reniego de mi patria de ninguna manera, tengo el sustrato cultural de la Argentina, pero me siento también tan cubano como el que más y soy capaz de sentir en mí el hambre y los sufrimientos de cualquier pueblo de América, fundamentalmente, pero, además, de cualquier pueblo del mundo».

Ernesto Guevara había buscado incansablemente una razón que lo aferrase verdaderamente al mundo encontrándola

> ## CONSTERNADOS, RABIOSOS
>
> (...) donde estés
> si es que estás
> si estás llegando
>
> aprovecha por fin
> a respirar tranquilo
> a llenarte de cielo los pulmones
>
> donde estés
> si es que estás
> si estás llegando
> será una pena que no exista Dios
>
> pero habrá otros
> claro que habrá otros
> dignos de recibirte
> comandante.
>
> Mario Benedetti
> Montevideo, octubre de 1967

finalmente en la lucha por la causa de los pueblos oprimidos con la que se va a comprometer sin ambages. Su vida privada, sus afectos personales, intensos hasta lo insospechado, encontrarán una nueva dimensión vital que no va a interferir en el deber, la obligación y el compromiso con dicha causa. Ciertamente esto puede resultar duro para sus seres queridos, y él lo sabe, como queda patente en la carta de despedida que en marzo de 1965 dirige a sus padres antes de partir hacia el Congo en ayuda de los comandos guerrilleros que operaban contra Moise Tshombé: «Creo en la lucha armada como única solución para los pueblos que luchan por liberarse y soy consecuente con mis creencias. Muchos me dirán aventurero, y lo soy, sólo que de un tipo diferente y de los que ponen el pellejo para demostrar sus verdades.

Puede ser que ésta sea la definitiva. No lo busco, pero está dentro del cálculo lógico de probabilidades. Si es así, va un último abrazo.

Los he querido mucho, sólo que no he sabido expresar mi cariño; soy

extremadamente rígido en mis acciones y creo que a veces no me entendieron. No era fácil entenderme, por otra parte; créanme solamente hoy».

También Guevara envía otra carta de despedida a sus hijos, por los que siente verdadera ternura. Brevemente y con absoluta sencillez les resume su filosofía de la vida, que también queda reflejada en los consejos que como padre les da, y, sobre todo, los invita a cultivar un sentimiento que define como cualidad necesaria de todo revolucionario: ser capaz de reaccionar ante la injusticia cometida contra alguien en cualquier parte del mundo.

«Queridos Hildita, Aleidita, Camilo, Celia y Ernesto:

Si alguna vez tienen que leer esta carta será porque ya yo no esté entre ustedes. Casi no se acordarán de mí y los más chiquitos no recordarán nada. Su padre ha sido un hombre que actúa como piensa y seguro ha sido leal a sus convicciones. Crezcan como buenos revolucionarios. Estudien mucho para poder dominar la

Fidel Castro da lectura a la carta de despedida que le envió el Che antes de partir hacia el Congo.

técnica que permite dominar la naturaleza. Acuérdense que la Revolución es lo más importante y que cada uno de nosotros, solo, no vale nada. Sobre todo, sean siempre capaces de sentir en lo más hondo cualquier injusticia cometida contra cualquiera en cualquier parte del mundo. Es la cualidad más linda de un revolucionario.

Hasta siempre, hijitos, espero verlos todavía. Un beso grandote y un abrazo de Papá.»

A Hilda Gadea le unió un sentimiento de amistad; con Aleida March conoció el amor. Cuando Hilda llegó a Cuba a finales de enero de 1959 con la hija de ambos,

El pueblo guatemalteco toma las armas ante el golpe de Estado de Castillo Armas contra Jacobo Arbenz.

dispuesta a trabajar para la Revolución cubana y recuperar a su marido, se tuvo que enfrentar a una amarga decepción. «Con la franqueza que siempre lo caracterizó –escribe Hilda en sus memorias–, Ernesto me dijo sin vueltas que tenía otra mujer, a la que había conocido en la campaña de Santa Clara. Mi dolor era profundo, pero de acuerdo con nuestras convicciones acordamos divorciarnos».

En el mes de junio de 1959 Ernesto y Aleida se casan, y a lo largo de estos años

El matrimonio Guevara - March con sus hijos Aleida, Camilo, Celia y Ernesto.

Celita, ayuda siempre a tu abuelita en las tareas de la casa y sigue siendo tan simpática como cuando nos despedimos ¿te acuerdas? A que no.

Tatico, tú crece y hazte hombre, que después veremos qué se hace. Si hay imperialismo todavía, salimos a pelearlo; si eso se acaba, tú, Camilo y yo podemos irnos de vacaciones a la Luna.

A Hildita, otro beso del tamaño de un elefante y díganle que le escribiré pronto, ahora no me queda tiempo.»

de actividad desbordante para Guevara nacerán cuatro hijos: Aleida, Camilo, Celia y Ernesto. En total cinco «pequeños» amores que en ningún momento le impedirán cumplir con su deber y responsabilidades –ningún hombre debe eludirlas– y confía en que del sacrificio que esto implica surja un futuro mejor. En la carta que en octubre de 1966 escribe para felicitar a Aleidita en su sexto cumpleaños (Aliusha, la llama cariñosamente), se filtra ese cariño por sus hijos y el optimismo del Che ante el futuro:

«Aliusha, debes ser bastante estudiosa y ayudar a tu mamá en todo lo que puedas. Acuérdate que eres la mayor.

Tú, Camilo, debes decir menos malas palabras. En la escuela no se puede decirlas y hay que acostumbrarse a usarlas donde se pueda.

En el mes de septiembre de 1960 Fidel Castro viajaba por segunda vez a los EE.UU., ahora para hablar ante la Asamblea General de la ONU en donde manifiesta: «En este hemisferio todo el mundo sabe que el Gobierno de los Estados Unidos siempre impuso su ley, la ley del más fuerte. Desaparezca la filosofía del despojo y habrá desaparecido la filosofía de la guerra».

Y precisamente contra eso se dedicará a luchar la Revolución cubana en el ámbito internacional: contra el despojo y el dominio de los pueblos, contra la

UNA ZAMBA ARGENTINA

Cuenta Jon Lee Anderson en su biografía sobre el Che, que entre los objetos que quedaron en posesión del teniente coronel del ejército boliviano Andrés Selich, junto con diversas fotos —algunas de ellas macabras de los cadáveres acribillados de los guerrilleros—, había un trozo de papel manuscrito por el Che que la viuda de Selich le mostró al autor con los últimos versos de una melancólica zamba del folclore cordobés perteneciente al guitarrista argentino Carlos Di Fulvio, que dicen así:

> No te vayas guitarrero
> Que se me apaga la luz del alma;
> Quiero volver amanecer
> Para morir en las cacharpayas.

La letra completa de la zamba «Guitarrero» es como sigue:

I

> Guitarrero, con tu cantar,
> Me vas llenando de luz el alma,
> Porque tu voz, temblando está
> Corazón adentro de la farra.

> Como un puñal, clavado está
> El grito arisco de la baguala;

> Y el eco de tu corazón
> Bombo se vuelve en las cacharpayas [1].

II

> Hijo de aquel viejo cantor
> Que se fue al cielo de las vidalas,
> Por la noche manchadita
> Con las estrellas de su guitarra.

> No te vayas guitarrero
> Que se me apaga la luz del alma;
> Quiero volver amanecer
> Para morir en las cacharpayas.

Estribillo

> Si alguna vez el tiempo
> Calla para siempre tu guitarra,
> Sobre tu sueño irá el viento
> Quebrando maderas de jacarandá [2].
> Adiós, adiós guitarrero...
> Tu viejo sendero, ¿Qué rumbo hay' tomar?

_____

[1] En las zonas andinas de Argentina y Bolivia, fiesta con que se despide el carnaval y, en ocasiones, al viajero.

[2] Árbol ornamental americano de gran porte y

La prensa de todo el mundo, ante la desaparición de la figura del Che en la vida cubana, había especulado con la posibilidad de su fallecimiento. La Habana guardaba silencio por razones de seguridad.

miseria y la injusticia, empleando toda clase de medios humanos y materiales para la liberación de los oprimidos de América Latina, África y Asia, en un acto de solidaridad que en su día definiera Martí como «Patria es Humanidad». El conocimiento derivado de la propia experiencia sobre el acoso con que el imperialismo castiga y explota al Tercer Mundo hará que Cuba desarrolle en su ayuda un importante potencial que se manifestará desde los primeros momentos del triunfo de la Revolución en

Cuando consideró que los cimientos de la Revolución ya habían fraguado, Guevara decide partir de Cuba. «Otras tierras del mundo reclaman el concurso de mis modestos esfuerzos», escribirá a Fidel en su despedida.

el apoyo técnico, financiero y militar a los movimientos revolucionarios que operan en diferentes países y que Fidel explica claramente con su peculiar oratoria: «Hombres puede haber en el mundo que no sepan o no entiendan lo que la solidaridad significó cuando mortales peligros acechaban la vida de un pueblo entero, cuando la lucha y los sacrificios de generaciones completas amenazaban perderse. Otros puede haber que ignoren lo que es un pueblo en el fragor de crear un mundo nuevo y lo que es un sentimiento de gratitud, pero los cubanos, que sí conocemos de esas realidades, no seremos jamás desleales ni ingratos».

Los comandantes Raúl Castro, Ramiro Valdés y Guillermo García, en octubre de 2007, durante los actos conmemorativos del 40.º aniversario de la muerte del Che en Santa Clara.

Si la tendencia natural del Che podía llevarle a dirigir su mirada hacia las tierras continentales de esa América que él había recorrido y conocido en su juventud, los viajes y visitas que como emisario del Gobierno cubano realizó por todo el mundo le hizo posar la vista en un continente especialmente desfavorecido y al que había visto sometido secularmente por la vieja Europa y que actualmente, tras conseguir la independencia o en vías de conseguirla, sufría las consecuencias del neocolonialismo en el que confluían, junto con los intereses de las antiguas metrópolis, los de los EE.UU.

Según ejemplifica Piero Gleijeses, profesor de Política Exterior de la Universidad John Hopkins de Baltimore (Maryland) –autor de numerosos trabajos de investigación entre los que cabe destacar por su minuciosidad y por los datos que aporta obtenidos de archivos norteamericanos (documentos desclasificados), cubanos, belgas y alemanes, el titulado *Conflicting Missions: Havana, Washington and Africa, 1959-1976 (Misiones en conflicto: La Habana, Washington y África, 1959-1976)*–, la primera contribución de Cuba en la ayuda al continente africano tuvo lugar en diciembre de 1961, cuando el buque cubano *Bahía de Nipe* descargó armamento para el Frente de Liberación Nacional argelino que luchaba contra los colonizadores franceses por la independencia de su país, y regresó cargado también, pero esta vez con heridos y huérfanos de guerra para ser atendidos en Cuba. Es decir, la ayuda cubana se estructura en una doble vertiente: militar, mediante armamento y expertos combatientes en la lucha física de liberación, y humanitaria, mediante civiles especialistas –médicos, profesores, técnicos, etc.– que contribuyan a mejorar la salud o el conocimiento de la gente que

Durante una de sus jornadas de trabajo voluntario.

tendrá que levantar el país por el que ha luchado.

En enero de 1961 había sido asesinado de forma brutal y con la complicidad de los Gobiernos belga y estadounidense, el primer ministro de la recientemente estrenada República del Congo, Patrice Lumumba, hecho que conmocionó a la comunidad internacional, probablemente porque ocurrió con las tropas de la ONU desplegadas por el país y que no se pronunciaron ante este hecho.

En 1958 las fuerzas progresistas congoleñas se habían unido en un partido independentista y africanista, el

Patrice Lumumba, dirigente del Movimiento Nacional Congoleño (MNC) y primer presidente de la República del Congo, cuyo brutal asesinato al poco tiempo de su investidura conmocionó a Guevara.

Movimiento Nacional Congoleño (MNC), que trabajaba por la superación de las diferencias tribales y regionales para presentar batalla al Gobierno colonial belga. Dirigido por Patrice Lumumba, y tras no pocos avatares, el MNC consiguió que Bélgica iniciase el proceso de independencia reclamado para el país. Sin duda esta potencia colonial, persuadida de que el colonialismo tenía sus días contados en África, pretendía hacer lo mismo que sus vecinos Francia e Inglaterra en sus respectivos territorios africanos: conceder la independencia y promover gobiernos leales a la antigua colonia con el objeto de continuar ejerciendo el poder a través de la fórmula neocolonialista que ahora imperaba. Y en estos afanes Bélgica iba a contar con el apoyo de los EE.UU., que al amparo de su alianza con las potencias europeas tras la Segunda Guerra Mundial trataba de incrementar su influencia política en el continente africano.

El 30 de julio de 1960 nace la República del Congo, un enorme territorio que cuenta con importantes recursos naturales. El MNC consiguió la mayor parte de los votos en las elecciones celebradas y Lumumba fue proclamado primer ministro. Pero delante del rey Balduino I de Bélgica, que presidía el acto de entrega de poderes y esperaba el momento de negociar con el nuevo dignatario vínculos firmes que fijaran las relaciones entre ambos países, Lumumba pronunció un discurso en el que denunciaba la línea de actuación del régimen saliente contra su pueblo y que, evidentemente, ponía de manifiesto la dificultad que iba a suponer para la antigua metrópoli llegar a un

LA ÚLTIMA CARTA DEL CHE RECIBIDA POR SU PADRE

Poco menos de un año durará la última aventura del Che. En su diario de Bolivia la primera anotación la realiza el 7 de noviembre de 1966; la última el 7 de octubre de 1977. Dos días más tarde moría asesinado.

«...Ese lugar fue para él, como se sabe, Bolivia. Nuestra familia no sabía que estaba combatiendo allí, aunque los diarios informaran al respecto. A comienzos de enero de 1967 nos llegó una carta de Teté[1] en un sobre con estampilla argentina. La carta iba dirigida a mí y debía coincidir con el cumpleaños de mi hermana Beatriz, la tía que más quería Teté. Vea lo que decía:

"Don Ernesto:

Entre el polvo que levantan los cascos del Rocinante, con la lanza en ristre para atravesar los brazos de los gigantescos enemigos que me enfrentan, dejo este papelito con su mensaje casi telepático, conteniendo un abrazo para todos y el deseo ritual de un feliz año nuevo. Que la señorita, su hermana, cumpla los quince rodeada del calor familiar y se acuerde un poco de este galán ausente y sentimental y que pueda verlos pronto (en un plazo menor que el transcurrido) son mis deseos concretos y se los confié a una estrella fugaz que debe haber puesto un Rey Mago en mi camino.

Arrivederci
Si non te vedo piu
D. Tuijo."

Las últimas dos líneas estaban en italiano. La carta estaba escrita al estilo "conspirativo", dramático-jocoso, del Che: Beatriz no cumplía quince años, sino ochenta. A juzgar por todo, había sido enviada a través de Tania, que hacía de enlace del destacamento del Che con el mundo exterior.

Fue la última carta de mi hijo...»

El camino hacia el Granma
Entrevista al Padre del Che por I. Lavretsky

---

[1] Nombre con el que cariñosamente llamaba al Che su familia desde pequeño.

El Che durante la toma de Santa Clara.

acuerdo. «Nosotros –advertía Lumumba–, los que vamos a dirigir nuestro querido país como representantes elegidos, que hemos sufrido en cuerpo y alma la opresión colonial, declaramos en voz alta que todo esto ha terminado ya. Se ha proclamado la República del Congo y nuestro país está en manos de sus propios hijos».

No obstante, en este último punto se equivocaba el primer ministro. A pesar de haber cambiado el nombre al antiguo ejército colonial –ahora denominado Ejército Nacional del Congo– seguía dominado por militares belgas, y también dependían de manos extranjeras las estructuras financieras del país y el aparato estatal, por lo que no resultó difícil a los agentes de otras potencias fomentar las divisiones, sabotear al nuevo Gobierno y crear inestabilidad. En menos de seis meses el nuevo país habrá visto cómo la provincia de Kananga, zona minera por excelencia, se escindía del territorio congoleño pasando a manos de Moise Tshombe, cuyas ideas eran mucho más cercanas a la situación anterior, y cómo Lumumba, tras ser desposeído de su cargo, era detenido y ejecutado junto con dos de sus consejeros.

En julio de 1964 estallará una nueva crisis. «La frágil paz e integridad territorial logradas a sangre y a fuego en 1962 por Naciones Unidas, Washington y Bruselas se deshilvanaban –escribe Jorge G. Castañeda en su biografía del Che–. Una vez neutralizado el peligro de la separación de la región minera del Alto Kananga, la Organización para la Unidad Africana (OUA) perdió interés por

El Che entre la maleza de las montañas bolivianas.

el Gobierno central es apoyado por las grandes potencias occidentales y cuenta con la colaboración de mercenarios sudafricanos, los grandes líderes de la OUA, Nasser (Egipto), Ben Bella (Argelia), Nkrumab (Ghana), Sekou Touré (Guinea) Modibo Keita (Malí) y J. Nyerere (Tanzania), acordarán otorgar ayuda a los rebeldes.

mantener a los cascos azules en el Congo; la misión de la ONU, desgastada por una encomienda cara y desacreditada, se retiró a mediados de 1964. Al partir, dejó un vacío en el que se infiltraron rápidamente las mismas fuerzas políticas y sociales de principios de la década».

En diciembre de 1964 el Che inicia un largo periplo mundial cuya primera etapa serán los EE.UU., donde el 11 de diciembre se dirigirá a la XIX Asamblea General de la ONU acusando a la

Surgen de inmediato los disturbios y, tras la renuncia del primer ministro el presidente Kasavubu nombra en su lugar a Moise Tshombé, quien para muchos era el claro responsable del asesinato de Lumumba, con lo que las revueltas se generalizan en el país. En la zona oriental se reagrupan antiguos colaboradores del primer ministro asesinado –Pierre Mulele, Gaston Soumialot, Joseph Kabila y Christopher Gbenye–, que desde 1963 habían organizado un Comité de Liberación nacional (CLN). Mientras que

Otra instantánea del guerrillero.

Organización de ser el instrumento del imperialismo occidental. Continúa su ruta por Argel, China, nuevamente Argel, Malí, Congo-Brazzaville, Tanzania y Egipto, entre otros lugares. En Argel participará en el II Seminario Económico de Solidaridad Afroasiática, en el que no dudará en increpar con dureza a los estados socialistas desarrollados por su política comercial de «beneficio mutuo» con el Tercer Mundo: «¿Cómo puede significar "beneficio mutuo" vender a precios de mercado mundial las materias primas que cuestan sudor y sufrimientos sin límites a los países atrasados y comprar a precios de mercado mundial las máquinas producidas en las grandes fábricas automatizadas del presente? [...] Los países socialistas –afirmará Guevara– tienen el deber moral de liquidar su complicidad tácita con los países explotadores de Occidente».

En Dar es Salaam, capital de la nueva República de Tanzania, el Che se entrevista con los dirigentes congoleños Kabila y Soumialot y acuerda con ellos reforzar la rebelión en la zona oriental del lago Tanganika enviando militares cubanos negros. No obstante constató que en África quedaba mucho camino por hacer antes de que los distintos pueblos alcanzaran una mínima madurez revolucionaria. Previamente, en su estancia en El Cairo, había confiado al presidente Nasser su intención de participar personalmente en la guerrilla congoleña, ante lo que el egipcio expresó con toda franqueza que lo consideraba un error y le advertía del riesgo de que pudieran considerarlo como un nuevo «Tarzán» dirigiendo y protegiendo a los negros. Pero a pesar de todo, su decisión ya estaba tomada. De regreso a Cuba preparó lo necesario para su aventura africana y se despidió de Aleida, invitándola a que si le ocurría lo peor volviera a casarse. A Fidel le escribió una carta que podía hacer pública cuando éste lo estimase oportuno, en la que le manifestaba su cariño y respeto y se despedía personalmente de él y del pueblo de Cuba. «Otras tierras del mundo reclaman el concurso de mis modestos esfuerzos –escribe Guevara–. Yo puedo hacer lo que te está negado por tu responsabilidad al frente de Cuba y llegó la hora de separarnos.

Sépase que lo hago con una mezcla de alegría y dolor; aquí dejó lo más puro de mis esperanzas de constructor y lo más querido entre mis seres queridos... y dejo un pueblo que me admitió como un hijo; eso lacera una parte de mi espíritu. En los nuevos campos de batalla llevaré la fe que me inculcaste, el espíritu revolucionario de mi pueblo, la sensación de cumplir con el más sagrado de los deberes: luchar contra el imperialismo dondequiera que esté; esto reconforta y cura con creces cualquier desgarradura.

El Che entra en Bolivia bajo la identidad de un comerciante uruguayo de nombre Adolfo Mena González.

Digo una vez más que libero a Cuba de cualquier responsabilidad, salvo la que emane de su ejemplo. Que si me llega la hora definitiva bajo otros cielos, mi último pensamiento será para este pueblo y especialmente para ti. Que te doy las gracias por tus enseñanzas y tu ejemplo al que trataré de ser fiel hasta las últimas consecuencias de mis actos. Que he estado identificado siempre con la política exterior de nuestra Revolución y lo sigo estando. Que en dondequiera que me pare

En esta instantánea, y rodeados de cámaras y micrófonos, se encuentran los principales dirigentes de la triunfante Revolución cubana.

sentiré la responsabilidad de ser revolucionario cubano, y como tal actuaré. Que no dejo a mis hijos ni a mi mujer nada material y no me apena: me alegra que así sea. Que no pido nada para ellos pues el Estado les dará lo suficiente para vivir y educarse.

TRIBUNA

COMBATIENTES CAÍDOS EN BOLIVIA

NOMBRE	NOMBRE DE GUERRA Y NACIONALIDAD	LUGAR Y FECHA
BENJAMÍN CORONADO CÓRDOVA	Benjamín (boliviano)	Ahogado en el Río Grande. Febrero 1967.
LORGIO VACA MARCHETTI	Carlos (boliviano)	Ahogado en el Río Grande. Marzo 1967.
JESÚS SUÁREZ GAYOL	Félix o Rubio (cubano)	Muere en combate en la confluencia ríos Iripití y Ñacahuasú. Abril 1967.
JORGE VÁZQUEZ VIAÑA	Bigotes (boliviano)	Asesinado en el hospital de Choreti. Abril 1967.
ELISEO REYES RODRÍGUEZ	Rolando o San Luis (cubano)	Combate de la finca El Mesón. Abril 1967.
CASILDO CONDORI VARGAS	Víctor (boliviano)	Caen en la emboscada del Peñón Colorado, en la zona de Bellavista. Junio 1967.
ANTONIO SÁNCHEZ DÍAZ	Marcos o Pinares (cubano)	
CARLOS COELLO	Tuma (cubano)	Cae en la zona de Piray, cerca de Florida, Dpto. de Santa Cruz. Junio 1967.
SERAPIO AQUINO TUDELA	Serapio (boliviano)	Cae en el cañadón del río Iquira. Julio 1967.
RAÚL QUISPAYA CHOQUE	Raúl (boliviano)	Caen en el combate en las márgenes del río Rosita. Julio 1967.
JOSÉ MARÍA MARTÍNEZ TAMAYO	Ricardo o Papi (cubano)	
ANTONIO JIMÉNEZ TARDÍO	Pedro o Pan Divino (boliviano)	Cae en una emboscada en las serranías de Iñao. Agosto 1967.
JUAN VITALIO ACUÑA NÚÑEZ	Vilo o Joaquín (cubano)	Caen en la emboscada del vado de Puerto Mauricio, sobre el Río Grande, Vado del Yeso. Agosto 1967.
HAYDÉE TAMARA BUNKE BIDER	Tania (argentino-alemán)	
APOLINAR AQUINO QUISPE	Polo (boliviano)	
WALTER ARENCIBIA AYALA	Walter (boliviano)	
GUSTAVO MACHIN HOED DE BECHE	Alejandro (cubano)	
FREDDY MAYMURA HURTADO	Médico o Ernesto (boliviano)	
ISRAEL REYES ZAYAS	Braulio (cubano)	

COMBATIENTES CAÍDOS EN BOLIVIA (Cont.)

NOMBRE	NOMBRE DE GUERRA Y NACIONALIDAD	LUGAR Y FECHA
RESTITUTO JOSÉ CABRERA FLORES	Médico o Negro (peruano)	Asesinado en el río Palmarito. Septiembre 1967.
MARIO GUTIÉRREZ ARDAYA	Julio (boliviano)	Caen en la emboscada en la quebrada del Batán, cerca de La Higuera. Septiembre 1967.
MANUEL HERNÁNDEZ OSORIO	Miguel o Manuel (cubano)	
ROBERTO PEREDO LEIGUE	Coco (boliviano)	
RENE MARTÍNEZ TAMAYO	Arturo (cubano)	Caen en la Quebrada del Yuro. Octubre 1967.
ORLANDO PANTOJA TAMAYO	Olo o Antonio (cubano)	
ANICETO REINAGA GORDILLO	Aniceto (boliviano)	
ERNESTO GUEVARA DE LA SERNA	Tatu (argentino-cubano)	Son asesinados en la Quebrada del Yuro o en la escuela de La Higuera. Octubre de 1967.
ALBERTO FERNÁNDEZ MONTES DE OCA	Pachungo o Pacho (cubano)	
SIMÓN CUBA SARABIA	Willy (boliviano)	
JUAN PABLO CHANG NAVARRO	El Chino (peruano)	
JAIME ARANA CAMPERO	Chapaco (boliviano)	Caen en el combate de Cajones. Octubre 1967.
OCTAVIO DE LA CONCEPCIÓN DE LA PEDRAJA	Moro (cubano)	
LUCIO EDILBERTO GARVAN HIDALGO	Eustaquio (peruano)	
FRANCISCO HUANCA FLORES	Pablo o Pablito (boliviano)	
JULIO LUIS MÉNDEZ KORNE	Ñato (boliviano)	Cae en la última acción militar cerca de Mataral. Noviembre 1967.
GUIDO ÁLVARO PEREDO LEIGUE	Inti (boliviano)	Asesinado en la ciudad de La Paz. Septiembre 1969.
DAVID ADRIAZOLA VEIZAGA	Darío (boliviano)	Asesinado en la ciudad de La Paz. Diciembre 1969.

Del *Granma*. 1 de Enero de 1997.

Tendría muchas cosas que decirte a ti y a nuestro pueblo, pero siento que son innecesarias, las palabras no pueden expresar lo que yo quisiera, y no vale la pena emborronar cuartillas».

El 1 de abril, completamente transformado su aspecto físico y con un pasaporte a nombre de Ramón Benítez, salió de Cuba para incorporarse a la guerrilla congoleña.

«Esta es la historia de un fracaso –escribirá en la advertencia preliminar de sus *Pasajes de la guerra revolucionaria:*

Congo–. [...] Más correctamente, esta es la historia de una descomposición. Cuando arribamos a territorio congolés, la Revolución estaba en un período de receso; sucedieron luego episodios que entrañarían su regresión definitiva, por lo menos en este momento y en aquel escenario del inmenso campo de lucha que es el Congo. Lo más interesante aquí no es la historia de la descomposición de la Revolución congolesa, cuyas causas y características son demasiado profundas para abarcarlas todas desde mi punto de observación, sino el proceso de descomposición de nuestra moral combativa, ya que la experiencia inaugurada por nosotros no debe desperdiciarse, y la iniciativa del Ejército Proletario Internacional no debe morir frente al primer fracaso. Es preciso analizar a fondo los problemas que se plantean y resolverlos. Un buen instructor en el campo de batalla hace más por la Revolución que instruir una cantidad considerable de novatos en ambiente de paz, pero las características de ese instructor, catalizador en la formación de los futuros cuadros técnicos revolucionarios, debe ser bien estudiada.

El Che cae prisionero tras ser herido. A su lado el agente de la CIA con uniforme del ejército boliviano Félix Rodríguez.

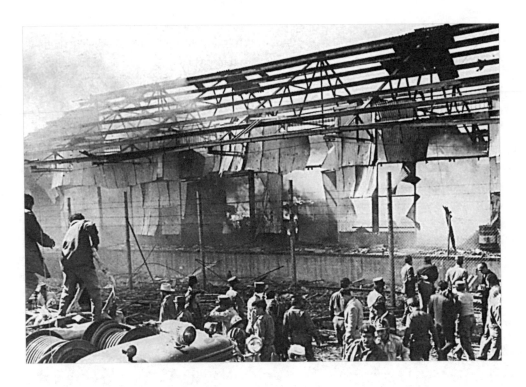

[...] Me toca hacer el análisis más difícil, el de mi actuación personal. Profundizando hasta donde he sido capaz en el análisis autocrítico, llegué a las siguientes conclusiones: desde el punto de vista de las relaciones con los mandos de la Revolución, me vi trabado por la forma un tanto anormal en que entré al Congo y no fui capaz de superar ese inconveniente. En mis reacciones fui disparejo; mantuve mucho tiempo una actitud que podía calificarse de excesivamente complaciente, y, a veces, tuve explosiones muy cortantes y muy hirientes, quizás por una característica innata en mí; el único sector con quien mantuve sin desmayos

Los incendios provocados en fábricas o almacenes y la quema de cañaverales constituyeron prácticas habituales de la contrarrevolución.

relaciones correctas fue con los campesinos, pues estoy más habituado al lenguaje político, a la explicación directa y mediante el ejemplo, y creo que hubiera tenido éxito en este campo...

[...] He aprendido en el Congo; hay errores que no cometeré más, otros tal vez se repitan y cometa algunos nuevos. He salido con más fe que nunca en la lucha guerrillera, pero hemos fracasado. Mi responsabilidad es grande; no olvidaré la derrota ni sus más preciosas enseñanzas.»

Cuando el Che abandona el Congo con apenas cincuenta kilos de peso –el azote del asma, la disentería y todo tipo de enfermedades habían minado su salud– no sólo necesita recomponer su estado físico. En Tanzania es recogido por Pablo Ribalta, embajador cubano en el país, que

Plaza del Che Guevara, en la Universidad Nacional de Bogotá (Colombia).

observa cómo sus convicciones personales no han perdido un ápice de la consistencia que las caracteriza, pero que, sin embargo, el sufrimiento físico y el peso de la derrota, de la que se traduce esa autocrítica que hemos constatado en los párrafos anteriores, le tienen sumido en una especie de abatimiento psíquico que preocupan al embajador.

Fidel, informado de la situación y temiendo las consecuencias que este estado podía acarrearle a una

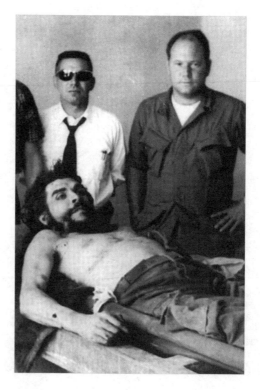

Agentes de la CIA cubano-americanos (el de la derecha, Gustavo Villalobos) posan junto al cadáver del Che.

personalidad como la de su amigo, decide enviarle a Aleida con el fin de aportar a la causa una cierta sensatez práctica. Durante seis semanas permanecerán juntos en Dar es Salam, en una especie de luna de miel nunca disfrutada, y poco a poco el futuro inmediato irá perfilándose durante las largas conversaciones de la pareja, quedando descartada la opción del regreso del Che a Cuba, como le sugiere Fidel, toda vez que ya había optado por el camino de la acción y, sobre todo, porque seguía pensando en el proyecto revolucionario de su Argentina natal.

Y esto era precisamente lo que se temía Fidel, que también apeló a Ramiro Valdés, el segundo del Che en Sierra Maestra y a quien Guevara había nombrado tutor de sus hijos si a él le ocurría lo peor, para que intentara disuadirlo. Tanto Castro como el Che, por diferentes motivos, tenían muy presente el desastre en el que había terminado la guerrilla que en 1963 operó en la provincia norteña argentina de Salta bajo la dirección de Jorge Ricardo Masetti, cuyo cadáver jamás apareció. Masetti,

amigo personal del Che desde que este periodista argentino entrevistara a su famoso compatriota en Sierra Maestra, tras el triunfo de la Revolución cubana dirigió la recién fundada agencia de noticias Prensa Latina, cuyo fin era romper el monopolio informativo norteamericano, y posteriormente colaboró en Argelia con el Frente de Liberación Argelino. En la guerrilla salteña era el comandante «Segundo Sombra», nombre de guerra tomado en honor del famoso gaucho inmortalizado por la pluma de Ricardo Güiraldes y en la que el Che, entonces ocupado en el

Vista del Aconcagua, en la parte argentina de los Andes, frontera natural con Chile.

afianzamiento de la Revolución cubana, era comandante honorario con el nombre de otro gaucho famoso, Martín Fierro. Masetti y su grupo constituían, en definitiva, la avanzadilla guerrillera a la que más adelante se incorporaría Guevara.

El Che estaba impaciente y decidido a continuar esa lucha y Fidel persuadido de que en Argentina no se daban condiciones para que progresara una guerrilla. Como

asegura Jorge G. Castañeda, «la cuadratura del círculo no era fácil. Por un lado, para evitar una tragedia en Argentina, era preciso diseñarle al Che una alternativa que fuera viable a sus ojos

Ernesto Guevara de la Serna, argentino y cubano, ciudadano del mundo.

y de preferencia cercana a su patria. [...] De allí brota la idea de organizar una guerrilla madre de donde se efectuarían diversos desprendimientos, siendo el principal precisamente el que se adentraría en Argentina. Por todas estas razones y por los recursos de los que disponían los cubanos en Bolivia, ese país ofrecía las mejores posibilidades de éxito. Solo faltaba convencer de ello a los bolivianos y al Che».

El plan era claro. Fidel le insistió a Guevara en su potencial como «jefe estratégico» y con una gran experiencia que podía aprovecharse en la formación de guerrilleros de diferentes nacionalidades que luego pudieran actuar en sus países de origen, y que cuando el terreno argentino estuviese abonado para la revolución, desde Bolivia podía incorporarse para asumir el mando.

Una vez persuadido en cuanto a la idoneidad del plan, el Che parte finalmente para Bolivia. Una vez allí, los problemas comienzan a surgir prácticamente al mismo tiempo que se produce su llegada, y precisamente con la dirección del Partido Comunista

Boliviano, en el que las intrigas internas van a desembocar en las primeras tensiones con el comandante guerrillero, que continuarán a lo largo de la campaña boliviana obstaculizando constantemente los acuerdos previos alcanzados en La Habana.

«Ya había algunos problemas –explica Fidel Castro a Ignacio Ramonet–, y algo

Lugar en donde, durante la toma de Santa Clara, el Che hizo descarrilar el tren.

que no se ha mencionado y que hizo mucho daño al movimiento revolucionario en América Latina... No se ha mencionado y apenas se menciona: la división entre chinos y soviéticos, entre partidarios de los chinos y partidarios de los soviéticos. Eso dividió a toda la izquierda y a todas las fuerzas revolucionarias en el momento histórico en que existían las condiciones objetivas y era perfectamente posible el tipo de lucha armada que el Che fue a hacer allí.»

Tampoco el campesinado, sumamente suspicaz y uno de los más atrasados del ámbito latinoamericano, supuso un punto de apoyo para la guerrilla. Imbuidos por la fuerte propaganda ultranacionalista desarrollada por el Gobierno del general René Barrientos y temerosos por las consecuencias que pudieran acarrearles su colaboración con los rebeldes –estaban bien advertidos por los militares–, los campesinos en muchas ocasiones supusieron una fuente más de problemas. Después, «factores adversos se combinaron increíblemente en su contra.

La separación –que debía ser por unos breves días– de una parte de la guerrilla en donde se encontraba un grupo valioso de hombres, algunos de ellos enfermos o convalecientes, al perderse el contacto entre ellos en un terreno sumamente

Abajo, a la izquierda, la firma del Che valida este billete del Banco Nacional de Cuba cuando presidió esta institución.

accidentado, se prolongó durante
interminables meses, que ocuparon el
esfuerzo del Che en su búsqueda...»,
escribe Fidel en el prólogo del *Diario del
Che en Bolivia.*

Frente a estos problemas, la estrecha
colaboración de los EE.UU. con la
Bolivia de Barrientos –en aquellos
momentos la asistencia militar

*Para los estudiantes cubanos el Che sigue siendo
un ejemplo vivo de las virtudes revolucionarias.*

norteamericana a este país era la más alta
en el continente y la segunda en
importancia después de Israel–, se hizo
más efectiva al quedar confirmada la
presencia de la guerrilla en la zona y
albergar la sospecha de que fuera Guevara
el responsable de su dirección. Agentes de

la CIA se trasladarán de inmediato a la región para colaborar en el operativo desplegado por el Gobierno.

En poco menos de un año (7 de noviembre de 1966 - 7 de octubre de 1967, fechas de la primera y última anotaciones del Che en su diario), todo habrá concluido. La noche del 7 de octubre el Che y sus dieciséis hombres se dirigían hacia el Río Grande por un desfiladero conocido como la Quebrada del Yuro. El Che dio la orden de hacer noche en el lugar y allí realiza el último apunte en su libreta: «Se cumplieron los once meses de nuestra inauguración guerrillera sin complicaciones, bucólicamente; hasta las 12:30, hora en que una vieja pastoreando sus chivas entró en el cañón en que habíamos acampado...».

En la madrugada del 8 de octubre, después de que un campesino alertara sobre la presencia de los guerrilleros, el capitán del ejército boliviano Gary Prado tenía dispuestos a sus hombres alrededor del desfiladero por donde inevitablemente habían de pasar los rebeldes. Éstos serán conscientes de que están rodeados y deciden abrirse camino a tiros.

Comienzan a caer los primeros hombres y un tiempo después una bala inutiliza la M2 del Che, que también es herido en la pierna izquierda. Con la ayuda del boliviano Willy tratará de escapar, pero finalmente ambos caen prisioneros.

Conducido al pueblo de La Higuera, es encerrado en la escuela del pueblo junto con Willy, éste en una sala adyacente, y junto a los cadáveres de dos de sus hombres, Antonio y Arturo. La joven maestra del pueblo, Julia Cortés, consigue

El diario Granma *reproduce condolencias y declaraciones tras el asesinato del Che.*

El Diario del Che en Bolivia *se reproducirá en multitud de idiomas.*

visitarlo y habla con él y bromean. El teniente coronel Selich, llegado desde Vallegrande hasta La Higuera, también visitó al Che para interrogarlo. En realidad acabaron hablando sobre las convicciones que habían llevado al argentino hasta allí. En un momento dado Guevara dirigió la mirada hacia los cuerpos de sus compañeros de lucha y le dijo: «Mírelos, coronel. Estos muchachos tenían todo lo que querían en Cuba, y sin embargo vinieron hasta aquí a morir como perros...».

El 9 de octubre otro helicóptero llegaría a La Higuera con el coronel Zenteno Anaya y el agente de la CIA Félix Rodríguez, que se presentó como el capitán Ramos. Según afirmaciones del agente, durante los interrogatorios Guevara reconoció su derrota, que relacionó en gran medida con el aislamiento al que le habían sometido los comunistas bolivianos debido a su mentalidad «provinciana», pero se negó a dar información sobre sus operaciones militares.

La responsabilidad en la orden de ejecución del prisionero apunta al

Presidente Barrientos, pero una decisión de esa envergadura sólo pudo tomarla con el apoyo de otros socios extranjeros. Las versiones tremendamente contradictorias de quienes fueron testigos de los últimos momentos del Che coinciden, sin embargo, en significar la tristeza en su rostro según oía los disparos con los que se ponía fin a la vida de sus compañeros

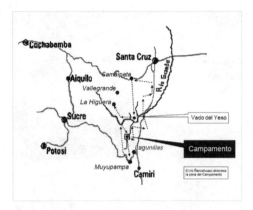

Croquis en el que se señala la zona en que fue abatida la guerrilla boliviana del Che.

diario digital *Granma Internacional* reproduce las palabras escritas por el presidente Fidel Castro en lo que viene a ser el sincero homenaje personal y el del pueblo de Cuba a ese hombre de quien su amiga Tita Infante diría: «Demasiado cálido para tallarlo en piedra. Demasiado grande para imaginarlo nuestro. Ernesto Guevara, argentino como el que más, fue quizá el más auténtico ciudadano del mundo».

–Willy y Juan Pablo Chang–, y que se enfrentó a la muerte con absoluta serenidad. Según cuenta Lee Anderson en su biografía, aludiendo a las memorias del agente Félix Rodríguez, éste confesó que se despidió de Guevara con un abrazo. «Fue un momento de tremenda emoción para mí. Ya no lo odiaba. Le había llegado el momento de la verdad y se portaba como un hombre. Enfrentaba la muerte con coraje y dignidad».

Únicamente saldrían con vida de la Quebrada del Yuro los cubanos Pombo, Benigno y Urbano y los bolivianos Inti Peredo y Ñato, que con la ayuda de miembros del Partido Comunista atravesaron la frontera chilena y fueron ayudados por el senador socialista Salvador Allende.

El 9 de octubre de 2007, cuarenta años después de su asesinato en Bolivia, el

«Hago un alto en el combate diario para inclinar mi frente, con respeto y gratitud, ante el combatiente excepcional que cayó un 8 de octubre hace 40 años. Por el ejemplo que nos legó con su Columna Invasora, que atravesó los terrenos pantanosos al sur de las antiguas provincias de Oriente y Camagüey perseguido por fuerzas enemigas, libertador de la ciudad de Santa Clara, creador del trabajo voluntario, cumplidor de honrosas misiones políticas en el exterior, mensajero del internacionalismo militante en el este del Congo y en Bolivia, sembrador de conciencias en nuestra América y en el mundo...»

FIDEL CASTRO RUZ.

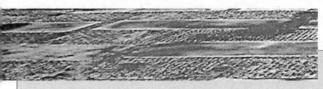

ASESINATO DEL CHE EN BOLIVIA

Era costumbre del Che en su vida guerrillera anotar cuidadosamente en un diario personal sus observaciones de cada día. En las largas marchas por terrenos abruptos y difíciles, en medio de los bosques húmedos, cuando las filas de hombres, siempre encorvados por el peso de las mochilas, las municiones y las armas, se detenían un instante a descansar, o la columna recibía la orden de «Alto» para acampar, se veía al Che extraer una pequeña libreta, y con su letra menuda y casi ilegible de médico escribir sus notas.

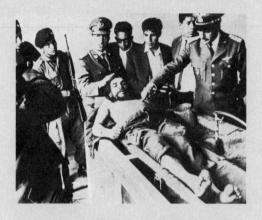

El general del ejército boliviano Alfredo Ovando muestra la herida supuestamente recibida en combate por el Che que le habría costado la vida. Después salió a la luz la verdad sobre su asesinato.

La última anotación del Che en Bolivia corresponde al 7 de octubre de 1967, en la que escribe:

«Se cumplieron los 11 meses de nuestra inauguración guerrillera sin complicaciones, bucólicamente, hasta las 12:30, hora en que una vieja pastoreando sus chivas entró en el cañón en que habíamos acampado y hubo que apresarla.

La mujer no ha dado ninguna noticia fidedigna sobre los soldados, contestando a todo que no sabe, que hace tiempo que no va por allí. Sólo dio información sobre los caminos; de resultados del informe de la vieja se desprende que estamos aproximadamente a una legua de Higueras y otra de Jagüey y unas 2

de Pucará. A las 17:30, Inti, Aniceto y Pablito fueron a casa de la vieja, que tiene una hija postrada y una medio enana; se le dieron 50 pesos con el encargo de que no fuera a hablar ni una palabra, pero con pocas esperanzas de que cumpla a pesar de sus promesas.

Salimos los 17 con una luna muy pequeña y la marcha fue muy fatigosa y dejando mucho rastro por el cañón donde estábamos, que no tiene casas cerca, pero sí sembradías de papa regados por acequias del mismo arroyo. A las 2 paramos a descansar.

El ejército dio una rara información sobre la presencia de 250 hombres de Serrano para

impedir el paso de los cercados en número de 37, dando la zona de nuestro refugio en el río Acero y el Oro...»

El 8 de octubre Ernesto Che Guevara es herido y apresado por soldados bolivianos. El capitán Gary Prado, jefe del batallón, lo conduce hasta el pequeño poblado de La Higuera, donde es encerrado en la pequeña escuela junto con uno de sus hombres, Willy Cuba. La captura de semejante prisionero provoca al ejército boliviano un grave problema. En Bolivia no existía la pena de muerte, ni tampoco se disponía de prisión de alta seguridad en la que el Che pudiera cumplir una inevitable y larga condena. La sola idea de que se fuera a celebrar un juicio les producía escalofríos tanto al presidente Barrientos como al general Alfredo Ovando. Si el gobierno y el país habían sido víctimas de una presión descomunal y de la censura internacional por el juicio a Régis Debray, no había más que imaginar la clase de escándalo que desataría un juicio contra Ernesto Che Guevara. La alternativa de entregarlo a los estaduounidenses no haría sino confirmar las denuncias de Cuba sobre el intervencionismo yanqui. La orden de ejecutar al Che salió de La Paz, previamente validada por la CIA, a media mañana del 9 de octubre. Previamente, a las 6:30 horas, había llegado a la Higuera un helicóptero con tres pasajeros: el piloto, comandante Niño de Guzmán; el coronel Joaquín Zenteno, Jefe de la Octava División y Félix Rodríguez, el operador de radio cubano-estadounidense enviado a Bolivia por la CIA escudado bajo la falsa identidad de capitán del ejército boliviano *Félix Ramos*. Este último ocupó un lugar en el helicóptero en deferencia al apoyo de Estados Unidos, y también para corroborar la identidad del Che, interrogar a su compatriota adoptivo y fotografiar los documentos incautados al prisionero en el momento de su captura. Félix Rodríguez será quien reciba la orden, que inmediatamente remite al coronel Zenteno. Éste decide que los soldados echen a suertes quién será el encargado de «despacharle» de forma que parezca que murió en combate, y a continuación inician una sesión fotográfica al prisionero.

Federico Arana Serrudo era, en aquel octubre de 1967, Jefe de la G2, Inteligencia Militar del Estado Mayor boliviano. No hace mucho tiempo que se dieron a conocer en Colombia fotografías que estuvieron en su poder a lo largo de los años transcurridos desde la tragedia de La Higuera. Son documentos de inmenso valor historiográfico. Dos de ellas muestran al Che vivo, dentro de la escuela que constituyó su prisión. En una de ellas aparece casi de perfil, sentado y con las manos

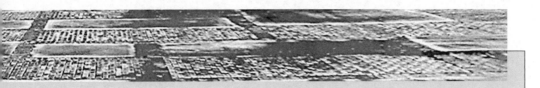

atadas. Otra nos da un impresionantemente nítido primer plano de su rostro que conmueve por la expresión de serena intensidad en quien ya se sabía condenado. Otras tres fotos lo muestran desangrándose sobre el piso, pocos segundos después de su muerte, junto a uniformados con fusiles en sus manos. Una de ellas parecería reflejar el momento del tiro de gracia, quizás a cargo de Terán, su verdugo. Otra de las fotos consiste en un dramático primer plano que refleja la serena expresión de Guevara tras ser ametrallado y otra más sobre una camilla con los ojos cerrados, confirmando que fue el viento del trecho aéreo entre La Higuera y Vallegrande quien se los abrió y fijó esa mirada inmortalizada por el fotógrafo Freddy Alborta.

¿Cómo llegaron dichas fotos a poder de Arana? El Jefe de Inteligencia de la división de Zenteno, coronel Arnado Saucedo Parada, había encargado al piloto, comandante Niño de Guzmán, que tomara fotos del Che (vivo y muerto), para lo que le entregó su cámara. En su libro *Shadow Warrior* (Guerrero de la sombra) Rodríguez contará que abrió al máximo el objetivo de dicha cámara para velar sus fotos y para que fueran sólo las suyas, es decir las de la CIA, las que dieran cuenta de lo que allí sucedía. Pero el piloto llevaba consigo una cámara personal con la que tomó las

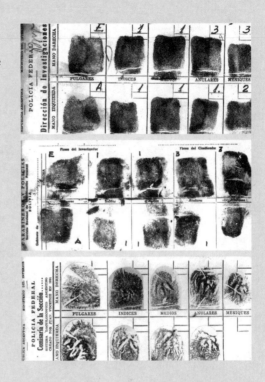

Huellas dactilares del Che. Las de arriba, tomadas en 1947, son enviadas a Bolivia para compararlas con las tomadas en el momento de su detención (las del medio). Las de abajo se tomaron días después de su muerte, presentando síntomas de deterioro.

fotografías que hemos referido y que el agente Félix Rodríguez exigirá al coronel Zenteno que decomise. Siguiendo la línea jerárquica, el rollo sin revelar va a parar al general Ovando, Comandante en Jefe del Ejército boliviano, quien luego lo depositará en las oficinas de Arana Serrudo en La Paz.

CRONOLOGÍA

14-05-1928	Nace Ernesto Guevara de la Serna en la ciudad argentina de Rosario, provincia de Santa Fe.
14-06-1928	(Oficial).
Mayo de 1930	Con apenas dos años, se producirá el primer ataque de asma de Ernesto, a quien llaman cariñosamente Teté.
1932	La familia se traslada a Alta Gracia, cerca de la capital de la provincia de Córdoba, cuyo clima seco resulta aconsejable para las afecciones pulmonares.
1943	Los Guevara - De la Serna se trasladan a Córdoba.
1946	Ernesto Guevara de la Serna acaba el bachillerato, se pone a trabajar para ayudarse en los estudios y decide estudiar Medicina.
Enero de 1950	Primer viaje solo recorriendo Argentina en una bicicleta con motor.
Enero de 1952	Viaje por Latinoamérica con Alberto Granado a bordo de «La Poderosa II».
11-04-1953	Ernesto Guevara aprueba el último examen de su carrera. «Habla el doctor

Ernesto Guevara de la Serna», le dirá a su padre por teléfono al enterarse.

Septiembre de 1942	Fidel se traslada a La Habana, a proseguir sus estudios en el colegio jesuita de Belén.
7-07-1953	Segundo viaje por América, esta vez con su amigo Calica Ferrer.
24-12-1953	Ernesto llega a la Guatemala de Jacobo Arbenz.
1954	En ciudad de Guatemala conoce a una peruana, Hilda Gadea, que se convertirá en su primera esposa. También conoce a un cubano, Ñico López, que le hablará de Fidel Castro, con el que había participado en un golpe contra la dictadura de Batista.

27-06-1954	El gobierno democrático de Jaboco Arbenz es derrocado mediante un golpe de Estado proyectado por la CIA.		en el pequeño yate *Granma* en dirección a Cuba para iniciar una guerra revolucionaria que ponga fin a la dictadura.
Mediados de septiembre de 1954	Ernesto Guevara abandona Guatemala después de pasar un tiempo refugiado en la embajada argentina y cruza la frontera de México.	2-12-1956	El *Granma* encalla en las costas de Cuba, provincia de Oriente.
		5-12-56	Los expedicionarios son dispersados por la aviación de Batista en un lugar conocido como Alegría de Pío, las estribaciones de la Sierra Maestra.
12-06-1955	Fundación oficial del «Movimiento 26 de Julio» en La Habana, cuyo nombre lo toma de la fecha del asalto a los cuarteles de Bayamo y Santiago de Cuba por Fidel Castro y sus hombres.	18-12-1956	En el lugar conocido como «Las Cinco Palmas» se produce el reencuentro con su hermano Raúl y otros cuatro expedicionarios. Cuatro días más tarde se incorporarían también Juan Almeida, Ramiro Valdés, el Che y otros tres miembros más del que se convertiría en el «Ejército Rebelde».
Julio de 1955	Fidel parte al exilio a México. Allí conoce a Ernesto «Che» Guevara.		
18-08-1955	Ernesto Guevara contrae matrimonio con Hilda Gadea.		
1956	Fidel Castro proyecta una expedición hacia Cuba para iniciar una guerra de guerrillas en la zona oriental de la isla. El Che será el médico de la expedición. El general republicano hispano-cubano, Alberto Bayo, entrenará a los guerrilleros.	31-12-1958	El Che toma la ciudad de Santa Clara, provincia de Las Villas.
		8-01-1959	Fidel entra victorioso en La Habana. El Che y Camilo Cienfuegos lo esperaban allí desde el 4 de enero.
15-02-1956	Nace su hija Hilda Beatriz.	Enero de 1959	Llegan a La Habana Hilda Gadea y la hija de ambos. Ernesto le dice que se ha enamorado de otra mujer, Aleida March. Acuerdan divorciarse.
25-11-1956	Fidel Castro y Ochenta y un expedicionarios parten		

Febrero de 1959	Ernesto Guevara obtiene la ciudadanía cubana.	20-05-1962	Nace su hijo Camilo.
Junio de 1959	Se casa con Aleida March.	Octubre de 1962	Crisis de los Misiles. Distanciamiento del Che con la Unión Soviética.
Octubre de 1959	Designado jefe del Departamento de Industria del Instituto Nacional de Reforma Agraria.	14-06-1963	Nace su hija Celia.
26-11-1950	Designado presidente del Banco Nacional de Cuba.	11-12-1964	El Che preside la delegación cubana ante la ONU. «Porque esta gran humanidad ha dicho "¡Basta!" y ha echado a andar…».
Marzo de 1960	Alberto Korda toma la famosa foto del Che en el homenaje que el pueblo de Cuba rindió a las víctimas del atentado del vapor La Coubre.	Diciembre 1964 - Marzo 1965	Gira por diversos países de África y China. En febrero de 1965 nace su hijo Ernesto.
Abril de 1960	Dirige el Departamento de Instrucción de las Fuerzas Armadas Revolucionarias.	1-04-1965	Parte hacia el Congo bajo la identidad de Ramón Benítez para integrarse en la guerrilla.
24-11-1960	Estando de viaje en China nace su hija Aleida.	Julio de 1966	Tras el fracaso del Congo y después de una breve estancia en Praga entra de incógnito en Cuba para preparar la campaña de Bolivia.
3-01-1961	EE.UU. rompe relaciones diplomáticas con Cuba.		
Abril de 1961	Cuba rechaza en Bahía de Cochinos la invasión contrarrevolucionaria de la isla en la que Kennedy asume su responsabilidad.	7-11-1966	Inicia su *Diario en Bolivia*.
		8-10-1967	El Che es herido y capturado en la Quebrada del Yuro, cerca del pueblecito de La Higuera.
4-08-1961	Encabeza la delegación cubana en la Conferencia Interamericana en Punta del Este (Uruguay).	9-10-1967	El Che es asesinado por orden del gobierno boliviano de acuerdo con la CIA.
Enero de 1962	Cuba es expulsada de la O.E.A.		

BIBLIOGRAFÍA

http://www.pacocol.org *El camino hacia el Granma»*, Entrevista al Padre del Che por I. Lavretsky.

http://www. revoluciones.org

http://cheguevara.cubasi.cu

http://www.oro-blanco.blogspot.com

Che Guevara, Ernesto: *Notas de Viaje*. Centro de Estudios Che Guevara de La Habana.

Che Guevara, Ernesto: *Otra Vez*. Centro de Estudios Che Guevara de La Habana.

Díez, Luis: *Bayo. El general que adiestró a la guerrilla de Castro y el Che*. Debate, 2007.

G. Castañeda, Jorge: *Una vida en rojo. Una biografía del Che Guevara*. ABC, S.L., 2003.

Ignacio Taibo II, Paco: *Ernesto Guevara, también conocido como el Che*. 1996.

Lee Anderson, Jon: *Che Guevara, una vida revolucionaria*. Anagrama, 2006.

Ramonet, Ignacio: *Fidel Castro. Biografía a dos voces*. Debate, 2006.